초등

영어듣기평가
완벽대비
Listen & Speak Up

6-1

↓ 정답과 해설 및 듣기 MP3 파일은 EBS 초등사이트(primary.ebs.co.kr)에서 다운로드 받으실 수 있습니다.

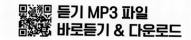
듣기 MP3 파일
바로듣기 & 다운로드

| 교 재 내 용 문 의 | 교재 내용 문의는 EBS 초등사이트
(primary.ebs.co.kr)의 교재 Q&A
서비스를 활용하시기 바랍니다. | 교 재 정 오 표 공 지 | 발행 이후 발견된 정오 사항을 EBS 초등사이트
정오표 코너에서 알려 드립니다.
교재 검색 → 교재 선택 → 정오표 | 교 재 정 정 신 청 | 공지된 정오 내용 외에 발견된 정오 사항이
있다면 EBS 초등사이트를 통해 알려 주세요.
교재 검색 → 교재 선택 → 교재 Q&A |

HOME SCHOOL

집에서 즐겁게 공부하는 초등 영어

EBS랑 홈스쿨 초등 영어

다양한 부가 자료와 함께 TV·인터넷·모바일로 쉽게 하는 홈스쿨링 영어

○ EBS 초등사이트 eWorkbook(받아쓰기, 단어테스트, 리뷰테스트 등) PDF/MP3/무료 강의 제공 ○

초등 영문법 1, 2

초등 영독해 LEVEL 1 ~ 3

초등 영어듣기평가 완벽대비
Listen & Speak Up

6-1

구성과 특징

효과적인 활용법

이 책은 어떤 내용들로
이루어져 있을까요?
구성에 따른 특징과 효과적인
학습 방법을 알아봐요!

WARM UP | 어휘로 예습하기

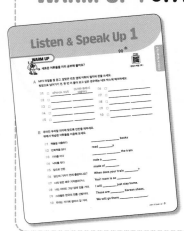

듣기평가 모의고사에서 접하게 될 핵심 어휘들을 예습해 봅니다. 어휘들의 소리부터 의미, 철자까지 미리 공부하고 이 어휘들을 이용해 주어진 우리말의 의미를 완성하는 문제까지 풀어 보면서 듣기평가 모의고사를 풀어 볼 준비를 해 봅니다.

이것만은 꼭!

A, B 문제를 다 풀고 나서 단어, 어구, 문장을 큰 소리로 읽어 보세요. 읽을 수 있다면, 듣기평가 모의고사 문제를 풀 때도 잘 들을 수 있답니다.

LISTEN UP | 문제 풀며 듣기 집중력 강화하기

듣기평가 모의고사

실전 문제를 풀어 보며 다양한 문제 유형을 경험하고, 문제를 풀기 위한 기술을 익힙니다.

이것만은 꼭!

문제를 틀려도 괜찮아요. 틀린 문제는 여러 번 들어 보면서 어휘와 표현을 학습하면 된답니다.

실력 높여 보기

듣기평가 모의고사보다는 조금 어려울 수 있지만 더 긴 문장, 더 많은 내용이 담긴 문장들을 들어 보면서, 여러 가지 정보를 정확히 이해하고 문제에서 요구하는 답을 찾는 능력을 기릅니다.

이것만은 꼭!

문제가 어렵게 느껴질 수 있지만, 어렵다고 포기하지 마세요. 조금 긴 문장도 반복적으로 여러 번 듣다 보면 소리가 잘 들리고 내용이 잘 이해되는 순간이 온답니다. 천천히 실력을 높여 보도록 노력해 봐요!

JUMP UP | 받아쓰기로 복습하기

받아쓰기 활동을 통해 듣기평가 모의고사 문제에서 들었던 다양한 표현과 어휘들의 소리를 복습하고 익혀 봅니다. 받아쓰기 활동 옆에는 앞에서 풀어 봤던 듣기평가 모의고사 문제가 미니 사이즈로 구성되어 있어서, 다시 한번 문제를 풀어 보면서 문제의 유형을 파악하고 복습해 볼 수 있습니다.

이것만은 꼭!

받아쓰기를 하면서 한 번에 완성하지 못한 빈칸은 여러 번 반복해서 들으면서 하나씩 완성해 보세요. 철자를 몰라서 쓰지 못했다면 어휘 복습을 한 뒤에, 다시 한번 시도해 봅니다.

FLY UP | 통문장 받아쓰기로 실력 높이기

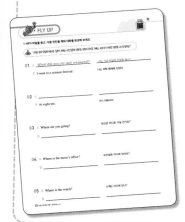

의사소통을 위한 주요 표현 및 핵심 문장들을 듣고 받아쓰는 연습을 합니다. 정확히 소리를 식별하고 내용을 파악함과 동시에 긴 문장을 듣고 쓰면서 문장 속 주요 표현에 익숙해집니다.

이것만은 꼭!

통문장을 쓰는 것이 어렵다면, 여러 번 들으면서 조금씩 나누어 써도 좋습니다. 꾸준히 하다 보면, 통문장을 쓰는 것에 익숙해질 거예요.

SPEAK UP | 말하기와 쓰기로 영어 어순 체득하기

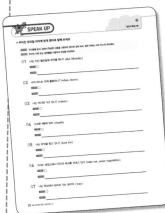

주어진 우리말 의미에 맞게 바로 말해 본 후, 글쓰기 과정을 통해 생각을 정리하고 영어 어순을 체득합니다. 단순한 말하기와 영작이 아니라, 주어진 단어들을 알맞은 순서로 배열하거나 단어들을 이용하여 문장을 완성하는 과정을 통해, 쉽고 자연스럽게 영어의 어순을 습득합니다.

이것만은 꼭!

쓰기 활동을 먼저 하면 안 돼요! 말하기 연습 후, 마지막으로 글쓰기로 정리해야 해요!

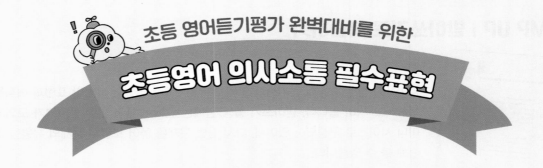

초등 영어듣기평가 완벽대비를 위한

초등영어 의사소통 필수표현

개인 정보 묻고 답하기	A: Where are you from? 너는 어디 출신이야? B: I'm from Canada. 나는 캐나다에서 왔어. A: What grade are you in? 너는 몇 학년이니? B: I'm in the sixth grade. 나는 6학년이야.
좋아하는 것 묻고 답하기	A: What's your favorite subject? 네가 가장 좋아하는 과목은 뭐니? B: My favorite subject is music. 내가 가장 좋아하는 과목은 음악이야. A: What season do you like? 너는 어떤 계절을 좋아하니? B: I like spring. 나는 봄을 좋아해.
일상에 대해 묻고 답하기	A: What do you do in your free time? 너는 여가 시간에 무엇을 하니? B: I listen to music. 나는 음악을 들어. A: How often do you exercise? 너는 얼마나 자주 운동하니? B: I exercise four times a week. 나는 일주일에 네 번 운동을 해.
위치 묻고 답하기	A: Where is the library? 도서관은 어디에 있나요? B: It's next to the post office. 그것은 우체국 바로 옆에 있어요. A: How can I get to the museum? 박물관에 어떻게 가나요? B: Go straight and turn left. 곧장 가서 왼쪽으로 도세요.
가격 묻고 답하기	A: How much is this hairpin? 이 머리핀은 얼마인가요? B: It's three dollars. 그것은 3달러입니다. A: How much are these shoes? 이 신발은 얼마인가요? B: They're fifty dollars. 그것은 50달러입니다.
외모 표현하기	A: What does she look like? 그녀는 어떻게 생겼니? B: She has short curly hair. 그녀는 짧은 곱슬머리를 가지고 있어. A: Where is your little sister? 너의 여동생은 어디에 있어? B: Over there. She's wearing glasses. 저쪽에 있어. 그녀는 안경을 착용하고 있어.

직업과 장래 희망 말하기	A: What does your father do? 너의 아빠는 무슨 일을 하시니? B: He's a police officer. 아빠는 경찰관이셔.
	A: What do you want to be in the future? 너는 장래에 무엇이 되고 싶니? B: I want to be a painter. 나는 화가가 되고 싶어.
바라는 것 묻고 답하기	A: What do you want to do? 너는 무엇을 하고 싶니? B: I want to go to the beach. 나는 해변에 가고 싶어.
	A: What would you like to have? 너는 무엇을 먹고 싶어? B: I'd like fried rice. 나는 볶음밥을 먹고 싶어.
증상 표현하기	A: What's wrong? 어디가 안 좋아? B: I have a headache. 나는 머리가 아파.
	A: I have a toothache. 나는 이가 아파. B: You should go to the dentist. 너는 치과에 가 보는 것이 좋겠어.
과거의 동작 묻고 답하기	A: What did you do this summer? 너는 이번 여름에 무엇을 했니? B: I visited my grandfather's. 나는 할아버지 댁을 방문했어.
	A: Who wrote the book? 누가 그 책을 썼니? B: Hemingway did. 헤밍웨이가 썼어.
미래의 동작 묻고 답하기	A: What will you do this winter? 너는 이번 겨울에 무엇을 할 거니? B: I will join a ski camp. 나는 스키 캠프에 참가할 거야.
	A: What are you going to do this afternoon? 너는 오늘 오후에 무엇을 할 예정이니? B: I'm going to see a movie. 나는 영화를 볼 예정이야.
충고와 제안하기	A: You should wear a helmet. 너는 헬멧을 착용해야 해. B: Okay, I will. 응, 그렇게.
	A: How about going on a picnic? 소풍을 가는 건 어떨까? B: That's a good idea. 그거 좋은 생각이야.
이유와 의견 말하기	A: Why are you so excited? 너는 왜 그렇게 신났니? B: My team won the game. 우리 팀이 경기에서 이겼어.
	A: The earth is getting sick. What do you think? 지구가 병들고 있어. 어떻게 생각해? B: I think we should save the earth. 우리가 지구를 구해야 한다고 생각해.
비교하기	A: I'm taller than you. 내가 너보다 키가 더 커. B: Right. But I'm stronger than you. 맞아. 하지만 나는 너보다 힘이 더 세.
	A: Your pizza is bigger than mine. 너의 피자는 나의 것보다 더 크구나. B: No, it isn't. 아니야, 그렇지 않아.

차 례

인공지능 DANCHOQ
푸리봇 문|제|검|색

EBS 초등사이트와 EBS 초등 APP 하단의
AI 학습도우미 푸리봇을 통해 문항코드를
검색하면 푸리봇이 해당 문제의 해설 강의를
찾아 줍니다.

문제별 문항코드 확인

[241039-0001]
1. 아래 그래프를 이해한 내용으로 가장 적절한 것은?

241039-0001

문항코드 검색

초등 영어듣기평가 완벽대비를 위한 **학습 계획표**

학습 단원	학습 내용	학습 날짜 및 확인	학습 내용	학습 날짜 및 확인
Listen & Speak Up 1	WARM UP 어휘 예습 LISTEN UP 듣기평가 모의고사 실력 높여 보기	월 일	JUMP UP 받아쓰기 FLY UP 통문장 받아쓰기 SPEAK UP 주요 표현 말하고 영작하기	월 일
Listen & Speak Up 2	WARM UP 어휘 예습 LISTEN UP 듣기평가 모의고사 실력 높여 보기	월 일	JUMP UP 받아쓰기 FLY UP 통문장 받아쓰기 SPEAK UP 주요 표현 말하고 영작하기	월 일
Listen & Speak Up 3	WARM UP 어휘 예습 LISTEN UP 듣기평가 모의고사 실력 높여 보기	월 일	JUMP UP 받아쓰기 FLY UP 통문장 받아쓰기 SPEAK UP 주요 표현 말하고 영작하기	월 일
Listen & Speak Up 4	WARM UP 어휘 예습 LISTEN UP 듣기평가 모의고사 실력 높여 보기	월 일	JUMP UP 받아쓰기 FLY UP 통문장 받아쓰기 SPEAK UP 주요 표현 말하고 영작하기	월 일
Listen & Speak Up 5	WARM UP 어휘 예습 LISTEN UP 듣기평가 모의고사 실력 높여 보기	월 일	JUMP UP 받아쓰기 FLY UP 통문장 받아쓰기 SPEAK UP 주요 표현 말하고 영작하기	월 일
Listen & Speak Up 6	WARM UP 어휘 예습 LISTEN UP 듣기평가 모의고사 실력 높여 보기	월 일	JUMP UP 받아쓰기 FLY UP 통문장 받아쓰기 SPEAK UP 주요 표현 말하고 영작하기	월 일
Listen & Speak Up 7	WARM UP 어휘 예습 LISTEN UP 듣기평가 모의고사 실력 높여 보기	월 일	JUMP UP 받아쓰기 FLY UP 통문장 받아쓰기 SPEAK UP 주요 표현 말하고 영작하기	월 일
Listen & Speak Up 8	WARM UP 어휘 예습 LISTEN UP 듣기평가 모의고사 실력 높여 보기	월 일	JUMP UP 받아쓰기 FLY UP 통문장 받아쓰기 SPEAK UP 주요 표현 말하고 영작하기	월 일
Listen & Speak Up 9	WARM UP 어휘 예습 LISTEN UP 듣기평가 모의고사 실력 높여 보기	월 일	JUMP UP 받아쓰기 FLY UP 통문장 받아쓰기 SPEAK UP 주요 표현 말하고 영작하기	월 일
Listen & Speak Up 10	WARM UP 어휘 예습 LISTEN UP 듣기평가 모의고사 실력 높여 보기	월 일	JUMP UP 받아쓰기 FLY UP 통문장 받아쓰기 SPEAK UP 주요 표현 말하고 영작하기	월 일

It's time to listen and speak up!

Are you ready?

Listen & Speak Up 1

WARM UP

새로운 어휘들을 미리 공부해 볼까요?

| 정답과 해설 2쪽 |

A MP3 파일을 잘 듣고, 알맞은 번호 옆에 어휘의 철자와 뜻을 쓰세요.
뒷장으로 넘어가기 전, 한 번 더 들어 보고 싶은 경우에는 네모 박스에 체크하세요.

01 ☐ **check out**   (도서관 등에서) 대출하다

02 ☐ _____ _____

03 ☐ _____ _____

04 ☐ _____ _____

05 ☐ _____ _____

06 ☐ _____ _____

07 ☐ _____ _____

08 ☐ _____ _____

09 ☐ _____ _____

10 ☐ _____ _____

B 주어진 우리말 의미에 맞도록 빈칸을 채우세요.
위에서 학습한 어휘들을 이용해 보세요.

01 책들을 대출하다   _____ _____ books

02 만화책을 읽다   read _____s

03 기차를 타다   _____ _____ the train

04 낙타를 탔다   rode a _____

05 짚으로 만든   made of _____

06 당신의 기차가 언제 출발하나요?   When does your train _____?

07 너의 방은 매우 지저분하구나.   Your room is so _____.

08 나는 아마도 그냥 집에 있을 거야.   I will _____ just stay home.

09 그것들은 한국의 전통 신발이야.   Those are _____ Korean shoes.

10 우리는 거기에 걸어서 갈 거야.   We will go there _____ _____.

● MP3 파일을 잘 듣고, 물음에 답하세요.

01
241039-0001

대화를 듣고, 남자아이가 아빠를 찾는 목적을 고르시오.

① 집으로 돌아가려고
② 보드게임을 하려고
③ 아빠를 도와드리려고
④ 강아지와 산책하려고

02
241039-0002

대화를 듣고, 여자아이가 지난 주말에 한 일을 고르시오.

① 로봇 구매하기
② 과학 숙제하기
③ 카드 게임하기
④ 춤추는 로봇 만들기

03
241039-0003

다음을 듣고, 무엇에 관한 내용인지 고르시오.

① 독서의 좋은 점
② 사서가 하는 일
③ 도서관 이용 안내
④ 좋아하는 책 추천

04
241039-0004

대화를 듣고, 남자아이가 대화 직후에 할 일을 고르시오.

① 창문 열기
② 설거지하기
③ 동화책 읽기
④ 이불 정리하기

05
241039-0005

대화를 듣고, 남자가 탈 기차의 출발 시각과 타는 플랫폼이 바르게 짝지어진 것을 고르시오.

	출발 시각	타는 플랫폼
①	8:00	– No. 5
②	8:10	– No. 5
③	8:00	– No. 10
④	8:10	– No. 10

06

241039-0006

다음을 듣고, 여자아이가 받은 선물과 일치하는 것을 고르시오.

①

②

③

④

07

241039-0007

대화를 듣고, 남자아이의 사촌이 지난달에 한 일을 고르시오.

① 말타기
② 별 사진 찍기
③ 오아시스 찾기
④ 피라미드 사진 찍기

08

241039-0008

대화를 듣고, 여자아이가 내일 하이킹을 갈 수 없는 이유를 고르시오.

① 하이킹을 싫어하기 때문에
② 집을 청소해야 하기 때문에
③ 남동생을 돌봐야 하기 때문에
④ 부모님과 외출해야 하기 때문에

09

241039-0009

대화를 듣고, 대화의 내용과 일치하는 것을 고르시오.

① 음악실은 1층에 있다.
② 보건실은 2층에 있다.
③ 도서관은 4층에 있다.
④ 보건실은 도서관 옆에 있다.

10

241039-0010

대화를 듣고, 남자아이가 주말에 할 일로 알맞은 것을 고르시오.

① 노래를 부를 것이다.
② 친구를 초대할 것이다.
③ 마술쇼를 보러 갈 것이다.
④ 선물할 쿠키를 살 것이다.

11

241039-0011

대화를 듣고, 남자가 찾고 있는 장소의 위치를 고르시오.

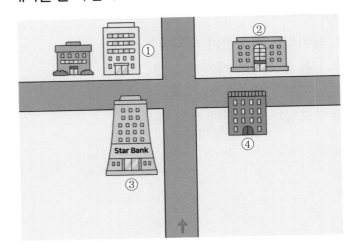

12

241039-0012

대화를 듣고, 여자아이가 가리키는 물건이 무엇인지 고르시오.

① 빨대
② 한옥
③ 짚신
④ 바구니

13

241039-0013

다음을 듣고, 그림의 상황에 알맞은 것을 고르시오.

①   ②   ③   ④

14

241039-0014

대화를 듣고, 그림의 상황에 가장 알맞은 것을 고르시오.

①   ②   ③   ④

15

241039-0015

다음을 듣고, 대화가 자연스럽지 <u>않은</u> 것을 고르시오.

①   ②   ③   ④

16

241039-0016

대화를 듣고, 남자아이가 좋아하는 과목과 이유가 바르게 짝지어진 것을 고르시오.

과목	이유
① 수학 – 잘하기 때문에
② 역사 – 잘하기 때문에
③ 수학 – 문제의 해결책을 찾는 것을 좋아해서
④ 역사 – 과거로부터 많은 것을 배울 수 있어서

17

241039-0017

대화를 듣고, 이어질 응답으로 알맞지 <u>않은</u> 것을 고르시오.

① It was large.
② I think it was great.
③ I found it a little boring.
④ It was very interesting to me.

18

241039-0018

대화를 듣고, 이어질 응답으로 알맞은 것을 고르시오.

① Twice a week.
② I like that book.
③ How can I help you?
④ Yes, that's mine. Thank you.

19

241039-0019

대화를 듣고, 이어질 응답으로 알맞은 것을 고르시오.

① It is wonderful.
② That is delicious.
③ It is not my house.
④ You can come to my house by six.

20

241039-0020

대화를 듣고, 이어질 응답으로 알맞은 것을 고르시오.

① By train.
② In Seoul.
③ At 9:00 a.m.
④ About 30 minutes.

● MP3 파일을 잘 듣고, 물음에 답하세요.

01　▶ 241039-0021

다음을 듣고, 'I'가 무엇인지 가장 적절한 것을 고르시오.

① 벌　　　　　② 나비
③ 잠자리　　　④ 풍뎅이
⑤ 여왕개미

02　▶ 241039-0022

다음을 듣고, 남자가 언급하지 <u>않은</u> 것을 고르시오.

① 이를 닦을 때 물 잠그기
② 방에서 나올 때 불 끄기
③ 플라스틱 사용 줄이기
④ 헌 옷 기부하기
⑤ 나무 심기

03　▶ 241039-0023

대화를 듣고, 남자의 심정으로 가장 적절한 것을 고르시오.

① 설렘　　　　② 감사
③ 행복　　　　④ 당황
⑤ 억울함

04　▶ 241039-0024

대화를 듣고, 두 사람이 만날 시각을 고르시오.

① 1:30　　　　② 1:40
③ 1:45　　　　④ 2:00
⑤ 2:45

05　▶ 241039-0025

대화를 듣고, 여자아이의 마지막 말에 이어질 남자아이의 응답으로 가장 적절한 것을 고르시오.

① It's 40 dollars.
② He is not kind.
③ I can't find him.
④ Good. I'd love to.
⑤ I colored it green.

JUMP UP

● MP3 파일을 잘 듣고, 다음 빈칸을 채워 보세요. 빈칸을 채운 뒤, 한 번 더 문제를 풀어 보세요.

01

대화를 듣고, 남자아이가 아빠를 찾는 목적을 고르시오.

① 집으로 돌아가려고
② 보드게임을 하려고
③ 아빠를 도와드리려고
④ 강아지와 산책하려고

B: Mom, where is Dad?

W: He's walking Max in the park. Why do you _____?

B: I want to _____ a board game.

W: A board game?

B: Yes. He _____ to play a board game with me.

W: Oh, I see. He will be home _____.

02

대화를 듣고, 여자아이가 지난 주말에 한 일을 고르시오.

① 로봇 구매하기
② 과학 숙제하기
③ 카드 게임하기
④ 춤추는 로봇 만들기

B: What did you do last _____?

G: I went to a science _____.

B: Wow, cool! What did you do there?

G: I made a dancing robot with coding cards.

B: Sounds fun. Wasn't that _____?

G: No. It was really _____ for me.

03

다음을 듣고, 무엇에 관한 내용인지 고르시오.

① 독서의 좋은 점
② 사서가 하는 일
③ 도서관 이용 안내
④ 좋아하는 책 추천

M: Grand _____ is open from 9 to 6. It's _____ every Monday. You need a library card to _____ _____ books. You can _____ up to three books at a time. You can keep the books for a week.

check out은 여러 의미로 쓰여요. 호텔에서 check out은 '퇴실하다'라는 의미이고, 본문에서는 '(책을) 대출하다'라는 의미로 check out books를 썼어요.

04

대화를 듣고, 남자아이가 대화 직후에 할 일을 고르시오.

① 창문 열기
② 설거지하기
③ 동화책 읽기
④ 이불 정리하기

W: What are you doing?

B: I'm reading _____.

W: Your room is so _____. Why don't you clean it up now?

B: Okay, I will.

W: Open the _____ first, please.

B: _____ _____.

05

대화를 듣고, 남자가 탈 기차의 출발 시각과 타는 플랫폼이 바르게 짝지어진 것을 고르시오.

출발 시각		타는 플랫폼
① 8:00	–	No. 5
② 8:10	–	No. 5
③ 8:00	–	No. 10
④ 8:10	–	No. 10

06

다음을 듣고, 여자아이가 받은 선물과 일치하는 것을 고르시오.

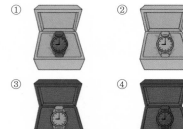

① ② ③ ④

07

대화를 듣고, 남자아이의 사촌이 지난달에 한 일을 고르시오.

① 말타기
② 별 사진 찍기
③ 오아시스 찾기
④ 피라미드 사진 찍기

08

대화를 듣고, 여자아이가 내일 하이킹을 갈 수 없는 이유를 고르시오.

① 하이킹을 싫어하기 때문에
② 집을 청소해야 하기 때문에
③ 남동생을 돌봐야 하기 때문에
④ 부모님과 외출해야 하기 때문에

M: Excuse me. Can you tell me where I can _____ _____ the train?

W: Sure. Where are you going?

M: I'm going to Busan.

W: When does your train _____?

M: At 8:10.

W: Let me check. You _____ _____ your train on platform number 5.

M: Thank you.

G: My mom gave me a special _____ _____. She gave me a pink box. When I _____ the box, there was a black _____ inside it. It is awesome. My mom is so thoughtful.

G: What are you _____ _____?

B: I'm looking at the _____ my _____ sent me. He took a desert tour last month.

G: Cool! What did he do on the _____?

B: He rode a camel.

G: Awesome.

B: Also, he took pictures of stars at night.

G: Sounds fun!

B: Hey, Jane. What are you going to do _____?

G: Well, I will _____ just stay home. How about you?

B: I will go hiking. Would you like to go with me?

G: Um. I don't think I can.

B: Why?

G: My grandparents will visit my house this weekend. So I should help my parents _____ the house.

B: Oh, I see. Let's go _____ _____.

09

대화를 듣고, 대화의 내용과 일치하는 것을 고르시오.

① 음악실은 1층에 있다.
② 보건실은 2층에 있다.
③ 도서관은 4층에 있다.
④ 보건실은 도서관 옆에 있다.

10

대화를 듣고, 남자아이가 주말에 할 일로 알맞은 것을 고르시오.

① 노래를 부를 것이다.
② 친구를 초대할 것이다.
③ 마술쇼를 보러 갈 것이다.
④ 선물할 쿠키를 살 것이다.

11

대화를 듣고, 남자가 찾고 있는 장소의 위치를 고르시오.

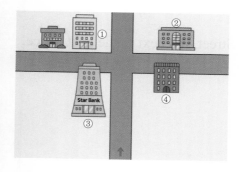

12

대화를 듣고, 여자아이가 가리키는 물건이 무엇인지 고르시오.

① 빨대
② 한옥
③ 짚신
④ 바구니

B: _____ me, I'm new here. Can you tell me where the music room is?
G: Sure. It's on the _____ floor.
B: Thanks. And _____ _____ thing. Where is the nurse's office?
G: It's on the first floor. It's next to the _____.
B: Thank you so much.

G: What are you going to do this weekend?
B: I am going to _____ a nursing home with my friends.
G: Great. What will you do there?
B: We will _____ songs. And we're going to do a _____ show.
G: Sounds fun.
B: We also made _____. We will bring them.

M: Excuse me, can you tell me the way to the ABC Building?
W: Sure. Go _____ and _____ _____ at the _____. It's on your right.
M: Go straight and turn left?
W: Yes. Can you see that really tall _____ over there?
M: Yes, I can.
W: That is Star Bank. The ABC Building is just across from Star Bank.
M: Thank you.

B: There are so many _____ things in this *hanok*.
G: Right. What are those things next to the _____?
B: Those are traditional Korean shoes. They are called *jipsin*.
G: *Jipsin*?
B: Yes. They are _____ of _____.

JUMP UP

13

다음을 듣고, 그림의 상황에 알맞은 것을 고르시오.

① ② ③ ④

14

대화를 듣고, 그림의 상황에 가장 알맞은 것을 고르시오.

① ② ③ ④

15

다음을 듣고, 대화가 자연스럽지 <u>않은</u> 것을 고르시오.

① ② ③ ④

16

대화를 듣고, 남자아이가 좋아하는 과목과 이유가 바르게 짝지어진 것을 고르시오.

과목	이유
① 수학 –	잘하기 때문에
② 역사 –	잘하기 때문에
③ 수학 –	문제의 해결책을 찾는 것을 좋아해서
④ 역사 –	과거로부터 많은 것을 배울 수 있어서

① W: She is using a _____ _____ for cooking.

② W: She is _____ vegetables in a bowl.

③ W: She is _____ the dishes.

④ W: She is taking out some fruits from the _____.

① W: What is your _____?

   M: It is "Donkey."

② W: What are you doing?

   M: I am _____ the rabbits. They are so _____.

③ W: What did you do?

   M: I _____ the dog house.

④ W: Where is the zoo?

   M: Sorry. I am not from around here.

① B: Sorry, I'm late. I got up _____.

   G: That's okay.

② B: When is your father's _____?

   G: It's April eleventh.

③ B: Can you tell me the way to the _____?

   G: Sure. Go straight along Pine Street. It's next to the post office.

④ B: What grade are you in?

   G: It's on the _____ floor.

B: What are you doing?

G: I am studying _____.

B: Are you good at math?

G: I think so. I love to solve _____.

B: Really?

G: Yeah. I am proud of myself. Do you like math?

B: Not really. I like _____.

G: Why do you like history?

B: Because I can learn a lot from the _____.

17

대화를 듣고, 이어질 응답으로 알맞지 <u>않은</u> 것을 고르시오.

① It was large.

② I think it was great.

③ I found it a little boring.

④ It was very interesting to me.

18

대화를 듣고, 이어질 응답으로 알맞은 것을 고르시오.

① Twice a week.

② I like that book.

③ How can I help you?

④ Yes, that's mine. Thank you.

19

대화를 듣고, 이어질 응답으로 알맞은 것을 고르시오.

① It is wonderful.

② That is delicious.

③ It is not my house.

④ You can come to my house by six.

20

대화를 듣고, 이어질 응답으로 알맞은 것을 고르시오.

① By train.

② In Seoul.

③ At 9:00 a.m.

④ About 30 minutes.

G: Hi. Where are you going?

B: I'm on my way home from the _____.

G: Oh, did you see a movie?

B: Yes. I saw *Peter Pan*. You _____ it to me last week.

G: How was it?

B: _____

B: Hi. What are you looking for?

G: My hat. I can't _____ it.

B: What does it _____ _____?

G: It's white and there is a small pink _____ on it.

B: There's a hat _____ the table. Is that yours?

G: _____

M: I am going to have a _____ _____ at my house _____.

W: A potluck party? What is that?

M: It's a party where everybody _____ some food and _____ it. Would you like to come?

W: Sure. I'll bring some sandwiches.

M: Sounds great!

W: What time does it start?

M: _____

포틀럭 파티(potluck party)란 각자 자신이 만든 음식을 가져와 서로 나누어 먹는 파티를 말합니다. 미국이나 캐나다 등 영미권에서 흔한 파티 형태예요.

M: What are you going to do this _____?

W: I'm going to _____ my grandparents. My family will go to a flower festival.

M: A flower festival?

W: Yes. There is a flower festival in my grandparents' town.

M: Cool. How will you get there?

W: We will go there _____ _____.

M: Oh, it's _____. How long does it take?

W: _____

● MP3 파일을 듣고, 다음 빈칸을 채워 대화를 완성해 보세요.

"A에는 B의 대답에 어울리는 질문이, B에는 A의 질문에 어울리는 대답이 들어갈 거예요. A와 B가 어떠한 대화를 나누게 될까요?"

01 A <u>What did you do last weekend?</u>   <u>너는 지난 주말에 무엇을 했니?</u>

    B I went to a science festival.   나는 과학 축제에 갔었어.

02 A _____   _____

    B At eight ten.   8시 10분이야.

03 A Where are you going?   당신은 어디로 가실 건가요?

    B _____   _____

04 A Where is the nurse's office?   보건실은 어디에 있어요?

    B _____   _____

05 A Where is the watch?   시계는 어디에 있니?

    B _____   _____

"한 번에 문장을 다 쓰긴 어려워요. 여러 번 들으면서 메모하며 천천히 적어도 좋아요. 문장이 완성되면, 우리말 뜻도 적어 보세요!"

06 My mom gave me a special gift yesterday   .

   나의 엄마는 어제 나에게 특별한 선물을 주셨다.

07 She   .

08 Because   .

09 I   .

10 There's   .

● **주어진 우리말 의미에 맞게 영어로 말해 보세요.**

STEP1 우리말을 읽고, 앞에서 학습한 내용을 이용하여 영어로 말해 봐요. 말한 뒤에는 네모 박스에 체크해요.
STEP2 주어진 어휘 또는 표현들을 이용하여 문장을 완성해요.

01 너는 지난 월요일에 무엇을 했니? (did, Monday)

STEP1 ☐

STEP2 _____

02 너의 버스는 언제 출발하니? (when, leave)

STEP1 ☐

STEP2 _____

03 너는 어디에 가고 있니? (where)

STEP1 ☐

STEP2 _____

04 그것은 4층에 있어. (fourth)

STEP1 ☐

STEP2 _____

05 너는 무엇을 찾고 있니? (look for)

STEP1 ☐

STEP2 _____

06 그녀는 냉장고에서 약간의 채소를 꺼내고 있다. (take out, some vegetables)

STEP1 ☐

STEP2 _____

07 나는 학교에서 집으로 가는 길이야. (way)

STEP1 ☐

STEP2 _____

Listen & Speak Up 2

WARM UP

새로운 어휘들을 미리 공부해 볼까요?

| 정답과 해설 8쪽 |

A MP3 파일을 잘 듣고, 알맞은 번호 옆에 어휘의 철자와 뜻을 쓰세요.
뒷장으로 넘어가기 전, 한 번 더 들어 보고 싶은 경우에는 네모 박스에 체크하세요.

01 ☐ **feed**   먹이를 주다   06 ☐ _____ _____

02 ☐ _____ _____   07 ☐ _____ _____

03 ☐ _____ _____   08 ☐ _____ _____

04 ☐ _____ _____   09 ☐ _____ _____

05 ☐ _____ _____   10 ☐ _____ _____

B 주어진 우리말 의미에 맞도록 빈칸을 채우세요.
위에서 학습한 어휘들을 이용해 보세요.

01 불꽃놀이 축제를 보다   see a _____ festival

02 매운 음식   _____ food

03 금발 머리   _____ hair

04 쓰레기통 안에   inside the _____ _____

05 이 상자를 부산으로 보내다   _____ this box to Busan

06 너는 그에게 얼마나 자주 먹이를 주니?   How often do you _____ him?

07 대신에 실내 캠핑은 어떠니?   How about indoor camping _____?

08 많은 꽃들이 피어난다.   Lots of flowers are _____ing.

09 그것은 얼마예요?   How much does it _____?

10 나는 조금 피곤하다.   I feel _____ _____ tired.

● MP3 파일을 잘 듣고, 물음에 답하세요.

01
241039-0026

대화를 듣고, 여자가 전화를 건 목적을 고르시오.

① 학교 행사를 물어보기 위해서
② Liam이 결석하는 것을 알리기 위해서
③ Liam의 교우 관계를 물어보기 위해서
④ Smith 선생님의 안부를 확인하기 위해서

02
241039-0027

대화를 듣고, 대화 직후에 남자아이가 할 일을 고르시오.

① 말타기
② 돼지 보러 가기
③ 양에게 먹이 주기
④ 토끼에게 먹이 주기

03
241039-0028

대화를 듣고, 여자아이가 새해 첫날에 할 일이 아닌 것을 고르시오.

① 조부모님 댁 방문하기
② 바닷가 가기
③ 수영하기
④ 불꽃놀이 구경하기

04
241039-0029

다음을 듣고, 남자아이가 친구에 대하여 언급하지 않은 것을 고르시오.

① 이름
② 별명
③ 사는 곳
④ 좋아하는 운동

05
241039-0030

대화를 듣고, 오늘은 무슨 요일인지 고르시오.

Greg's Schedule

월	화	수	목	금
Read books	Have a piano lesson	Read books	Have a piano lesson	Play soccer

① 화요일 ② 수요일
③ 목요일 ④ 금요일

06

▶ 241039-0031

다음을 듣고, 남자아이의 여동생의 모습으로 알맞은 것을 고르시오.

①

②

③

④

08

▶ 241039-0033

대화를 듣고, 남자아이가 오늘과 내일 할 일이 <u>아닌</u> 것을 고르시오.

① 집 청소하기

② 요리하기

③ 사촌과 숙제하기

④ 파자마 파티하기

09

▶ 241039-0034

다음을 듣고, 내용과 일치하지 <u>않는</u> 것을 고르시오.

① 날씨가 매우 추웠다.

② 눈이 많이 왔다.

③ 나는 친구들과 눈썰매를 탔다.

④ 엄마는 나에게 핫초코를 만들어 주셨다.

07

▶ 241039-0032

대화를 듣고, 여자아이가 가장 좋아하는 계절을 고르시오.

① 봄

② 여름

③ 가을

④ 겨울

10

▶ 241039-0035

대화를 듣고, 남자아이가 공책을 찾은 위치로 알맞은 곳을 고르시오.

Listen & Speak Up 2

11
▶ 241039-0036

대화를 듣고, 대화가 이루어지는 장소로 알맞은 것을 고르시오.

① Hotel
② School
③ Hospital
④ Post office

12
▶ 241039-0037

대화를 듣고, 두 아이가 무엇에 관하여 이야기하고 있는지 고르시오.

① 여행
② 독서
③ 패션
④ 영화

13
▶ 241039-0039

다음을 듣고, 그림의 상황에 알맞은 것을 고르시오.

①   ②   ③   ④

14
▶ 241039-0038

대화를 듣고, 그림의 상황에 가장 알맞은 것을 고르시오.

①   ②   ③   ④

15
▶ 241039-0040

다음을 듣고, 대화가 자연스럽지 <u>않은</u> 것을 고르시오.

①   ②   ③   ④

16

241039-0041

대화를 듣고, 두 사람의 관계가 알맞게 짝지어진 것을 고르시오.

① 화가 – 모델
② 사진사 – 손님
③ 미술 교사 – 학생
④ 헤어 디자이너 – 손님

17

241039-0042

대화를 듣고, 이어질 응답으로 알맞지 <u>않은</u> 것을 고르시오.

① It has four members.
② Yes, it was a long trip.
③ It is a very popular band in Korea.
④ The band plays traditional Korean music.

18

241039-0043

대화를 듣고, 이어질 응답으로 알맞은 것을 고르시오.

① It is so expensive.
② It's so sweet. I love it.
③ It's in the microwave oven.
④ Exercising is good for your health.

19

241039-0044

대화를 듣고, 이어질 응답으로 알맞은 것을 고르시오.

① Where is your teacher?
② He is my science teacher.
③ What subject can you teach me?
④ Because I love teaching children.

20

241039-0045

대화를 듣고, 이어질 응답으로 알맞은 것을 고르시오.

① Once a day.
② It was on the desk.
③ He is two years old.
④ My mother got him for me.

LISTEN UP 실력 높여 보기

● MP3 파일을 잘 듣고, 물음에 답하세요.

01
▶ 241039-0046

대화를 듣고, 남자가 한 마지막 말의 의도로 적절한 것을 고르시오.

① 비난   ② 축하
③ 격려   ④ 사과
⑤ 허락

02
▶ 241039-0047

다음을 듣고, 무엇에 관한 내용인지 고르시오.

① 외출 순서
② 비누의 효과
③ 물 절약 방법
④ 올바르게 손 씻는 법
⑤ 좋은 수건 고르는 법

03
▶ 241039-0048

대화를 듣고, 여자의 마지막 말에 나타난 심정으로 적절한 것을 고르시오.

① 걱정   ② 실망
③ 안도   ④ 당황
⑤ 후회

04
▶ 241039-0049

대화를 듣고, 대화 직후에 두 사람이 할 일로 가장 적절한 것을 고르시오.

① 비옷 준비하기
② 텐트 사러 가기
③ 캠핑지로 출발하기
④ 소파와 탁자 옮기기
⑤ 소파와 탁자를 사러 가기

05
▶ 241039-0050

대화를 듣고, 여자의 마지막 말에 이어질 남자의 응답으로 가장 적절한 것을 고르시오.

① It is large.
② It is not clean.
③ It is Thai food.
④ Be careful. It's hot.
⑤ Sure. I'll be right back.

● MP3 파일을 잘 듣고, 다음 빈칸을 채워 보세요. 빈칸을 채운 뒤, 한 번 더 문제를 풀어 보세요.

01

대화를 듣고, 여자가 전화를 건 목적을 고르시오.

① 학교 행사를 물어보기 위해서
② Liam이 결석하는 것을 알리기 위해서
③ Liam의 교우 관계를 물어보기 위해서
④ Smith 선생님의 안부를 확인하기 위해서

02

대화를 듣고, 대화 직후에 남자아이가 할 일을 고르시오.

① 말타기
② 돼지 보러 가기
③ 양에게 먹이 주기
④ 토끼에게 먹이 주기

03

대화를 듣고, 여자아이가 새해 첫날에 할 일이 <u>아닌</u> 것을 고르시오.

① 조부모님 댁 방문하기
② 바닷가 가기
③ 수영하기
④ 불꽃놀이 구경하기

04

다음을 듣고, 남자아이가 친구에 대하여 언급하지 <u>않은</u> 것을 고르시오.

① 이름
② 별명
③ 사는 곳
④ 좋아하는 운동

[Telephone rings.]

W: Hello. May I _____ to Mr. Smith?

M: Speaking. Who's calling, please?

W: Hi. I am Liam's mother. He's very _____ now. He can't go to school today.

M: Thank you for telling me. I _____ he gets better _____.

W: Thank you.

B: What are you doing?

G: I am _____ the sheep.

B: They are so cute. Are there any other animals on this _____?

G: Sure. There are horses, pigs, and _____ on the farm.

B: I want to see the pigs.

G: Okay. Come this _____.

B: What are you going to do on _____ _____ _____?

G: I will visit my _____, and we will go to the beach.

B: What will you do there?

G: We will see a _____ festival. There will be one near the _____.

B: Sounds great!

B: Let me _____ my friend, James. He lives in Wellington, New Zealand. He _____ there two years ago. He likes _____ like me. He likes math, and I like math, too. He likes _____ food, and I do, too. We have so much _____ _____.

05

대화를 듣고, 오늘은 무슨 요일인지 고르시오.

Greg's Schedule

월	화	수	목	금
Read books	Have a piano lesson	Read books	Have a piano lesson	Play soccer

① 화요일   ② 수요일
③ 목요일   ④ 금요일

06

다음을 듣고, 남자아이의 여동생의 모습으로 알 맞은 것을 고르시오.

①   ②
③   ④

07

대화를 듣고, 여자아이가 가장 좋아하는 계절을 고르시오.

① 봄
② 여름
③ 가을
④ 겨울

08

대화를 듣고, 남자아이가 오늘과 내일 할 일이 아닌 것을 고르시오.

① 집 청소하기
② 요리하기
③ 사촌과 숙제하기
④ 파자마 파티하기

B: Hey, Beth.

G: Hi, Greg. What do you _____ do after school?

B: I have piano lessons on Tuesdays and Thursdays. So today I will have a piano lesson.

G: Then what will you do _____ after school?

B: I will play _____. That is my favorite time of the _____.

G: Sounds great.

B: This is a picture of my younger sister. She has short _____ hair. She is _____ brown glasses. She has a red hairpin in her hair. She is _____ and _____. I like her very much.

겨울 스포츠(winter sports) 또는 동계 스포츠는 눈이나 얼음 위에서 즐기는 스포츠를 가리키는 용어예요. 아이스하키, 스케이팅, 스키, 스노보드, 썰매 타기 등이 있지요. 여러분은 어떤 동계 스포츠를 해 보았나요?

B: It's very hot today.

G: Yes, it is. Do you like summer?

B: No. I hate this hot _____. I like winter _____. I like winter sports _____ _____ skiing.

G: I catch colds easily in winter. So I don't like it.

B: Then what is your favorite _____?

G: I like spring most. Lots of flowers are blooming. Flowers make me happy.

G: Hi, Eric.

B: Hi, Sandy.

G: What are you going to do _____?

B: I am going to _____ my house. And then I will cook.

G: Do you have any special plans?

B: My cousin will _____ tomorrow. We will have a pajama party.

G: Sounds fun!

09
다음을 듣고, 내용과 일치하지 <u>않는</u> 것을 고르시오.

① 날씨가 매우 추웠다.
② 눈이 많이 왔다.
③ 나는 친구들과 눈썰매를 탔다.
④ 엄마는 나에게 핫초코를 만들어 주셨다.

10
대화를 듣고, 남자아이가 공책을 찾은 위치로 알맞은 곳을 고르시오.

11
대화를 듣고, 대화가 이루어지는 장소로 알맞은 것을 고르시오.

① Hotel
② School
③ Hospital
④ Post office

12
대화를 듣고, 두 아이가 무엇에 관하여 이야기하고 있는지 고르시오.

① 여행
② 독서
③ 패션
④ 영화

B: It was _____ cold today, and it _____ a lot. I had a snowball _____ with my _____. I had a great time with them. When I got home, my mom made hot chocolate for me.

G: Hurry up. You are going to be _____.
B: But I cannot find my notebook.
G: Your notebook was on the desk.
B: It is not on my desk now.
G: Did you check _____ the desk?
B: Yes, but it is not there. Oh, I found it.
G: Really? _____ is it?
B: It's inside the _____ _____.

W: Hello. May I _____ you?
M: Yes. I would like to _____ this box to Busan.
W: Okay. Give me your box, please. What's inside?
M: There are some books _____.
W: It weighs 4 kilograms. It will arrive within three days.
M: How much does it _____?
W: Five thousand won.

B: Hey. How's it going?
G: I'm okay. But I feel a little bit _____.
B: Why?
G: Because I just got back home yesterday. I took a trip to Australia.
B: _____. How was your _____?
G: It was really great. I saw kangaroos and penguins there.
B: Sounds _____.

13

다음을 듣고, 그림의 상황에 알맞은 것을 고르시오.

① ② ③ ④

① M: Minsu is _____ than Alex.

② M: Seho is _____ than Minsu.

③ M: Kai is slower than Seho.

④ M: Alex is the _____ student in this _____.

14

대화를 듣고, 그림의 상황에 가장 알맞은 것을 고르시오.

① ② ③ ④

① B: Why are you so _____?

G: I won the race.

② B: What are you eating?

G: I am eating a club sandwich.

③ B: You look _____. What's wrong?

G: There is a _____ on my desk.

④ B: What are you reading?

G: I'm reading a _____ about spiders.

15

다음을 듣고, 대화가 자연스럽지 <u>않은</u> 것을 고르시오.

① ② ③ ④

① W: What day is it today?

M: It's Tuesday.

② W: Whose _____ is this?

M: Just put it on your lap.

③ W: How's the _____?

M: It's sunny _____. There are _____ skies with no clouds.

④ W: May I speak to Alice?

M: Sure. Just a _____, please.

개인용 컴퓨터 중 휴대용인 랩톱은 무릎 위(laptop)에 놓을 수 있어서 랩톱(laptop) 컴퓨터, 데스크톱은 책상 위(desktop)에 고정해 두고 사용해서 데스크톱(desktop) 컴퓨터라는 명칭을 갖게 되었어요.

16

대화를 듣고, 두 사람의 관계가 알맞게 짝지어진 것을 고르시오.

① 화가 – 모델

② 사진사 – 손님

③ 미술 교사 – 학생

④ 헤어 디자이너 – 손님

M: Have a seat, please. How may I help you today?

W: I would like to _____ my _____ color.

M: What color do you want?

W: Well, I am not sure. Can you _____ a color for me?

M: Green is _____ these days.

W: Oh, I like green.

17

대화를 듣고, 이어질 응답으로 알맞지 <u>않은</u> 것을 고르시오.

① It has four members.
② Yes, it was a long trip.
③ It is a very popular band in Korea.
④ The band plays traditional Korean music.

18

대화를 듣고, 이어질 응답으로 알맞은 것을 고르시오.

① It is so expensive.
② It's so sweet. I love it.
③ It's in the microwave oven.
④ Exercising is good for your health.

19

대화를 듣고, 이어질 응답으로 알맞은 것을 고르시오.

① Where is your teacher?
② He is my science teacher.
③ What subject can you teach me?
④ Because I love teaching children.

20

대화를 듣고, 이어질 응답으로 알맞은 것을 고르시오.

① Once a day.
② It was on the desk.
③ He is two years old.
④ My mother got him for me.

B: Good _____. How's it _____?
G: I'm good.
B: What are you doing?
G: I'm _____ to music. Do you know this song?
B: No, I don't. but I like the _____.
G: It's by JJ Band.
B: JJ Band? Can you tell me more about JJ Band?
G: _____

B: Mom, this is for you.
W: What is it?
B: It's a chocolate cake. I made it _____.
W: Wow! Where did you _____ how to make it?
B: I watched a video _____.
W: Cool. I want to _____ it.
B: Okay. Try it. *[Pause]* How do you like it?
W: _____

G: Travis, _____ dancing was really amazing!
B: Thanks!
G: Do you want to be a _____ in the _____?
B: Yes, I do. How about you?
G: I want to be a _____.
B: Why do you want to be a teacher?
G: _____

G: What are you looking at?
B: I am looking at a _____ of my _____ _____.
G: Oh, so cute.
B: My dad got him two years ago.
G: How often do you _____ him?
B: _____

● MP3 파일을 듣고, 다음 빈칸을 채워 대화를 완성해 보세요.

> "A에는 B의 대답에 어울리는 질문이, B에는 A의 질문에 어울리는 대답이 들어갈 거예요. A와 B가 어떠한 대화를 나누게 될까요?"

01 A <u>What do you usually do after school?</u>　　　너는 방과 후에 보통 무엇을 하니?

　　 B I have piano lessons on Tuesdays and Thursdays.　　　나는 화요일과 목요일에 피아노 수업이 있어.

02 A _____　　　_____

　　 B Five thousand won.　　　오천 원입니다.

03 A _____　　　_____

　　 B I'm okay. But I feel a little bit tired.　　　나는 좋아. 그런데 조금 피곤해.

04 A May I speak to Alice?　　　Alice와 통화할 수 있을까요?

　　 B _____　　　_____

05 A _____　　　_____

　　 B It's so sweet. I love it.　　　그것은 아주 달콤하구나. 그것이 아주 마음에 들어.

06 I _hope he gets better soon_ .

저는 그가 빨리 낫기를 바랍니다.

07 I _____ .

_____

08 Alex _____ .

_____

09 Can _____ ?

_____

10 Do _____ ?

_____

| 정답과 해설 14쪽 |

● **주어진 우리말 의미에 맞게 영어로 말해 보세요.**

STEP 1 우리말을 읽고, 앞에서 학습한 내용을 이용하여 영어로 말해 봐요. 말한 뒤에는 네모 박스에 체크해요.

STEP 2 주어진 어휘 또는 표현들을 이용하여 문장을 완성해요.

01 너는 주말에 보통 무엇을 하니? (usually, on weekends)

STEP 1 ☐

STEP 2 _____

02 그것은 무게가 얼마나 나가나요? (how much, weigh)

STEP 1 ☐

STEP 2 _____

03 어떻게 지내니? (going)

STEP 1 ☐

STEP 2 _____

04 나는 그가 빨리 낫기를 바랍니다. (hope, better)

STEP 1 ☐

STEP 2 _____

05 나는 스케이팅 같은 겨울 운동을 좋아해. (such as, skating)

STEP 1 ☐

STEP 2 _____

06 너는 JJ 밴드에 대하여 내게 더 말해 줄 수 있니? (can, tell)

STEP 1 ☐

STEP 2 _____

07 너는 미래에 가수가 되고 싶니? (singer, future)

STEP 1 ☐

STEP 2 _____

Listen & Speak Up 3

WARM UP

새로운 어휘들을 미리 공부해 볼까요?

| 정답과 해설 14쪽 |

A MP3 파일을 잘 듣고, 알맞은 번호 옆에 어휘의 철자와 뜻을 쓰세요.
뒷장으로 넘어가기 전, 한 번 더 들어 보고 싶은 경우에는 네모 박스에 체크하세요.

01 ☐ **national**   국립의   06 ☐ _____ _____

02 ☐ _____ _____   07 ☐ _____ _____

03 ☐ _____ _____   08 ☐ _____ _____

04 ☐ _____ _____   09 ☐ _____ _____

05 ☐ _____ _____   10 ☐ _____ _____

B 주어진 우리말 의미에 맞도록 빈칸을 채우세요.
위에서 학습한 어휘들을 이용해 보세요.

01 국립 박물관   _____ Museum

02 새로운 사무실   a new _____

03 세 개의 파란 깃털   three blue _____s

04 배구 시합   a _____ match

05 쓰레기를 줍다   _____ _____ some trash

06 나는 그것을 벽에 걸었다.   I hung it on the _____.

07 화장실이 어디에 있는지 알려 주시겠어요?   Can you tell me where the _____ is?

08 나는 그것들을 반납할 거야.   I am going to _____ them.

09 이것들은 서류들이야.   These are _____s.

10 나는 이 라벨에서 제조일자를 찾을 수 없어.   I can't find the _____ _____ on this label.

듣기평가 모의고사 3

● MP3 파일을 잘 듣고, 물음에 답하세요.

01
▶ 241039-0051

대화를 듣고, 여자아이가 지호를 찾는 목적을 고르시오.

① 컴퓨터를 배우려고
② 우산을 가져다주려고
③ 컴퓨터실을 물어보려고
④ 그의 엄마에게 부탁하려고

02
▶ 241039-0052

대화를 듣고, 여자아이가 어제 한 일을 고르시오.

① 역사책을 읽었다.
② 박물관에 다녀왔다.
③ 여행 계획을 세웠다.
④ 방과 후 수업을 들었다.

03
▶ 241039-0053

대화를 듣고, 대화 직후 두 아이가 할 일을 고르시오.

① 책 읽기
② 연날리기
③ 운동복 사기
④ 배드민턴 치기

04
▶ 241039-0054

다음을 듣고, 무엇에 관한 내용인지 고르시오.

① 자원봉사자 모집 안내
② 게임 방법 안내
③ 미술 대회 안내
④ 주의 사항 안내

05
▶ 241039-0055

대화를 듣고, 빈칸에 들어갈 말이 바르게 짝지어진 것을 고르시오.

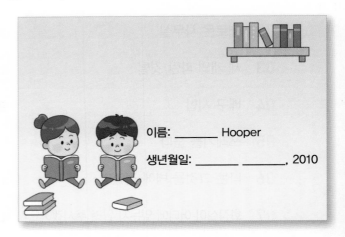

이름	생년월일
① Becky	July 2
② Becky	June 2
③ Betty	July 2
④ Betty	June 2

06

▶ 241039-0056

다음을 듣고, 여자가 선물 받은 것을 고르시오.

①

②

③

④

07

▶ 241039-0057

다음을 듣고, 들은 내용과 일치하지 <u>않는</u> 것을 고르시오.

① 새 티셔츠를 샀다.
② 새로운 쇼핑몰에서 샀다.
③ 쇼핑몰은 작지만 깨끗하다.
④ 이번 주말에 새로운 쇼핑몰에 다시 갈 예정이다.

08

▶ 241039-0058

대화를 듣고, 여자와 남자의 반려동물이 바르게 짝지어진 것을 고르시오.

	여자	남자
①	앵무새	– 강아지
②	병아리	– 앵무새
③	강아지	– 앵무새
④	앵무새	– 병아리

09

▶ 241039-0059

대화를 듣고, 여자아이가 수영장에 가지 <u>못하는</u> 이유를 고르시오.

① 몸집이 작아서
② 수영을 싫어해서
③ 배구 연습을 하려고
④ 수영을 하지 못해서

10

▶ 241039-0060

대화를 듣고, 남자아이가 할 일로 알맞은 것을 고르시오.

① 체육관에 가기
② 서점에 가서 책 사기
③ 도서관에서 책 빌리기
④ 도서관에 책 반납하기

Listen & Speak Up 3

11

▶ 241039-0061

대화를 듣고, 남자아이가 찾고 있는 물건의 위치를 고르시오.

12

▶ 241039-0062

대화를 듣고, 두 사람이 무엇에 관하여 이야기하고 있는지 고르시오.

① 나의 성격
② 역사 시험
③ 좋아하는 친구
④ 좋아하는 선생님

13

▶ 241039-0063

다음을 듣고, 그림의 상황에 알맞은 것을 고르시오.

①   ②   ③   ④

14

▶ 241039-0064

대화를 듣고, 그림의 상황에 가장 알맞은 것을 고르시오.

①   ②   ③   ④

15

다음을 듣고, 대화가 자연스럽지 <u>않은</u> 것을 고르시오.

①   ②   ③   ④

16

241039-0066

대화를 듣고, 대화의 내용과 일치하지 <u>않는</u> 것을 고르시오.

① 여자아이는 아빠와 자전거 여행을 다녀왔다.
② 여자아이는 여행의 마지막 날, 자신이 자랑스럽다고 느꼈다.
③ 남자아이는 조부모님 댁을 방문했다.
④ 남자아이는 시골이 불편했다.

17

241039-0067

대화를 듣고, 이어질 응답으로 알맞지 <u>않은</u> 것을 고르시오.

① Yes, please.
② How kind of you!
③ I can make boxes.
④ Sure. Thank you very much.

18

241039-0068

대화를 듣고, 이어질 응답으로 알맞은 것을 고르시오.

① It's dirty.
② It's foggy.
③ It's 5 o'clock.
④ You're welcome.

19

241039-0069

대화를 듣고, 이어질 응답으로 알맞은 것을 고르시오.

① Help yourself.
② It is 10,000 won.
③ I don't like the story.
④ Sure. I will bring it to you next class.

20

241039-0070

대화를 듣고, 이어질 응답으로 알맞은 것을 고르시오.

① It is 5 dollars.
② It is made in Japan.
③ It is September 19th.
④ It is made of oranges.

● MP3 파일을 잘 듣고, 물음에 답하세요.

01
▶ 241039-0071

대화를 듣고, 여자가 한 마지막 말의 의도로 적절한 것을 고르시오.

① 부탁　　　　② 동의
③ 사과　　　　④ 감사
⑤ 제안

02
▶ 241039-0072

다음을 듣고, 동아리 안내 사항 중에 언급되지 않은 것을 고르시오.

① 지도교사 이름
② 뮤지컬 주인공 선정
③ 뮤지컬 제목
④ 뮤지컬 연습 내용
⑤ 뮤지컬 연습 시간

03
▶ 241039-0073

대화를 듣고, 대화 직후 여자의 심정으로 가장 적절한 것을 고르시오.

① 후회　　　　② 실망
③ 안도　　　　④ 놀람
⑤ 분노

04
▶ 241039-0074

대화를 듣고, 여자가 대화 직후에 할 일을 고르시오.

① 요리하기
② 씨앗 사기
③ 화분 가져오기
④ 남자 기다리기
⑤ 식물에 물 주기

05
▶ 241039-0075

대화를 듣고, 남자의 마지막 말에 이어질 여자의 응답으로 가장 적절한 것을 고르시오.

① It's cheap.
② It's too expensive.
③ I can cook very well.
④ This fruit salad is very delicious.
⑤ That's all. Bring a shopping bag.

● MP3 파일을 잘 듣고, 다음 빈칸을 채워 보세요. 빈칸을 채운 뒤, 한 번 더 문제를 풀어 보세요.

01

대화를 듣고, 여자아이가 지호를 찾는 목적을 고르시오.

① 컴퓨터를 배우려고
② 우산을 가져다주려고
③ 컴퓨터실을 물어보려고
④ 그의 엄마에게 부탁하려고

B: Hi. You're Jiho's sister, right?

G: Yes, I am. I am looking for Jiho. Do you _____ where he is?

B: Yes. He is in the computer room. By the way, why are you _____ _____ him?

G: My mom asked me to bring him his _____.

B: I see. The computer room is on the _____ floor.

G: Thank you.

02

대화를 듣고, 여자아이가 어제 한 일을 고르시오.

① 역사책을 읽었다.
② 박물관에 다녀왔다.
③ 여행 계획을 세웠다.
④ 방과 후 수업을 들었다.

G: Hi, Michael.

B: Hi, Jiyoon. You were not in class _____. Where were you?

G: I went to Gongju with my _____.

B: Cool. What did you do there?

G: We went to the Gongju _____ Museum. I _____ lots of things from Baekje.

B: Sounds fun.

03

대화를 듣고, 대화 직후 두 아이가 할 일을 고르시오.

① 책 읽기
② 연날리기
③ 운동복 사기
④ 배드민턴 치기

G: I'm bored. I don't want to _____ anymore.

B: Then let's go _____.

G: Okay. What do you want to do?

B: How about playing _____?

G: It's _____ outside. How about flying a kite?

B: That's a good idea.

04

다음을 듣고, 무엇에 관한 내용인지 고르시오.

① 자원봉사자 모집 안내
② 게임 방법 안내
③ 미술 대회 안내
④ 주의 사항 안내

W: Star Elementary School will be holding its Family Camping Weekend next _____. The school is looking for _____. They are going to do face painting. If you are interested, _____ the teachers' _____ at 333-5333.

Listen & Speak Up 3

05

대화를 듣고, 빈칸에 들어갈 말이 바르게 짝지어 진 것을 고르시오.

이름: _____ Hooper
생년월일: _____ _____, 2010

이름	생년월일
① Becky	– July 2
② Becky	– June 2
③ Betty	– July 2
④ Betty	– June 2

06

다음을 듣고, 여자가 선물 받은 것을 고르시오.

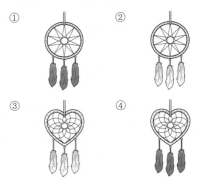

① ② ③ ④

07

다음을 듣고, 들은 내용과 일치하지 <u>않는</u> 것을 고르시오.

① 새 티셔츠를 샀다.
② 새로운 쇼핑몰에서 샀다.
③ 쇼핑몰은 작지만 깨끗하다.
④ 이번 주말에 새로운 쇼핑몰에 다시 갈 예정이다.

08

대화를 듣고, 여자와 남자의 반려동물이 바르게 짝지어진 것을 고르시오.

여자	남자
① 앵무새	– 강아지
② 병아리	– 앵무새
③ 강아지	– 앵무새
④ 앵무새	– 병아리

G: Hi. I would like to _____ a library card.

M: Okay. What's your name?

G: My name is Becky Hooper.

M: How do you _____ your name?

G: B-E-C-K-Y, H-O-O-P-E-R.

M: What's your _____ _____ _____?

G: It's June second, 2010.

W: My mother gave me a special gift. It is a dream catcher. It is white, heart-shaped and _____ with three blue _____. I hung it on the _____. It is so _____.

> 드림캐처는 아메리카에 사는 어떤 부족의 장식물이라고 해요. 나무 등으로 만든 고리에 끈을 그물처럼 엮고 깃털 등으로 꾸며 만드는데, 벽에 걸어 장식하면 잠자리의 악몽을 잡아(catch) 좋은 꿈을 꾸도록 한다고 해요.

M: I got a _____ shirt yesterday. I bought it at a new shopping mall. It is big and _____. There are lots of _____ in the mall. I'll go there _____ this weekend.

W: Look at this picture. This is my _____, Ben.

M: He's so _____. How old is he?

W: He is only 7 months old. Do you have a pet?

M: Yes, I have a bird.

W: What kind of bird?

M: A _____. She can _____ my words.

W: Wow! That sounds interesting.

09

대화를 듣고, 여자아이가 수영장에 가지 <u>못하는</u> 이유를 고르시오.

① 몸집이 작아서
② 수영을 싫어해서
③ 배구 연습을 하려고
④ 수영을 하지 못해서

10

대화를 듣고, 남자아이가 할 일로 알맞은 것을 고르시오.

① 체육관에 가기
② 서점에 가서 책 사기
③ 도서관에서 책 빌리기
④ 도서관에 책 반납하기

11

대화를 듣고, 남자아이가 찾고 있는 물건의 위치를 고르시오.

12

대화를 듣고, 두 사람이 무엇에 관하여 이야기하고 있는지 고르시오.

① 나의 성격
② 역사 시험
③ 좋아하는 친구
④ 좋아하는 선생님

G: It's so hot today.

B: Can you _____?

G: Yes, I can swim a little.

B: Then let's go to the swimming pool this afternoon.

G: I'm sorry. I have a _____ _____ tomorrow. I have to practice for it.

B: Oh, I see. Maybe some other time.

B: Where are you going?

G: I am going to the _____. How about you?

B: I'm going to the _____.

G: Are you going to check out some books?

B: No, I won't. I _____ _____ some books last week. I am going to _____ them.

G: Okay. Have a good day.

B: You too. Bye.

W: Jimmy, _____ _____.

B: Wait a minute. I'm _____ done.

W: You might be late.

B: Where is the shopping bag?

W: It is on the _____.

B: Which chair?

W: That one. It is in front of the _____.

B: Oh, I got it.

B: Who is your favorite _____?

G: I like our _____ teacher the most.

B: Why do you like her?

G: She is _____ to everyone. How about you?

B: I like our _____ teacher. He tells us many interesting stories.

G: You're right. I like him, too.

13

다음을 듣고, 그림의 상황에 알맞은 것을 고르
시오.

①   ②   ③   ④

14

대화를 듣고, 그림의 상황에 가장 알맞은 것을 고르
시오.

①   ②   ③   ④

15

다음을 듣고, 대화가 자연스럽지 <u>않은</u> 것을 고르
시오.

①   ②   ③   ④

16

대화를 듣고, 대화의 내용과 일치하지 <u>않는</u> 것을
고르시오.

① 여자아이는 아빠와 자전거 여행을 다녀왔다.
② 여자아이는 여행의 마지막 날, 자신이 자
    랑스럽다고 느꼈다.
③ 남자아이는 조부모님 댁을 방문했다.
④ 남자아이는 시골이 불편했다.

① W: A boy is _____ with dogs.
② W: A boy is _____ away some trash.
③ W: A boy is _____ _____ some trash.
④ W: A boy is _____ trees.

① B: I am so happy. I took _____ _____ in the race.
   W: Congratulations!
② B: I'm sick. I have a _____.
   W: You should drink some hot tea.
③ B: I'm hungry. Is there anything to eat?
   W: Here are some _____.
④ B: I am angry. My brother broke my _____.
   W: I'm sorry to hear that.

① B: How long does it take you to _____ your homework?
   G: It takes about 3 hours.
② B: How often do you have a violin lesson?
   G: I am _____ at violin.
③ B: What's the _____ today?
   G: It's June sixth.
④ B: What does he look like?
   G: He is tall and has _____ hair.

B: What did you do on summer _____?
G: I went on a 10-day bike tour with my father.
B: Wow! How was it? Was it _____?
G: A little bit. However, on the last day of the trip, I felt _____ of myself.
B: Cool.
G: How about you? What did you do?
B: I visited my grandparents. They live in the country.
G: How was it?
B: It was fantastic. I _____ nature a lot.

17

대화를 듣고, 이어질 응답으로 알맞지 <u>않은</u> 것을 고르시오.

① Yes, please.
② How kind of you!
③ I can make boxes.
④ Sure. Thank you very much.

18

대화를 듣고, 이어질 응답으로 알맞은 것을 고르시오.

① It's dirty.
② It's foggy.
③ It's 5 o'clock.
④ You're welcome.

19

대화를 듣고, 이어질 응답으로 알맞은 것을 고르시오.

① Help yourself.
② It is 10,000 won.
③ I don't like the story.
④ Sure. I will bring it to you next class.

20

대화를 듣고, 이어질 응답으로 알맞은 것을 고르시오.

① It is 5 dollars.
② It is made in Japan.
③ It is September 19th.
④ It is made of oranges.

M: Michelle, you look _____.

W: Yes, I am. I need to move to a new _____ today.

M: I see. What are those?

W: These are _____. I need to _____ them to my new office.

M: They look heavy. Can I help you?

W: _____

M: Welcome to the book _____.

W: Hi. Can I ask you something?

M: Sure. What do you _____?

W: Can you please tell me where the _____ is?

M: It's _____ over there. Just follow me.

W: Thank you.

M: _____

M: What are you doing?

W: I'm _____ a book.

M: What book is it?

W: It's *Treasure Island*.

M: I heard that it is _____ _____. What do you think?

W: Yes, it is. It is funny too.

M: Sounds good. Can I borrow the book when you _____ it?

W: _____

W: Excuse me. May I ask you a _____?

M: Sure. What is it?

W: I can't find the production date on this _____.

M: Let me take a look. *[Pause]* Oh. Here it is.

W: What is the _____?

M: _____

> 제조일자(production date)는 상품이 만들어진 날을 말하는데, 식품 등의 상품에는 제조일자와 함께 유통 기한이 표시된답니다. 유통 기한은 주로 식품 따위의 상품이 시중에 유통될 수 있는 기한을 말해요.

Listen & Speak Up 3

● MP3 파일을 듣고, 다음 빈칸을 채워 대화를 완성해 보세요.

> "A에는 B의 대답에 어울리는 질문이, B에는 A의 질문에 어울리는 대답이 들어갈 거예요. A와 B가 어떠한 대화를 나누게 될까요?"

01 A   How do you spell your name?   당신의 이름은 철자가 어떻게 되나요?

B   B-E-C-K-Y, H-O-O-P-E-R.   B-E-C-K-Y, H-O-O-P-E-R.

02 A _____   _____

B   It's June second, 2010.   2010년 6월 2일입니다.

03 A _____   _____

B   A parrot.   앵무새야.

04 A _____   _____

B   It takes about 3 hours.   대략 세 시간이 걸려.

05 A _____   _____

B   He is tall and has brown hair.   그는 키가 크고 갈색 머리야.

"한 번에 문장을 다 쓰긴 어려워요. 여러 번 들으면서 메모하며 천천히 적어도 좋아요. 문장이 완성되면, 우리말 뜻도 적어 보세요!"

06 How about playing badminton   ?

  배드민턴을 치는 것은 어때?

07 I   .

08 I   .

09 They   .

10 Excuse   ?

Listen & Speak Up 3

● **주어진 우리말 의미에 맞게 영어로 말해 보세요.**

> **STEP 1** 우리말을 읽고, 앞에서 학습한 내용을 이용하여 영어로 말해 봐요. 말한 뒤에는 네모 박스에 체크해요.
>
> **STEP 2** 주어진 어휘 또는 표현들을 이용하여 문장을 완성해요.

01 당신의 이름은 철자가 어떻게 되나요? (how, spell)

STEP 1 □

STEP 2 _____

02 당신의 생년월일은 어떻게 되나요? (what, date of birth)

STEP 1 □

STEP 2 _____

03 네가 너의 프로젝트를 끝내는 데 얼마나 걸리니? (how long, project)

STEP 1 □

STEP 2 _____

04 그것들은 비싸 보이는구나. (look)

STEP 1 □

STEP 2 _____

05 테니스를 치는 것은 어때? (how about)

STEP 1 □

STEP 2 _____

06 나는 내가 자랑스럽다고 느꼈어. (proud)

STEP 1 □

STEP 2 _____

07 실례합니다만, 제가 당신에게 부탁해도 될까요? (may, favor)

STEP 1 □

STEP 2 _____

Listen & Speak Up 4

WARM UP

 새로운 어휘들을 미리 공부해 볼까요?

| 정답과 해설 20쪽 |

A MP3 파일을 잘 듣고, 알맞은 번호 옆에 어휘의 철자와 뜻을 쓰세요.
뒷장으로 넘어가기 전, 한 번 더 들어 보고 싶은 경우에는 네모 박스에 체크하세요.

01 ☐ **a few** 약간의   06 ☐

02 ☐   07 ☐

03 ☐   08 ☐

04 ☐   09 ☐

05 ☐   10 ☐

B 주어진 우리말 의미에 맞도록 빈칸을 채우세요.
위에서 학습한 어휘들을 이용해 보세요.

01 시계 종이 울릴 때마다   every clock bell _____

02 나무로 만든 고리[테]   wooden _____

03 깔개 위에   on the _____

04 자전거를 빌리다   _____ a bike

05 큰 할인을 제공하다   _____ a big discount

06 (부정문에서) 나도 그래.   Me _____.

07 나는 봉사 활동을 했어.   I did some _____ _____.

08 표가 겨우 약간만 남아 있어요. There are only _____ _____ tickets left.

09 이 세일은 5월 1일부터 5월 10일까   This sale _____s from May 1st to May 10th.
    지 지속됩니다.

10 우리는 그것이 잠자는 사람을 나쁜   We _____ that it protects sleepers from
    꿈으로부터 보호한다고 믿고 있어.   bad dreams.

● MP3 파일을 잘 듣고, 물음에 답하세요.

01

▶ 241039-0076

대화를 듣고, 남자가 노트북을 빌리는 목적을 고르시오.

① 콘서트에 가려고
② 표를 교환하려고
③ 기차표를 사려고
④ 연휴에 대해 검색하려고

02

▶ 241039-0077

대화를 듣고, 여자아이가 어제 도서관에서 한 일을 고르시오.

① 책 빌리기
② 그림 그리기
③ 그림책 읽어 주기
④ 자원봉사 신청하기

03

▶ 241039-0078

대화를 듣고, 대화 직후 여자아이가 할 일을 고르시오.

① 짐 싸기
② 캠핑 가기
③ 캠핑용품 사기
④ 연필과 종이 가지고 오기

04

▶ 241039-0079

다음을 듣고, 무엇에 관한 내용인지 고르시오.

① 자원봉사 모집
② 맛있는 식당 홍보
③ 유능한 요리사 모집
④ 주방용품 할인 판매 홍보

05

▶ 241039-0080

대화를 듣고, 메모한 내용으로 바르지 않은 것을 고르시오.

Message

① 전화 받은 곳 : Westbridge Company
② 찾는 사람: Mark
③ 전화 건 사람: Tom
④ 전달 내용: He will call Mark again.

06
241039-0081

다음을 듣고, 남자가 산 티셔츠로 알맞은 것을 고르시오.

①

②

③

④

07
241039-0082

대화를 듣고, 여자아이가 말한 내용과 일치하는 것을 고르시오.

① 그녀는 지난주에 가족사진을 찍었다.
② 그녀의 가족은 모두 분홍색 셔츠를 입었다.
③ 그녀에게는 나이 많은 언니가 있다.
④ 가족사진은 다음 주 목요일에 나올 것이다.

08
241039-0083

대화를 듣고, 여자가 딸기잼을 고른 이유를 고르시오.

① 딸기잼의 색이 예뻐서
② 딸기잼이 더 맛있어서
③ 딸기잼이 할인이 되어서
④ 블루베리잼이 다 떨어져서

09
241039-0084

대화를 듣고, 남자아이가 가져갈 점심으로 바르게 짝지어진 것을 고르시오.

① 달걀 샌드위치 – 포도 주스
② 닭고기 샌드위치 – 오렌지 주스
③ 달걀 샌드위치 – 오렌지 주스
④ 닭고기 샌드위치 – 포도 주스

10
241039-0085

대화를 듣고, 남자아이가 찾고 있는 장소의 위치를 고르시오.

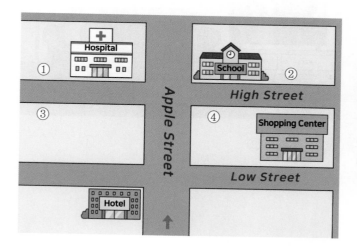

11

▶ 241039-0086

대화를 듣고, 남자아이가 방과 후에 할 일을 고르시오.

① 수영하기
② 조깅하기
③ 자전거 대여하기
④ 자전거 수리하기

12

▶ 241039-0087

다음을 듣고, 그림의 상황으로 일치하지 않은 것을 고르시오.

①   ②   ③   ④

13

▶ 241039-0088

대화를 듣고, 두 아이가 무엇에 관하여 이야기하고 있는지 고르시오.

① 새로 받은 시계
② 가장 싫어하는 음식
③ 새해 첫날에 입는 옷
④ 새해 첫날에 먹는 음식

14

▶ 241039-0089

다음을 듣고, 그림의 상황에 알맞은 것을 고르시오.

①   ②   ③   ④

15

▶ 241039-0090

다음을 듣고, 대화가 자연스럽지 않은 것을 고르시오.

①   ②   ③   ④

16

241039-0091

대화를 듣고, 두 사람의 관계가 알맞게 짝지어진 것을 고르시오.

① 학생 – 교사
② 아들 – 엄마
③ 환자 – 의사
④ 심사위원 – 참가자

17

241039-0092

대화를 듣고, 이어질 응답으로 알맞지 <u>않은</u> 것을 고르시오.

① Yes. Its owner is me.
② Sure. Please tell me more.
③ Yes, I do. I am very interested.
④ I'd love to, but I have to go now.

18

241039-0093

대화를 듣고, 이어질 응답으로 알맞은 것을 고르시오.

① They are pink.
② They smell good.
③ They are so small.
④ Around two weeks later.

19

241039-0094

대화를 듣고, 이어질 응답으로 알맞은 것을 고르시오.

① She was a cook.
② I had a dream yesterday.
③ That interview was so boring.
④ Okay. What time shall we meet?

20

241039-0095

대화를 듣고, 이어질 응답으로 알맞은 것을 고르시오.

① It's on October 2nd.
② That's my favorite song.
③ It will be at N Concert Hall.
④ The guitar was really expensive.

● MP3 파일을 잘 듣고, 물음에 답하세요.

01
▶ 241039-0096

다음을 듣고, 말하는 사람의 직업으로 가장 적절한 것을 고르시오.

① 의사　　　　　② 교사
③ 경찰관　　　　④ 소방관
⑤ 수상 안전 요원

02
▶ 241039-0097

다음을 듣고, 독감 증상으로 언급되지 않은 것을 고르시오.

① 열　　　　　　② 목 따가움
③ 콧물　　　　　④ 두통
⑤ 기침

03
▶ 241039-0098

대화를 듣고, 여자의 심정으로 가장 적절한 것을 고르시오.

① 행복　　　　　② 긴장
③ 화남　　　　　④ 실망
⑤ 지루함

04
▶ 241039-0099

대화를 듣고, 남자아이가 대화 직후에 할 일을 고르시오.

① 집을 색칠한다.
② 문을 교체한다.
③ 장난감을 숨긴다.
④ 모형 집을 새로 만든다.
⑤ 모형 집의 지붕을 단추로 장식한다.

05
▶ 241039-0100

대화를 듣고, 여자의 마지막 말에 이어질 남자의 응답으로 가장 적절한 것을 고르시오.

① It's 555-5555.
② She is not here.
③ Kevin speaking.
④ Yes, that's my wallet.
⑤ I'll tell him to call you back.

● MP3 파일을 잘 듣고, 다음 빈칸을 채워 보세요. 빈칸을 채운 뒤, 한 번 더 문제를 풀어 보세요.

01

대화를 듣고, 남자가 노트북을 빌리는 목적을 고르시오.

① 콘서트에 가려고
② 표를 교환하려고
③ 기차표를 사려고
④ 연휴에 대해 검색하려고

02

대화를 듣고, 여자아이가 어제 도서관에서 한 일을 고르시오.

① 책 빌리기
② 그림 그리기
③ 그림책 읽어 주기
④ 자원봉사 신청하기

03

대화를 듣고, 대화 직후 여자아이가 할 일을 고르시오.

① 짐 싸기
② 캠핑 가기
③ 캠핑용품 사기
④ 연필과 종이 가지고 오기

04

다음을 듣고, 무엇에 관한 내용인지 고르시오.

① 자원봉사 모집
② 맛있는 식당 홍보
③ 유능한 요리사 모집
④ 주방용품 할인 판매 홍보

W: Hi, Jinho. Did you buy a _____ _____ for the holiday?

M: Not yet. Why?

W: There are only _____ _____ tickets left. You shouldn't wait much longer.

M: Oh. Can I buy a ticket _____?

W: Yeah.

M: Then I'll do it right now. Can I use your laptop?

W: Sure. Here you go.

B: What did you do _____?

G: I went to the _____.

B: Did you _____ _____ some books?

G: No, I didn't. I did some _____ work.

B: What did you do?

G: I read picture books to children.

B: That sounds great.

M: We are going camping next week.

G: That sounds _____! What do we need to prepare, Dad?

M: Well, we need sleeping bags, a flashlight, rain jackets, and some other _____.

G: How about making a _____?

M: Good idea. Could you _____ me a pencil and paper?

G: Okay. Wait a minute.

W: Do you need some kitchen _____? If you need to buy some, check out cookncook.com. Right now, this site is _____ a big _____ on kitchen items. You can save up to 50%. This sale _____ from May 1st to May 10th.

05

대화를 듣고, 메모한 내용으로 바르지 <u>않은</u> 것을 고르시오.

Message

① 전화 받은 곳: Westbridge Company

② 찾는 사람: Mark

③ 전화 건 사람: Tom

④ 전달 내용: He will call Mark again.

①   ②   ③   ④

06

다음을 듣고, 남자가 산 티셔츠로 알맞은 것을 고르시오.

 ① ②

 ③ ④

07

대화를 듣고, 여자아이가 말한 내용과 일치하는 것을 고르시오.

① 그녀는 지난주에 가족사진을 찍었다.

② 그녀의 가족은 모두 분홍색 셔츠를 입었다.

③ 그녀에게는 나이 많은 언니가 있다.

④ 가족사진은 다음 주 목요일에 나올 것이다.

08

대화를 듣고, 여자가 딸기잼을 고른 이유를 고르시오.

① 딸기잼의 색이 예뻐서

② 딸기잼이 더 맛있어서

③ 딸기잼이 할인이 되어서

④ 블루베리잼이 다 떨어져서

[Telephone rings.]

W: Hello. This is Westbridge Company. How can I help you?

M: Hi. Can I speak to Mark?

W: He is not in the _____ right now. He will be back in 30 minutes.

M: Oh, I see. My _____ is Tom Enders. Can you tell him to call me back?

W: Sure. What's your phone number?

M: He already has my phone number.

W: Oh, I see. I will _____ him your _____.

M: Today is my _____ brother's birthday. I went to a store with him to buy him a T-shirt. I _____ a blue and white _____ shirt for him. However, he chose a blue shirt with a big yellow star in the middle. He likes it very much. I am _____.

B: What did you do yesterday?

G: My _____ took a family picture. We all wore the same pink shirt.

B: That's _____! How many people are there in your family?

G: Four. My father, mother, my older brother, and me.

B: Can you _____ me the picture? I _____ want to see it.

G: I don't have it. We will get it next Tuesday.

W: How much is this blueberry jam?

M: It's 4 dollars.

W: Is it _____ _____?

M: No, it isn't. But strawberry jam is on sale.

W: How _____ is it?

M: It's 5 dollars. But you can get one free if you buy one.

W: Oh, then it's much _____ than blueberry jam. I'll _____ it.

> sale은 '판매'와 '할인 판매'의 뜻 모두 사용되기 때문에 헷갈릴 수 있는데요. for sale은 '판매 중인'이고 on sale은 '할인 중인'이라는 표현이 된답니다.

09

대화를 듣고, 남자아이가 가져갈 점심으로 바르게 짝지어진 것을 고르시오.

① 달걀 샌드위치 – 포도 주스
② 닭고기 샌드위치 – 오렌지 주스
③ 달걀 샌드위치 – 오렌지 주스
④ 닭고기 샌드위치 – 포도 주스

10

대화를 듣고, 남자아이가 찾고 있는 장소의 위치를 고르시오.

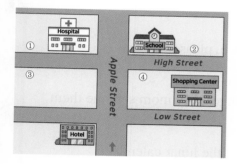

11

대화를 듣고, 남자아이가 방과 후에 할 일을 고르시오.

① 수영하기
② 조깅하기
③ 자전거 대여하기
④ 자전거 수리하기

12

다음을 듣고, 그림의 상황으로 일치하지 않은 것을 고르시오.

① ② ③ ④

B: Good morning, Mom. What are you doing?

W: I'm making a sandwich for your lunch.

B: Thank you. What _____ of sandwich?

W: What do you want? Chicken or egg?

B: I would like chicken.

W: Okay. What _____ you _____ with it? Orange juice or grape juice?

B: I _____ grape juice.

B: Excuse me, ma'am. Can I ask you something?

W: Sure. What is it?

B: I want to get to the train _____. Do you know how I can get there?

W: Yes. You _____ take the bus number 5. It comes every 15 minutes.

B: Okay. Where is the bus stop?

W: Go _____ down to High Street and _____ right. It's on your right.

B: Turn right at High Street?

W: Yes. It's across from the school.

G: Hey, do you have any _____ after school?

B: No. How about you?

G: Me, _____. Let's ride a bike along the Han River.

B: I'd love to. But I don't have a bike.

G: You can rent a bike at a bike store. It _____ about 5 dollars for two hours.

B: Great. I will _____ a bike.

① W: There is a green couch on the _____.
② W: There is a _____ hanging on the _____.
③ W: There is a television in front of the _____.
④ W: There is an orange lamp _____ the couch.

13

대화를 듣고, 두 아이가 무엇에 관하여 이야기하고 있는지 고르시오.

① 새로 받은 시계
② 가장 싫어하는 음식
③ 새해 첫날에 입는 옷
④ 새해 첫날에 먹는 음식

14

다음을 듣고, 그림의 상황에 알맞은 것을 고르시오.

① ② ③ ④

15

다음을 듣고, 대화가 자연스럽지 <u>않은</u> 것을 고르시오.

① ② ③ ④

16

대화를 듣고, 두 사람의 관계가 알맞게 짝지어진 것을 고르시오.

① 학생 – 교사
② 아들 – 엄마
③ 환자 – 의사
④ 심사위원 – 참가자

G: What do Koreans eat on New Year's Day?

B: We eat *tteokguk*. It's traditional Korean rice-cake soup. How about you?

G: In Spain, we eat twelve _____ at _____ on December 31st.

B: Twelve grapes?

G: Yes. We eat twelve grapes, one for every clock _____ _____.

B: Sounds interesting.

> 새해 첫날 하는 일 중 빼놓을 수 없는 것이 바로 특별한 음식을 먹는 것이죠. 우리나라에서 떡국을 먹듯이 스페인에서는 12알의 포도를 먹는데 12알의 포도는 12개월을 나타낸다고 하네요.

① M: May I take your _____?

W: Yes. One glass of orange juice, please.

② M: What are these?

W: They are _____ of oranges. My mom sent me them _____.

③ M: Do you know anything about the lunar calendar?

W: No, I don't.

④ M: What's the matter?

W: I have a _____.

① W: Who is she?

M: She is my _____. She is a _____.

② W: What time do you get up?

M: I get up at 7:30.

③ W: What's in the _____?

M: It is _____ to the kitchen.

④ W: May I try a chocolate cake?

M: Sure. _____ yourself.

B: Today is the last day of elementary school.

W: Right. How do you _____?

B: I am very happy and proud of _____.

W: I am proud of you, too. Congratulations on your graduation!

B: Thank you, Ms. Miller. I learned a lot from you.

W: I know that you _____ did your best. I'll _____ you.

B: Can I take a picture with you?

17

대화를 듣고, 이어질 응답으로 알맞지 <u>않은</u> 것을 고르시오.

① Yes. Its owner is me.
② Sure. Please tell me more.
③ Yes, I do. I am very interested.
④ I'd love to, but I have to go now.

18

대화를 듣고, 이어질 응답으로 알맞은 것을 고르시오.

① They are pink.
② They smell good.
③ They are so small.
④ Around two weeks later.

19

대화를 듣고, 이어질 응답으로 알맞은 것을 고르시오.

① She was a cook.
② I had a dream yesterday.
③ That interview was so boring.
④ Okay. What time shall we meet?

20

대화를 듣고, 이어질 응답으로 알맞은 것을 고르시오.

① It's on October 2nd.
② That's my favorite song.
③ It will be at N Concert Hall.
④ The guitar was really expensive.

G: What's this _____ _____?
B: It is a dream _____. My mom made it for me.
G: A dream catcher?
B: Yeah. We _____ that it protects sleepers from bad dreams.
G: Sounds interesting.
B: Do you want to _____ more about it?
G: _____

B: What are those?
G: These are mini roses. I _____ them.
B: How often do you _____ them?
G: Once or twice a week.
B: When will the _____ _____?
G: _____

B: What are you doing?
G: I am making questions for a _____.
B: What is it about?
G: It's about a dream job.
B: Sounds _____.
G: And I need to interview someone, too. Can I _____ you _____?
B: _____

W: What do you do in your free time?
M: I _____ walk my dog in the park. How about you?
W: I _____ classical guitar. It's really _____.
M: Great.
W: Actually, I have a concert next month. Would you like to come?
M: Sure. I'd love to. _____ is it?
W: _____

FLY UP

● MP3 파일을 듣고, 다음 빈칸을 채워 대화를 완성해 보세요.

"A에는 B의 대답에 어울리는 질문이, B에는 A의 질문에 어울리는 대답이 들어갈 거예요. A와 B가 어떠한 대화를 나누게 될까요?"

01 A ___Can I use your laptop?___   내가 당신의 노트북을 사용해도 될까요?

     B Sure. Here you go.   물론이죠. 여기 있어요.

02 A May I take your order?   제가 주문을 받아도 될까요?

     B _____   _____

03 A What's the matter?   무슨 일이야?

     B _____   _____

04 A What time do you get up?   너는 몇 시에 일어나니?

     B _____   _____

05 A May I try a chocolate cake?   제가 초콜릿케이크를 맛봐도 될까요?

     B _____   _____

62 초등 영어듣기평가 완벽대비_6-1

"한 번에 문장을 다 쓰긴 어려워요. 여러 번 들으면서 메모하며 천천히 적어도 좋아요. 문장이 완성되면, 우리말 뜻도 적어 보세요!"

06 I _want to get to the train station_ .

나는 기차역에 가고 싶어요.

07 Can ?

08 I am .

09 Can ?

10 Do ?

SPEAK UP

| 정답과 해설 27쪽 |

● **주어진 우리말 의미에 맞게 영어로 말해 보세요.**

> **STEP 1** 우리말을 읽고, 앞에서 학습한 내용을 이용하여 영어로 말해 봐요. 말한 뒤에는 네모 박스에 체크해요.
>
> **STEP 2** 주어진 어휘 또는 표현들을 이용하여 문장을 완성해요.

01 내가 당신의 노트북을 사용해도 될까요? (use, laptop)

STEP 1 ☐

STEP 2 _____

02 제가 주문을 받아도 될까요? (may, order)

STEP 1 ☐

STEP 2 _____

03 제가 팬케이크를 맛봐도 될까요? (may, try)

STEP 1 ☐

STEP 2 _____

04 저는 시청까지 가기를 원해요. (want, get, city hall)

STEP 1 ☐

STEP 2 _____

05 나는 너의 생일을 위해 케이크를 만들고 있어. (cake, birthday)

STEP 1 ☐

STEP 2 _____

06 제가 당신과 함께 사진을 찍어도 될까요? (can, take a picture)

STEP 1 ☐

STEP 2 _____

07 너는 그것에 대하여 더 알고 싶니? (know, more)

STEP 1 ☐

STEP 2 _____

Listen & Speak Up 5

새로운 어휘들을 미리 공부해 볼까요?

| 정답과 해설 27쪽 |

A MP3 파일을 잘 듣고, 알맞은 번호 옆에 어휘의 철자와 뜻을 쓰세요.
뒷장으로 넘어가기 전, 한 번 더 들어 보고 싶은 경우에는 네모 박스에 체크하세요.

01 ☐ **introduce** 소개하다   06 ☐

02 ☐   07 ☐

03 ☐   08 ☐

04 ☐   09 ☐

05 ☐   10 ☐

B 주어진 우리말 의미에 맞도록 빈칸을 채우세요.
위에서 학습한 어휘들을 이용해 보세요.

01 나의 영어 선생님을 소개하다   _____ my English teacher

02 경기장에서   at the _____

03 아름다운 풍경   beautiful _____

04 소파 뒤에   behind the _____

05 피아노 경연 대회   piano _____

06 도보로 15분 정도 걸려.   It takes about 15 minutes _____ _____.

07 많은 비가 내릴 것이다.   There will be _____ _____.

08 소년들과 소녀들이 줄을 서 있다.   Boys and girls are standing _____ _____.

09 이 길은 미끄럽다.   This road is _____.

10 벼룩시장이 어디에 있니?   Where is the _____ _____?

● MP3 파일을 잘 듣고, 물음에 답하세요.

01
▶ 241039-0101

대화를 듣고, 남자아이가 Jake를 찾는 목적을 고르시오.

① 숙제를 도와주려고
② 방청소를 부탁하려고
③ 숙제에 대해 물어보려고
④ 슈퍼마켓의 위치를 물어보려고

02
▶ 241039-0102

대화를 듣고, 여자아이가 찾고 있는 강아지로 알맞은 것을 고르시오.

①  ②

③  ④

03
▶ 241039-0103

대화를 듣고, 남자가 여름 방학에 할 일로 알맞은 것을 고르시오.

① 등산하기
② 요리 수업 듣기
③ 요가 수업 듣기
④ 자전거 여행하기

04
▶ 241039-0104

다음을 듣고, 무엇을 소개한 내용인지 고르시오.

① 장래 희망
② 영어 선생님
③ 여행한 나라
④ 좋아하는 과목

05
▶ 241039-0105

대화를 듣고, 여자가 찾는 장소의 위치를 고르시오.

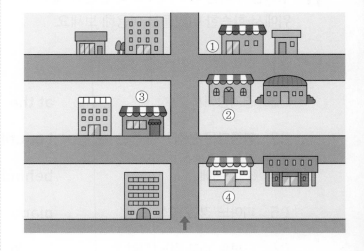

06

241039-0106

다음을 듣고, 내일 날씨로 알맞은 것을 고르시오.

①
②
③
④

07

241039-0107

대화를 듣고, 두 아이가 무엇에 관하여 이야기하고 있는지 고르시오.

① 동물원
② 수의사
③ 반려동물
④ 동물 병원

08

241039-0108

다음을 듣고, 그림의 상황으로 알맞은 것을 고르시오.

①　　　②　　　③　　　④

09

241039-0109

대화를 듣고, 남자아이의 장래 희망으로 알맞은 것을 고르시오.

① 농부
② 화가
③ 목수
④ 건축가

10

241039-0110

대화를 듣고, 남자아이가 내일 영화를 보지 못하는 이유를 고르시오.

① 수학 시험을 보기 때문에
② 영화를 좋아하지 않기 때문에
③ 피아노 연습을 해야 하기 때문에
④ 내일 피아노 경연 대회가 있기 때문에

11

241039-0111

대화를 듣고, 남자아이의 휴대전화가 어디에 있는지 고르시오.

① 탁자 위
② 소파 위
③ 탁자 아래
④ 소파 뒤

12

241039-0112

대화를 듣고, 두 사람이 만날 시각으로 알맞은 것을 고르시오.

① 5:00 p.m.
② 5:30 p.m.
③ 6:00 p.m.
④ 7:00 p.m.

13

241039-0113

다음을 듣고, 남자아이가 말한 내용과 일치하지 <u>않는</u> 것을 고르시오.

① 재호는 밴드의 리더이다.
② 주아는 노래를 한다.
③ 수빈이는 5학년이다.
④ 지아는 기타를 연주한다.

14

241039-0114

대화를 듣고, 그림의 상황에 가장 알맞은 것을 고르시오.

①   ②   ③   ④

15

241039-0115

다음을 듣고, 대화가 자연스럽지 <u>않은</u> 것을 고르시오.

①   ②   ③   ④

16

● 241039-0116

대화를 듣고, 여자아이가 찾고 있는 물건과 색깔이 바르게 짝지어진 것을 고르시오.

물건	색깔
① 목도리	노랑
② 재킷	노랑
③ 목도리	빨강
④ 재킷	빨강

17

● 241039-0117

대화를 듣고, 이어질 응답으로 알맞지 <u>않은</u> 것을 고르시오.

① Sure. I'd love to.
② They are healthy.
③ Sorry. I can't wake up early.
④ Thank you. What time do you go jogging?

18

● 241039-0118

대화를 듣고, 이어질 응답으로 알맞은 것을 고르시오.

① Sure, you can.
② Okay, I'll take them.
③ Yes. They are the smallest size.
④ The shoe store is right over there.

19

● 241039-0119

대화를 듣고, 이어질 응답으로 알맞은 것을 고르시오.

① My mother is not a doctor.
② You'd better get some rest.
③ I want to be a doctor in the future.
④ Okay, I will. Do you know where the nearest doctor's office is?

20

● 241039-0120

대화를 듣고, 이어질 응답으로 알맞은 것을 고르시오.

① It's on Monday.
② It is on ABC Street.
③ There will be lots of jeans.
④ They're not that expensive.

● MP3 파일을 잘 듣고, 물음에 답하세요.

01
▶ 241039-0121

다음을 듣고, 'I'가 무엇인지 가장 적절한 것을 고르시오.

①    ②

③    ④

⑤

02
▶ 241039-0122

다음을 듣고, 운동회에 대해 언급하지 <u>않은</u> 것을 고르시오.

① 날짜
② 장소
③ 날씨
④ 프로그램 종류
⑤ 준비물

03
▶ 241039-0123

대화를 듣고, 여자의 심정으로 가장 적절한 것을 고르시오

① 기대   ② 분노
③ 슬픔   ④ 실망
⑤ 지루함

04
▶ 241039-0124

대화를 듣고, 여자가 대화 직후에 할 일로 가장 적절한 것을 고르시오.

① 식당에 가기
② 파스타 만들기
③ 샐러드 만들기
④ 식료품점에 가기
⑤ 남자의 집에 가기

05
▶ 241039-0125

대화를 듣고, 여자의 마지막 말에 이어질 남자의 응답으로 가장 적절한 것을 고르시오.

① Yes, a soda please.
② That's so delicious.
③ Pizza is an Italian food.
④ I don't like garlic pizza.
⑤ Your pizza is bigger than mine.

● MP3 파일을 잘 듣고, 다음 빈칸을 채워 보세요. 빈칸을 채운 뒤, 한 번 더 문제를 풀어 보세요.

01

대화를 듣고, 남자아이가 Jake를 찾는 목적을 고르시오.

① 숙제를 도와주려고
② 방청소를 부탁하려고
③ 숙제에 대해 물어보려고
④ 슈퍼마켓의 위치를 물어보려고

B: Mom, where is Jake?
W: He went to the _____. Why?
B: I want to _____ him about my _____.
W: He will be _____ in ten minutes.
B: Oh, I see.

02

대화를 듣고, 여자아이가 찾고 있는 강아지로 알맞은 것을 고르시오.

① ② ③ ④

G: Oh no! I cannot _____ my dog.
B: What does he look like?
G: He has white _____ hair.
B: What _____?
G: He has brown eyes.
B: Okay. I will go and _____ to find him.

여러분도 반려동물인 개를 잃어버릴 뻔한 적이 있나요? 이런 일을 방지하기 위해 고유 식별 번호가 있는 칩을 반려동물에게 삽입 또는 부착하는 동물등록제가 2014년 1월 1일부터 전국 의무 시행 중이랍니다.

03

대화를 듣고, 남자가 여름 방학에 할 일로 알맞은 것을 고르시오.

① 등산하기
② 요리 수업 듣기
③ 요가 수업 듣기
④ 자전거 여행하기

W: The _____ _____ is coming.
M: What will you do this summer vacation?
W: I will take some fun classes.
M: What classes?
W: One is a yoga class, and the other is a cooking class. How about you?
M: I will go on a bike _____.
W: _____ like fun!

04

다음을 듣고, 무엇을 소개한 내용인지 고르시오.

① 장래 희망
② 영어 선생님
③ 여행한 나라
④ 좋아하는 과목

G: I want to _____ my English teacher. His name is Chris. He is from _____. He teaches us English _____ _____ a week. We play lots of fun games in his class. He is my _____ teacher.

05

대화를 듣고, 여자가 찾는 장소의 위치를 고르시오.

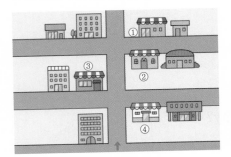

06

다음을 듣고, 내일 날씨로 알맞은 것을 고르시오.

①   ②

③   ④

07

대화를 듣고, 두 아이가 무엇에 관하여 이야기하고 있는지 고르시오.

① 동물원
② 수의사
③ 반려동물
④ 동물 병원

08

다음을 듣고, 그림의 상황으로 알맞은 것을 고르시오.

① ② ③ ④

W: Excuse me. Is there a _____ _____ here?

M: Yes. It takes fifteen minutes _____ _____.

W: Great. Can you tell me how to get there?

M: Sure. Go straight down two blocks and turn right at the _____.

W: Turn right at the corner?

M: Yes. It will be on your right.

M: This is your weekend _____ report. This morning, there will be blue skies with no clouds. However, it will be _____ and _____ in the afternoon. From tomorrow, there will be _____ _____. Don't forget to take your umbrella.

B: Do you have a _____?

G: Yes, I have a dog. His name is Happy.

B: How old is he?

G: He is two years old. Do you have a pet?

B: Yes, I have a _____. She is so _____ and _____.

① M: Boys and girls are playing _____ at the _____.

② M: Boys and girls are watching a movie in the _____.

③ M: Boys and girls are standing _____ _____ for a musical concert.

④ M: Boys and girls are playing board games.

09

대화를 듣고, 남자아이의 장래 희망으로 알맞은 것을 고르시오.

① 농부
② 화가
③ 목수
④ 건축가

10

대화를 듣고, 남자아이가 내일 영화를 보지 <u>못하</u>는 이유를 고르시오.

① 수학 시험을 보기 때문에
② 영화를 좋아하지 않기 때문에
③ 피아노 연습을 해야 하기 때문에
④ 내일 피아노 경연 대회가 있기 때문에

11

대화를 듣고, 남자아이의 휴대전화가 어디에 있는지 고르시오.

① 탁자 위
② 소파 위
③ 탁자 아래
④ 소파 뒤

12

대화를 듣고, 두 사람이 만날 시각으로 알맞은 것을 고르시오.

① 5:00 p.m.
② 5:30 p.m.
③ 6:00 p.m.
④ 7:00 p.m.

G: Wow, that's a _____ picture. Who painted it?

B: I painted it. I like to _____ beautiful _____.

G: Looks cool.

B: Thank you.

G: Do you want to be a _____?

B: Yes. I want to be a painter like my father.

B: Good _____.

G: Good morning. Are you _____ tomorrow? If you are, let's go to see a _____.

B: I'd love to, but I can't. I have a piano _____ next month. I have to _____ for it.

G: Do you practice every day?

B: Yes, I do. The contest is really _____ to me.

B: Can you _____ me my cellphone?

G: Sure. Where is it?

B: It's on the _____ in front of the _____.

G: Are you sure? There is nothing on the table.

B: Really? Can you look around there?

G: Oh, I found it. It is _____ the couch.

M: I'm going to the musical concert _____. How about you?

W: Me too. How will you get there?

M: I will take the bus. Would you like to go together?

W: Sure. Let's _____ at the bus stop. What time does the concert _____?

M: It starts at 7 p.m. So how about meeting at five thirty?

W: That's too _____. How about six?

M: Good. See you there at six.

13

다음을 듣고, 남자아이가 말한 내용과 일치하지 <u>않는</u> 것을 고르시오.

① 재호는 밴드의 리더이다.
② 주아는 노래를 한다.
③ 수빈이는 5학년이다.
④ 지아는 기타를 연주한다.

14

대화를 듣고, 그림의 상황에 가장 알맞은 것을 고르시오.

①   ②   ③   ④

15

다음을 듣고, 대화가 자연스럽지 <u>않은</u> 것을 고르시오.

①   ②   ③   ④

16

대화를 듣고, 여자아이가 찾고 있는 물건과 색깔이 바르게 짝지어진 것을 고르시오.

물건	색깔
① 목도리	– 노랑
② 재킷	– 노랑
③ 목도리	– 빨강
④ 재킷	– 빨강

B: Hi, I'm Jaeho, the singer and _____ of my school band. There are four _____ in the band. Jua and I are in the _____ grade. She plays the drums in the band. Subin and Jia are in the fifth grade. They are the _____.

① G: How _____ of you!
   B: Thank you.
② G: Be careful. This road is _____.
   B: Okay. I will.
③ G: Can you take a picture of us?
   B: Sure. No _____.
④ G: Don't take a picture in this _____.
   B: I'm sorry. I won't.

① B: Have a _____ here.
   W: Thank you. You are very _____.
② B: How often do you go to the library?
   W: _____ a month.
③ B: Who is _____, you or Jack?
   W: Jack is much faster than me.
④ B: Where are you from?
   W: The Statue of Liberty is in New York City.

B: What are you doing?
G: I'm looking for my _____.
B: Here is a yellow scarf. Is this yours?
G: No, that's not mine. My scarf is red.
B: Then, _____ scarf is this?
G: It is Jinho's.
B: Oh. There is a red scarf _____ this _____. Is this yours?
G: Yes, it is. Thank you.

17

대화를 듣고, 이어질 응답으로 알맞지 <u>않은</u> 것을 고르시오.

① Sure. I'd love to.
② They are healthy.
③ Sorry. I can't wake up early.
④ Thank you. What time do you go jogging?

18

대화를 듣고, 이어질 응답으로 알맞은 것을 고르시오.

① Sure, you can.
② Okay, I'll take them.
③ Yes. They are the smallest size.
④ The shoe store is right over there.

19

대화를 듣고, 이어질 응답으로 알맞은 것을 고르시오.

① My mother is not a doctor.
② You'd better get some rest.
③ I want to be a doctor in the future.
④ Okay, I will. Do you know where the nearest doctor's office is?

20

대화를 듣고, 이어질 응답으로 알맞은 것을 고르시오.

① It's on Monday.
② It is on ABC Street.
③ There will be lots of jeans.
④ They're not that expensive.

M: You look _____ today.

W: I think I need to get more _____.

M: How often do you exercise?

W: Once or twice a week. How about you?

M: I _____ with my brother every morning. It's very fun. Would you like to _____ us?

W: _____

M: May I help you?

W: Yes, I'd like to _____ these shoes. They are _____ small for me.

M: Okay. What _____ do you want?

W: I need _____ a 235 or 240.

M: All right. These are 240.

W: Can I try them on?

M: _____

M: Are you feeling okay? You have a runny nose.

W: I don't feel good. I have a _____ _____ too.

M: Did you see a _____?

W: No, I didn't.

M: _____ don't you see a _____ right now?

W: _____

B: Good _____.

G: Good afternoon. Where are you going?

B: I am going to the _____ _____.

G: Is there _____ you want to buy?

B: Yes. I want to buy a pair of vintage _____.

G: Oh, sounds good. Where is the flea market?

B: _____

MP3 파일을 듣고, 다음 빈칸을 채워 대화를 완성해 보세요.

"A에는 B의 대답에 어울리는 질문이, B에는 A의 질문에 어울리는 대답이 들어갈 거예요. A와 B가 어떠한 대화를 나누게 될까요?"

01 A Who is faster?　　　　　　　누가 더 빠르니?

　　 B __Jack is much faster than me.__　　Jack은 나보다 훨씬 더 빨라.

02 A What are you doing?　　　　너는 무엇을 하고 있니?

　　 B _____　　_____

03 A _____　　_____

　　 B It's Jinho's.　　　　　　그것은 진호의 것이야.

04 A Can you take a picture of us?　　너는 우리의 사진을 찍어 줄 수 있니?

　　 B _____　　_____

05 A _____　　_____

　　 B Yes. I'd like to exchange these shoes.　네. 저는 이 신발들을 교환하고 싶어요.

"한 번에 문장을 다 쓰긴 어려워요. 여러 번 들으면서 메모하며 천천히 적어도 좋아요. 문장이 완성되면, 우리말 뜻도 적어 보세요!"

06 I <u>want to introduce my English teacher</u> .

　<u>나는 나의 영어 선생님을 소개하고 싶어.</u>

07 It _____ .

_____

08 Is _____ ?

_____

09 Your _____ .

_____

10 You _____ .

_____

● 주어진 우리말 의미에 맞게 영어로 말해 보세요.

> **STEP 1** 우리말을 읽고, 앞에서 학습한 내용을 이용하여 영어로 말해 봐요. 말한 뒤에는 네모 박스에 체크해요.
>
> **STEP 2** 주어진 어휘 또는 표현들을 이용하여 문장을 완성해요.

01 Jack은 나보다 훨씬 더 나이가 많아. (much)

STEP 1 ☐

STEP 2 _____

02 나는 나의 재킷을 찾고 있어. (look for)

STEP 1 ☐

STEP 2 _____

03 이것은 누구의 지갑인가요? (whose, wallet)

STEP 1 ☐

STEP 2 _____

04 나는 나의 영어 선생님을 소개하고 싶어. (introduce, English teacher)

STEP 1 ☐

STEP 2 _____

05 아침에는 맑을 것입니다. (sunny, morning)

STEP 1 ☐

STEP 2 _____

06 당신의 피자는 내 것보다 더 큽니다. (bigger, mine)

STEP 1 ☐

STEP 2 _____

07 너는 콧물이 흐르고 있어. (a runny nose)

STEP 1 ☐

STEP 2 _____

Listen & Speak Up 6

WARM UP

새로운 어휘들을 미리 공부해 볼까요?

| 정답과 해설 33쪽 |

A MP3 파일을 잘 듣고, 알맞은 번호 옆에 어휘의 철자와 뜻을 쓰세요.
뒷장으로 넘어가기 전, 한 번 더 들어 보고 싶은 경우에는 네모 박스에 체크하세요.

01 ☐ **borrow**　　　빌리다　　　　　06 ☐

02 ☐　　　　　　　　　　　　　　　07 ☐

03 ☐　　　　　　　　　　　　　　　08 ☐

04 ☐　　　　　　　　　　　　　　　09 ☐

05 ☐　　　　　　　　　　　　　　　10 ☐

B 주어진 우리말 의미에 맞도록 빈칸을 채우세요.
위에서 학습한 어휘들을 이용해 보세요.

01　깜짝 파티　　　　　　　　a _____ party

02　곧장 걸어가다　　　　　　walk _____

03　20분　　　　　　　　　　20 _____s

04　하루에 세 번　　　　　　three _____s a day

05　지독한 치통　　　　　　　a _____ toothache

06　그는 나의 역사 교과서를 빌렸다.　　He _____ed my history textbook.

07　우리는 영화에 늦지 않을 거야.　　We won't be _____ for the movie.

08　반드시 너의 헬멧을 써라.　　Make _____ you wear your helmet.

09　콘서트는 붐비고 위험하다.　　Concerts are crowded and _____.

10　너는 두통이 있니?　　Do you have a _____?

● MP3 파일을 잘 듣고, 물음에 답하세요.

01
▶ 241039-0126

대화를 듣고, 남자아이가 Jack을 찾는 목적을 고르시오.

① 역사책을 빌리려고
② 책을 돌려받기 위해
③ 도서관에 같이 가려고
④ 책 동아리에 같이 가입하려고

02
▶ 241039-0127

대화를 듣고, 두 아이가 가장 먼저 할 일을 고르시오.

①  ②

③  ④

03
▶ 241039-0128

대화를 듣고, 여자아이가 내일 오후에 할 일을 고르시오.

① 전화 걸기
② 춤 연습하기
③ 체육관에 가기
④ 할아버지 도와드리기

04
▶ 241039-0129

다음을 듣고, 무엇에 관한 내용인지 고르시오.

① 고양이 키우는 법
② 고양이 그리는 법
③ 고양이 위생 관리
④ 고양이 집 고르는 법

05
▶ 241039-0130

대화를 듣고, 여자가 찾는 장소의 위치를 고르시오.

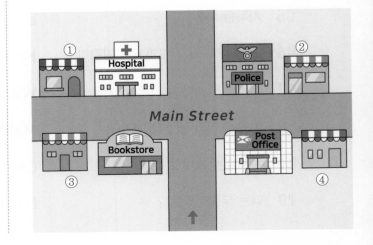

06

▶ 241039-0131

다음을 듣고, 남자아이의 선생님의 모습으로 알맞은 것을 고르시오.

①

②

③

④

07

▶ 241039-0132

대화를 듣고, 현재의 시각을 고르시오.

① 5:00
② 5:40
③ 6:00
④ 6:20

08

▶ 241039-0133

대화를 듣고, 남자아이가 하고 싶은 일과 그것을 하지 못하는 이유가 바르게 짝지어진 것을 고르시오.

하고 싶은 일	하지 못하는 이유
① 농구	- 비가 올 것이어서
② 농구	- 수학 숙제를 해야 해서
③ 영화	- 집에 일찍 가야 해서
④ 영화	- 상영시간이 맞지 않아서

09

▶ 241039-0134

다음을 듣고, 여자에 대한 내용과 일치하지 않는 것을 고르시오.

① 직업이 제빵사이다.
② 새벽 4시에 일어난다.
③ 매일 7시에 빵이 나온다.
④ 하루에 두 번 빵을 굽는다.

10

▶ 241039-0135

대화를 듣고, 두 아이가 대화하고 있는 장소를 고르시오.

① 동물원
② 캠핑장
③ 수영장
④ 놀이공원

11

▶ 241039-0136

대화를 듣고, 남자아이가 찾고 있는 물건이 어디에 있는지 고르시오.

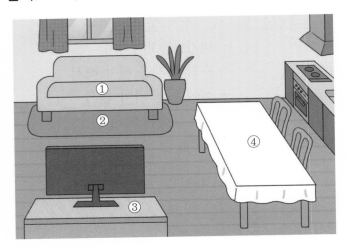

12

▶ 241039-0137

대화를 듣고, 두 아이가 무엇에 관하여 이야기하고 있는지 고르시오.

① 유명한 여성들
② 봉사활동의 중요성
③ 인도의 가난한 사람들
④ 세계를 더 좋게 만드는 방법

13

▶ 241039-0138

다음을 듣고, 그림의 상황으로 알맞은 것을 고르시오.

①   ②   ③   ④

14

▶ 241039-0139

대화를 듣고, 그림의 상황에 가장 알맞은 것을 고르시오.

①   ②   ③   ④

15

▶ 241039-0140

다음을 듣고, 대화가 자연스럽지 않은 것을 고르시오.

①   ②   ③   ④

16

▶ 241039-0141

대화를 듣고, 여자가 갈 장소와 구매할 것이 바르게 짝
지어진 것을 고르시오.

장소	구매할 것
① 꽃집	– 장미
② 꽃집	– 튤립
③ 슈퍼마켓	– 꽃
④ 슈퍼마켓	– 밀가루

17

▶ 241039-0142

대화를 듣고, 이어질 응답으로 알맞지 <u>않은</u> 것을 고르
시오.

① That's a great idea.
② How about doing yoga?
③ Sorry, I can't. I don't exercise, either.
④ I recommend you jump rope every day.

18

▶ 241039-0143

대화를 듣고, 이어질 응답으로 알맞은 것을 고르시오.

① Okay, I will.
② No problem. Just do it.
③ He bought a new helmet.
④ Oh, I didn't wear my helmet.

19

▶ 241039-0144

대화를 듣고, 이어질 응답으로 알맞은 것을 고르시오.

① It's 35 dollars.
② Okay. I'll take it.
③ Show me a bigger one, please.
④ The green one is more popular.

20

▶ 241039-0145

대화를 듣고, 이어질 응답으로 알맞은 것을 고르시오.

① She has black hair.
② She likes drinking milk.
③ She's just 2 months old.
④ She's as big as my hand.

● MP3 파일을 잘 듣고, 물음에 답하세요.

01
▶ 241039-0146

대화를 듣고, 남자가 한 마지막 말의 의도로 가장 적절한 것을 고르시오.

① 거절
② 권고
③ 변명
④ 위로
⑤ 불평

02
▶ 241039-0147

다음을 듣고, 남자아이가 읽은 책에 대해 언급하지 않은 것을 고르시오.

① 제목
② 주인공 직업
③ 괴물 이름
④ 작가
⑤ 장르

03
▶ 241039-0148

대화를 듣고, 여자아이의 심정으로 가장 적절한 것을 고르시오.

① 화남
② 놀람
③ 지루함
④ 만족함
⑤ 걱정스러움

04
▶ 241039-0149

대화를 듣고, 여자아이의 증상으로 적절하지 <u>않은</u> 것을 고르시오.

① 추워한다.
② 머리가 아프다.
③ 목이 아프다.
④ 콧물이 난다.
⑤ 열이 난다.

05
▶ 241039-0150

대화를 듣고, 남자의 마지막 말에 이어질 여자의 응답으로 가장 적절한 것을 고르시오.

① For two nights.
② We'll go there by train.
③ Six people will go there.
④ It will take three hours to get there.
⑤ We're going to stay in a *hanok* hotel.

● MP3 파일을 잘 듣고, 다음 빈칸을 채워 보세요. 빈칸을 채운 뒤, 한 번 더 문제를 풀어 보세요.

01

대화를 듣고, 남자아이가 Jack을 찾는 목적을 고르시오.

① 역사책을 빌리려고
② 책을 돌려받기 위해
③ 도서관에 같이 가려고
④ 책 동아리에 같이 가입하려고

02

대화를 듣고, 두 아이가 가장 먼저 할 일을 고르시오.

①  ②
③  ④

03

대화를 듣고, 여자아이가 내일 오후에 할 일을 고르시오.

① 전화 걸기
② 춤 연습하기
③ 체육관에 가기
④ 할아버지 도와드리기

04

다음을 듣고, 무엇에 관한 내용인지 고르시오.

① 고양이 키우는 법
② 고양이 그리는 법
③ 고양이 위생 관리
④ 고양이 집 고르는 법

B: Hi, Hana. Did you see Jack today?

G: Yes. We are in the _____ class.

B: That's right. I have something to tell him.

G: What is it?

B: He _____ my history textbook, but he didn't return it to me.

G: Oh, maybe he _____ about it.

B: I think so. Can you tell him to _____ me my book?

G: Okay, I will.

G: You know what? This Saturday is Mom's birthday.

B: You're right. What should we do for her?

G: How about throwing a _____ party?

B: Sounds good. Do you have any _____ for it?

G: We can design a special cake and _____ it at the bakery.

B: That's a great idea! Let's _____ a picture of the cake.

G: Okay. Let's put "We love you, Mom." on the cake.

B: Perfect!

[Cellphone rings.]

G: Hi, Tony.

B: Hi, Amy. What's up?

G: I'm calling to ask you about our dance _____ tomorrow. When is it?

B: It's at 4 in the _____.

G: Oh, I'm _____ I won't be able to go to the practice.

B: Why not?

G: I have to go home _____. I need to help my grandfather at his store.

M: Let me show you _____ to draw a cat. First, draw a big circle. Then, draw two circles for the eyes. Draw a small circle in the _____. That's the nose. Draw a mouth under the nose. After that, draw two _____ triangles on the sides of the big circle. Those are the cat's _____.

05

대화를 듣고, 여자가 찾는 장소의 위치를 고르시오.

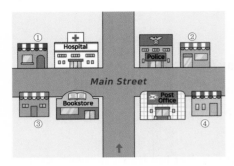

06

다음을 듣고, 남자아이의 선생님의 모습으로 알맞은 것을 고르시오.

07

대화를 듣고, 현재의 시각을 고르시오.

① 5:00
② 5:40
③ 6:00
④ 6:20

08

대화를 듣고, 남자아이가 하고 싶은 일과 그것을 하지 못하는 이유가 바르게 짝지어진 것을 고르시오.

하고 싶은 일	하지 못하는 이유
① 농구	– 비가 올 것이어서
② 농구	– 수학 숙제를 해야 해서
③ 영화	– 집에 일찍 가야 해서
④ 영화	– 상영시간이 맞지 않아서

W: Excuse me, is there a pharmacy near here?

M: Yes. There is _____ on Main Street.

W: Can you please tell me how to _____ there?

M: Of course. Walk _____ and turn right at the corner.

W: Walk straight and turn _____. Is that correct?

M: Yes. It's next to the post office.

W: Okay. Thank you.

B: It's my teacher's birthday today. He's _____ a black suit. Also, he's wearing a _____ necktie. He has _____ straight hair. He looks cool and _____ today.

W: We got to the theater early. We won't be _____ for the movie!

M: What time does it _____?

W: It starts at 6 o'clock.

M: Are you sure? Please _____ your ticket again.

W: I'm right. The movie starts at 6.

M: Great. Then, we have 20 _____. Let's buy some popcorn and drinks.

W: Good. I'll get soda.

W: You look a little down. What's _____?

B: I want to play basketball this afternoon, but I _____.

W: Why can't you?

B: Look at those clouds! It'll probably _____ soon.

W: Oh, you're right. I heard it's going to rain today.

B: I think I will _____ a movie at home.

W: That's good!

09

다음을 듣고, 여자에 대한 내용과 일치하지 <u>않는</u> 것을 고르시오.

① 직업이 제빵사이다.
② 새벽 4시에 일어난다.
③ 매일 7시에 빵이 나온다.
④ 하루에 두 번 빵을 굽는다.

10

대화를 듣고, 두 아이가 대화하고 있는 장소를 고르시오.

① 동물원
② 캠핑장
③ 수영장
④ 놀이공원

11

대화를 듣고, 남자아이가 찾고 있는 물건이 어디에 있는지 고르시오.

12

대화를 듣고, 두 아이가 무엇에 관하여 이야기하고 있는지 고르시오.

① 유명한 여성들
② 봉사활동의 중요성
③ 인도의 가난한 사람들
④ 세계를 더 좋게 만드는 방법

W: Hi, I'm Emma Peterson. I am a _____. I get up at 4 a.m. and make bread and cookies. My bread usually _____ _____ at 7 every day. I bake bread three _____ a day. I _____ my work at 4 p.m.

G: Wow! This is great! I'm so _____.
B: I don't like this!
G: This _____ is really fast!
B: Uh.... We're upside down!
G: Oh, I really love this part!
B: I feel _____. I'm going to be sick.
G: Oh, that's too _____. It's almost done.

> 놀이공원은 amusement park.
> 놀이공원에 있는 놀이 기구를 ride라고 합니다.
> 대표적으로 롤러코스터(roller coaster)가 있죠.
> 놀이공원마다 이름은 달라도 빠르게 회전하는
> 열차 놀이 기구를 모두 롤러코스터라고 해요.

B: Lucy, can you bring me my cellphone? I'm working on my science project.
G: Okay. Where is it?
B: I think I _____ it on the kitchen table.
G: No, there's _____ on the table.
B: _____ about on the sofa?
G: It's not there, either. Wait! I'll call you.
B: Good idea!
[Cellphone rings.]
G: Oh, I found it. It's _____ the sofa.

B: Tricia, what are you reading?
G: I'm reading an article about famous women. They made the world _____.
B: Oh, who are they?
G: There are a lot of them. Hmm, do you know Mother Teresa?
B: Of course. She's one of the _____ women.
G: That's right. She helped _____ people in India.
B: Yeah. She _____ most of her life helping them.

13

다음을 듣고, 그림의 상황으로 알맞은 것을 고르
시오.

① ② ③ ④

14

대화를 듣고, 그림의 상황에 가장 알맞은 것을 고
르시오.

① ② ③ ④

15

다음을 듣고, 대화가 자연스럽지 <u>않은</u> 것을 고르
시오.

① ② ③ ④

16

대화를 듣고, 여자가 갈 장소와 구매할 것이 바르
게 짝지어진 것을 고르시오.

장소	구매할 것
① 꽃집	– 장미
② 꽃집	– 튤립
③ 슈퍼마켓	– 꽃
④ 슈퍼마켓	– 밀가루

① W: Boys are _____ baseballs in the store.
② W: Boys are _____ baseball in the ballpark.
③ W: Boys are _____ to the ballpark to play baseball.
④ W: Boys are watching a baseball _____ in the ballpark.

① W: How do you like the *gimchi* fried rice?
　 B: It's so delicious. You are a great _____.
② W: What do you want to eat _____ _____?
　 B: How about eating fried rice?
③ W: There are so many restaurants here.
　 B: But there's _____ Italian restaurant here.
④ W: Let's make some fried rice together.
　 B: Maybe _____ _____.

① M: Do you live _____ any mountains?
　 W: Yes. Bukhansan is near my house.
② M: Who is that girl in the _____ T-shirt?
　 W: That's Rebecca.
③ M: _____ _____ do you go shopping?
　 W: For about two hours.
④ M: Would you _____ ice cream or strawberry juice?
　 W: I'll have ice cream.

B: Where are you going?
W: I'm going to the supermarket. I need to _____ some flour.
B: You can't buy flowers at the supermarket. You
　 _____ _____ go to a flower shop.
W: Haha. I need some flour to _____
　 cookies. You know, the white powder?
B: Oh, my goodness! I thought you meant
　 flowers _____ roses and tulips.
W: Today I will make flower-shaped cookies.

> flour와 flower처럼 발음은
> 같지만 철자와 뜻이 다른 단어들이 있어요.
> hear/here, sale/sail 같은 단어도
> 이런 동음이의어랍니다.

17

대화를 듣고, 이어질 응답으로 알맞지 <u>않은</u> 것을 고르시오.

① That's a great idea.
② How about doing yoga?
③ Sorry, I can't. I don't exercise, either.
④ I recommend you jump rope every day.

18

대화를 듣고, 이어질 응답으로 알맞은 것을 고르시오.

① Okay, I will.
② No problem. Just do it.
③ He bought a new helmet.
④ Oh, I didn't wear my helmet.

19

대화를 듣고, 이어질 응답으로 알맞은 것을 고르시오.

① It's 35 dollars.
② Okay. I'll take it.
③ Show me a bigger one, please.
④ The green one is more popular.

20

대화를 듣고, 이어질 응답으로 알맞은 것을 고르시오.

① She has black hair.
② She likes drinking milk.
③ She's just 2 months old.
④ She's as big as my hand.

W: What will you do this winter?
M: I will learn _____ _____ play the guitar.
W: Sounds cool.
M: Do you have any _____?
W: I'm thinking of starting to do some exercise. I feel so _____ these days.
M: Exercise is good for your _____. So, what kind of exercise do you want to do?
W: I have no idea. Can you recommend something?
M: _____

B: How's the _____ outside?
W: It's a little _____. Why do you ask?
B: I am going to ride a bike in the park with Jun.
W: Okay. You should _____ _____ sunscreen.
B: I already put it on.
W: That's good. And make sure you _____ your helmet.
B: _____

M: May I help you?
W: Sure. I'm _____ _____ a backpack.
M: We have a lot of backpacks. They're over here.
W: Oh, can I _____ _____ that blue one?
M: Sure. Here you are. It's on _____ now.
W: That's great! _____ _____ is it now?
M: _____

G: What a cute puppy!
B: Thanks. She's the newest _____ of my family.
G: _____ did you get her?
B: Last Sunday. My uncle gave her to us.
G: She's so small like a baby.
B: Right. She _____ all day long.
G: _____ _____ is she?
B: _____

● MP3 파일을 듣고, 다음 빈칸을 채워 대화를 완성해 보세요.

"A에는 B의 대답에 어울리는 질문이, B에는 A의 질문에 어울리는 대답이 들어갈 거예요. A와 B가 어떠한 대화를 나누게 될까요?"

01 A How about throwing a surprise party?   깜짝 파티를 여는 게 어때?

  B Sounds good.   좋은 생각이야.

02 A Can you please tell me how to get there?   그곳에 어떻게 가는지 알려 주시겠어요?

  B _____   _____

03 A _____   _____

  B It starts at six o'clock.   그것은 6시에 시작해.

04 A What's wrong?   어디가 안 좋아?

  B _____   _____

05 A _____   _____

  B I'm going to travel to Jeonju.   나는 전주로 여행을 갈 거야.

"한 번에 문장을 다 쓰긴 어려워요. 여러 번 들으면서 메모하며 천천히 적어도 좋아요. 문장이 완성되면, 우리말 뜻도 적어 보세요!"

06 Can _you bring me my cellphone_ ?

너는 나의 휴대전화를 나에게 가져올 수 있니?

07 How _____?

_____

08 I _____.

_____

09 We _____.

_____

10 What _____?

_____

● **주어진 우리말 의미에 맞게 영어로 말해 보세요.**

> **STEP 1** 우리말을 읽고, 앞에서 학습한 내용을 이용하여 영어로 말해 봐요. 말한 뒤에는 네모 박스에 체크해요.
> **STEP 2** 주어진 어휘 또는 표현들을 이용하여 문장을 완성해요.

01 우리는 10시에 체육관에서 배드민턴을 칠 예정이다. (going to)

STEP 1 ☐

STEP 2 _____

02 빵집은 우체국 옆에 있다. (next to)

STEP 1 ☐

STEP 2 _____

03 나는 오늘 눈이 올 예정이라고 들었다. (it's going to)

STEP 1 ☐

STEP 2 _____

04 나의 아버지는 일주일에 세 번 테니스를 친다. (father)

STEP 1 ☐

STEP 2 _____

05 파란 치마를 입은 저 소녀는 누구니? (in)

STEP 1 ☐

STEP 2 _____

06 나는 지독한 두통이 있다. (terrible)

STEP 1 ☐

STEP 2 _____

07 우리는 당장 진찰을 받으러 가야 한다. (go see, right now)

STEP 1 ☐

STEP 2 _____

Listen & Speak Up 7

WARM UP

새로운 어휘들을 미리 공부해 볼까요?

| 정답과 해설 40쪽 |

A MP3 파일을 잘 듣고, 알맞은 번호 옆에 어휘의 철자와 뜻을 쓰세요.
뒷장으로 넘어가기 전, 한 번 더 들어 보고 싶은 경우에는 네모 박스에 체크하세요.

01 ☐ careful   조심스러운

02 ☐

03 ☐

04 ☐

05 ☐

06 ☐

07 ☐

08 ☐

09 ☐

10 ☐

B 주어진 우리말 의미에 맞도록 빈칸을 채우세요.
위에서 학습한 어휘들을 이용해 보세요.

01   조심하다   be _____

02   배가 아프다   have a _____

03   매우 건강한   very _____

04   조리법을 만들다   make a _____

05   진짜 인기 있는   really _____

06   나는 잠들 수가 없었다.   I couldn't fall _____.

07   무슨 일이 있었니?   What _____ed?

08   총액은 18달러입니다.   Your _____ is 18 dollars.

09   난 두 개의 쉬운 골을 놓쳤다.   I _____ed two easy goals.

10   당신은 당신의 일에 어떻게 관심을 갖게 되었나요?   How did you become _____ in your work?

LISTEN UP 듣기평가 모의고사 7

● MP3 파일을 잘 듣고, 물음에 답하세요.

01
▶ 241039-0151

대화를 듣고, 두 아이가 가장 먼저 할 일을 고르시오.

① 카페 가기
② 표 예매하기
③ 인터넷으로 검색하기
④ 무료 와이파이 확인하기

02
▶ 241039-0152

대화를 듣고, 남자아이가 오늘 오후에 할 일을 고르시오.

① 사진 찍기
② 축제 계획 세우기
③ 강아지 산책시키기
④ 동아리에서 공연하기

03
▶ 241039-0153

다음을 듣고, 무엇에 관한 내용인지 고르시오.

① 무단 횡단의 위험성
② 과속방지턱의 필요성
③ 학교 앞 운전 시 주의사항
④ 아이들의 교통안전 교육의 중요성

04
▶ 241039-0154

대화를 듣고, 남자아이가 선생님을 찾는 목적을 고르시오.

① 조퇴하려고
② 숙제를 제출하려고
③ 역사책을 빌리려고
④ 보고서 내용을 확인하려고

05
▶ 241039-0155

대화를 듣고, 그림의 상황에 가장 알맞은 것을 고르시오.

①   ②   ③   ④

06

241039-0156

대화를 듣고, 여자아이의 삼촌의 직업으로 알맞은 것을 고르시오.

① 농부
② 건축가
③ 수의사
④ 과일 판매원

07

241039-0157

대화를 듣고, 여자가 무엇을 하러 왔는지 고르시오.

① 새 모자를 사러 왔다.
② 모자를 교환하러 왔다.
③ 파란 가방을 사러 왔다.
④ 아들에게 줄 선물을 사러 왔다.

08

241039-0158

대화를 듣고, 포스터의 빈칸에 들어갈 말이 바르게 짝지어진 것을 고르시오.

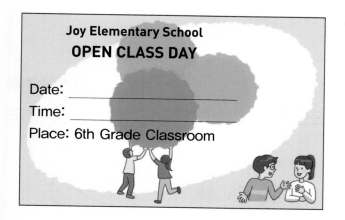

	Date	Time
①	March 10th	10:00 a.m.
②	March 13th	1:30 p.m.
③	May 10th	1:30 p.m.
④	May 13th	3:30 p.m.

09

241039-0159

다음을 듣고, 그림의 상황으로 알맞은 것을 고르시오.

①   ②   ③   ④

10

241039-0160

대화를 듣고, 남자아이가 보고 싶어 하는 영화 장르와 이유가 바르게 짝지어진 것을 고르시오.

영화 장르	이유
① 공포 영화	시원시원해서
② 공포 영화	스트레스를 해소해서
③ 액션 영화	시원시원해서
④ 액션 영화	스트레스를 해소해서

11

241039-0161

다음을 듣고, 여자아이의 할아버지에 관한 내용과 일치하는 것을 고르시오.

① 90세이시다.
② 6시에 일어나서 산책하신다.
③ 아침 식사로 샐러드와 밥을 드신다.
④ 점심 드시기 전에 30분 동안 낮잠을 주무신다.

13

241039-0163

대화를 듣고, 두 아이가 무엇에 관하여 이야기하고 있는지 고르시오.

① 영어 숙제
② 요리책 고르기
③ 볶음밥 만드는 법
④ 라면의 다양한 조리법

12

241039-0162

대화를 듣고, 남자가 찾고 있는 장소의 위치를 고르시오.

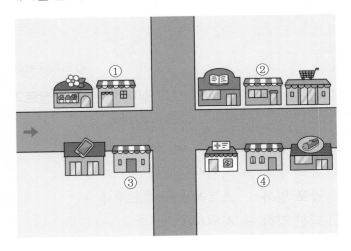

14

241039-0164

다음을 듣고, 대화가 자연스럽지 않은 것을 고르시오.

①   ②   ③   ④

15

241039-0165

다음을 듣고, 여자아이가 말하고 있는 것과 일치하는 그림을 고르시오.

①   ②

③   ④

16

▶ 241039-0166

대화를 듣고, 남자아이에게 일어난 일과 이유가 바르게 짝지어진 것을 고르시오.

일어난 일		이유
① 결석했다	–	몸이 아파서
② 결석했다	–	개를 병원에 데려가야 해서
③ 지각했다	–	늦게 일어나서
④ 지각했다	–	엄마가 편찮으셔서

17

▶ 241039-0167

대화를 듣고, 이어질 응답으로 알맞은 것을 고르시오.

① Sure. No problem.
② Take your umbrella.
③ I'm sorry for being late.
④ I'm so happy to hear that.

18

▶ 241039-0168

대화를 듣고, 이어질 응답으로 알맞은 것을 고르시오.

① How about at 11?
② That's fine with me.
③ I'm sorry, but I can't.
④ Let's meet in front of the market.

19

▶ 241039-0169

대화를 듣고, 이어질 응답으로 알맞은 것을 고르시오.

① Thank you.
② Okay. Here's 18 dollars.
③ It's really delicious, isn't it?
④ Chicken is my favorite food.

20

▶ 241039-0170

대화를 듣고, 이어질 응답으로 알맞지 않은 것을 고르시오.

① Why don't you ride a bike?
② I'm really sorry to hear that.
③ How about reporting it to the police?
④ Oh, let's ask to check the CCTV camera.

● MP3 파일을 잘 듣고, 물음에 답하세요.

01
▶ 241039-0171

대화를 듣고, 남자의 심정으로 가장 적절한 것을 고르시오.

① 화남
② 신남
③ 불편함
④ 걱정스러움
⑤ 실망스러움

02
▶ 241039-0172

대화를 듣고, 여자아이가 한 마지막 말의 의도로 가장 적절한 것을 고르시오.

① 충고
② 위로
③ 축하
④ 감사
⑤ 사과

03
▶ 241039-0173

다음을 듣고, 여자가 샌드위치 가게에 대해 언급하지 않은 것을 고르시오.

① 가게 이름
② 가게 위치
③ 영업시간
④ 판매 메뉴
⑤ 메뉴 가격

04
▶ 241039-0174

대화를 듣고, 남자에 대한 설명으로 적절하지 <u>않은</u> 것을 고르시오.

① 직업은 사진작가이다.
② 이름은 Jimmy이다.
③ 10년 전에 현재 직업을 가지게 되었다.
④ 현재 나이는 21살이다.
⑤ 아버지로부터 카메라를 선물로 받았다.

05
▶ 241039-0175

대화를 듣고, 여자아이의 마지막 말에 이어질 남자아이의 응답으로 가장 적절한 것을 고르시오.

① That's surprising!
② How kind of you!
③ The blue whale is not a fish.
④ We should protect blue whales.
⑤ The elephant is the heaviest animal.

| 정답과 해설 40쪽 |

● MP3 파일을 잘 듣고, 다음 빈칸을 채워 보세요. 빈칸을 채운 뒤, 한 번 더 문제를 풀어 보세요.

01

대화를 듣고, 두 아이가 가장 먼저 할 일을 고르시오.

① 카페 가기
② 표 예매하기
③ 인터넷으로 검색하기
④ 무료 와이파이 확인하기

02

대화를 듣고, 남자아이가 오늘 오후에 할 일을 고르시오.

① 사진 찍기
② 축제 계획 세우기
③ 강아지 산책시키기
④ 동아리에서 공연하기

03

다음을 듣고, 무엇에 관한 내용인지 고르시오.

① 무단 횡단의 위험성
② 과속방지턱의 필요성
③ 학교 앞 운전 시 주의사항
④ 아이들의 교통안전 교육의 중요성

04

대화를 듣고, 남자아이가 선생님을 찾는 목적을 고르시오.

① 조퇴하려고
② 숙제를 제출하려고
③ 역사책을 빌리려고
④ 보고서 내용을 확인하려고

B: I heard Edward Jo is coming to Korea.

G: Who is he?

B: He is a famous _____. His painting "Space" is really great.

G: Oh, really? I want to _____ it. I would like to see his other paintings, too.

B: Me, too. Let's _____ for them on the Internet.

G: All right. But we need to get Wi-Fi first.

B: Okay. I'll connect to the _____ Wi-Fi at this cafe.

> free는 '자유로운'이라는 뜻 외에 '무료인'이라는 뜻도 있어서 금액을 지불하지 않는 경우에 많이 쓰인답니다.

B: Mom, can I take Max for a _____ now?

W: Yeah. But you normally walk him in the afternoon.

B: I know. But I have a club _____ this afternoon.

W: The photo club, right?

B: Yeah.

W: Are you going to _____ some pictures?

B: Not today. We're going to make a _____ for the festival.

W: Ah. I see.

M: Do you drive? Then, you should be extra _____ near schools. You should not drive _____. Children can't get out of the way quickly. Also, children sometimes _____ into the road suddenly. So you should _____ special attention to your surroundings.

B: Excuse me, can I see Ms. Seo?

W: Sorry, she's not here now.

B: Is she coming _____ soon?

W: I have no idea. Can I take a _____?

B: Sure. My name is Yujin Jo. I have to hand in my history _____ to her.

W: Okay. I'll _____ it to her.

B: Thank you.

05

대화를 듣고, 그림의 상황에 가장 알맞은 것을 고르시오.

①   ②   ③   ④

06

대화를 듣고, 여자아이의 삼촌의 직업으로 알맞은 것을 고르시오.

① 농부
② 건축가
③ 수의사
④ 과일 판매원

07

대화를 듣고, 여자가 무엇을 하러 왔는지 고르시오.

① 새 모자를 사러 왔다.
② 모자를 교환하러 왔다.
③ 파란 가방을 사러 왔다.
④ 아들에게 줄 선물을 사러 왔다.

08

대화를 듣고, 포스터의 빈칸에 들어갈 말이 바르게 짝지어진 것을 고르시오.

Joy Elementary School
OPEN CLASS DAY

Date:
Time:
Place: 6th Grade Classroom

	Date	Time
①	March 10th	10:00 a.m.
②	March 13th	1:30 p.m.
③	May 10th	1:30 p.m.
④	May 13th	3:30 p.m.

① B: I'm so hungry now.

   W: _____ a moment, please.

② B: I'd like to go _____.

   W: Where do you live?

③ B: I have a _____.

   W: Take a seat here.

④ B: I think you should _____ a doctor.

   W: Okay, I will.

B: What did you do last _____?

G: I went to my uncle's house.

B: _____ does he live?

G: He lives in a small village in the countryside. He lives on a

   _____.

B: Does he _____ vegetables or fruits?

G: Yes, he does. Also, he has many cows.

B: Cool! I want to go there some day.

M: May I help you?

W: Yes. I bought this _____ two days ago.

M: Oh, I _____. You bought it for your son.

W: Right. But he doesn't like the _____.

M: Okay. What color does he like?

W: He would like a _____ one.

M: Okay. Here you are.

W: Jihun, I heard you're going to have an open class. _____ is it?

B: It's on May 10th. Can you come to it, Grandma?

W: Sure. I want to go with your mom.

B: Great! The open class is for my _____ class.

W: What _____ does it start?

B: After lunch. It starts at 1:30 p.m.

W: Okay. I won't be _____ for it.

우리나라에서는 학교에서 공개 수업을 하는 날 부모님이 학교를 방문하여 자녀들이 수업하는 모습을 볼 수 있지요. 미국에 Open House라고 하여 학기 시작 전에 미 학교를 둘러볼 수 있는 날이 있어요.

09

다음을 듣고, 그림의 상황으로 알맞은 것을 고르시오.

①   ②   ③   ④

10

대화를 듣고, 남자아이가 보고 싶어 하는 영화 장르와 이유가 바르게 짝지어진 것을 고르시오.

영화 장르	이유
① 공포 영화	– 시원시원해서
② 공포 영화	– 스트레스를 해소해서
③ 액션 영화	– 시원시원해서
④ 액션 영화	– 스트레스를 해소해서

11

다음을 듣고, 여자아이의 할아버지에 관한 내용과 일치하는 것을 고르시오.

① 90세이시다.
② 6시에 일어나서 산책하신다.
③ 아침 식사로 샐러드와 밥을 드신다.
④ 점심 드시기 전에 30분 동안 낮잠을 주무신다.

12

대화를 듣고, 남자가 찾고 있는 장소의 위치를 고르시오.

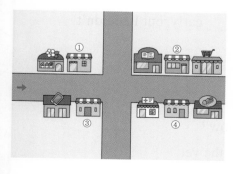

① W: A girl is making a _____ doll.
② W: A girl is taking a _____ of a bird.
③ W: A girl is _____ a picture of a bird.
④ W: A girl is _____ a bird in the street.

B: Do you want to go see a _____ this Friday?
G: Sure. Sounds fun.
B: What _____ of movies do you like?
G: I love horror movies.
B: But I feel stressed when I see _____ movies.
G: Okay. Then, what kind of movie do you want to see?
B: How about seeing an action movie? They're really _____.
G: Haha. Sounds good.

G: My grandfather is 89 years old. He'll be 90 next year but he is very _____. He always _____ _____ at 6 and takes a walk with our dog, Dubu. At 7, he eats salad and rice cakes for _____. After lunch, he sleeps for 30 _____.

M: Excuse me, is there an ice cream shop near here?
W: Yes, there is. Just _____ along this road.
M: Walk _____ along this way?
W: Yeah. You will see a bookstore on the _____.
M: Okay.
W: The ice cream shop is _____ _____ the bookstore.
M: Oh, I see. Thanks a lot.

13

대화를 듣고, 두 아이가 무엇에 관하여 이야기하고 있는지 고르시오.

① 영어 숙제
② 요리책 고르기
③ 볶음밥 만드는 법
④ 라면의 다양한 조리법

14

다음을 듣고, 대화가 자연스럽지 <u>않은</u> 것을 고르시오.

①   ②   ③   ④

15

다음을 듣고, 여자아이가 말하고 있는 것과 일치하는 그림을 고르시오.

①   ②

③   ④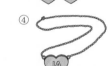

16

대화를 듣고, 남자아이에게 일어난 일과 이유가 바르게 짝지어진 것을 고르시오.

<u>일어난 일</u>   <u>이유</u>
① 결석했다 – 몸이 아파서
② 결석했다 – 개를 병원에 데려가야 해서
③ 지각했다 – 늦게 일어나서
④ 지각했다 – 엄마가 편찮으셔서

G: What are you doing?

B: I'm thinking about my English homework.

G: Oh, we need to write a _____ for something.

B: Right. What _____ are you going to write a recipe for?

G: I'll make a recipe for fried rice. How about you?

B: I'll write a recipe for _____ *ramyeon*. I think it's

_____.

G: Good!

① B: What _____ is it today?

　 G: It's Monday.

② B: What's the weather like?

　 G: It's _____ and windy.

③ B: What's your _____ subject?

　 G: I like math best.

④ B: _____ time is it now?

　 G: For 10 minutes.

G: Today is my birthday. I got a _____ necklace from my
father. It has a big _____. There are _____ letters in
the heart, J and A. They're the first two letters of my _____.
I really love the necklace.

W: Jiho, you were late for school again.

B: I'm so sorry. I got up _____.

W: Did you go to bed late last night?

B: No, I went _____ _____ early, but I couldn't
_____ asleep.

W: Why?

B: I was _____ about my dog. He is sick.

W: Oh, that's too bad. Is he okay now?

B: No. My mother will take him to the vet.

17

대화를 듣고, 이어질 응답으로 알맞은 것을 고르시오.

① Sure. No problem.
② Take your umbrella.
③ I'm sorry for being late.
④ I'm so happy to hear that.

18

대화를 듣고, 이어질 응답으로 알맞은 것을 고르시오.

① How about at 11?
② That's fine with me.
③ I'm sorry, but I can't.
④ Let's meet in front of the market.

19

대화를 듣고, 이어질 응답으로 알맞은 것을 고르시오.

① Thank you.
② Okay. Here's 18 dollars.
③ It's really delicious, isn't it?
④ Chicken is my favorite food.

20

대화를 듣고, 이어질 응답으로 알맞지 <u>않은</u> 것을 고르시오.

① Why don't you ride a bike?
② I'm really sorry to hear that.
③ How about reporting it to the police?
④ Oh, let's ask to check the CCTV camera.

[Cellphone rings.]

B: Mom, _____ are you?

W: I'm at your aunt's restaurant. I have to help her.

B: Okay. When will you _____ back home?

W: Around 8 p.m.

B: All right.

W: Jun, it's going to start _____ soon. Can you _____ the windows?

B: _____

B: Hi, Sera. What's up?

G: Hi, Brian. What are you going to _____ tomorrow?

B: I don't have any plans.

G: Then, can you go to the Do-re-mi Market with me?

B: Yeah. Do you want to _____ something there?

G: I want to buy a new _____.

B: Okay. _____ should we meet?

G: _____

M: Are you _____ to order?

W: Yes. I'd like an _____ of fried chicken.

M: All right. Do you want any sauce?

W: Yes. I would like chili sauce.

M: Okay. Do you want a _____?

W: A cola, please.

M: All right. Your _____ is 18 dollars.

W: _____

B: Lucy, you look _____.

G: Somebody stole my bike.

B: What _____?

G: I rode it to the supermarket and bought a drink.

B: _____ _____ were you there?

G: Just _____ _____ minutes. When I went outside, my bike was gone!

B: _____

● MP3 파일을 듣고, 다음 빈칸을 채워 대화를 완성해 보세요.

"A에는 B의 대답에 어울리는 질문이, B에는 A의 질문에 어울리는 대답이 들어갈 거예요. A와 B가 어떠한 대화를 나누게 될까요?"

01 A <u>Can I take a message?</u> <u>전할 말 있니?</u>

　　B Sure. I have to hand in my history homework to her.

네. 제가 그녀에게 역사 숙제를 제출해야 해서요.

02 A _____ _____

　　B Sure. Sounds fun.

물론이지. 재미있겠다.

03 A _____ _____

　　B It's Monday.

월요일이야.

04 A _____ _____

　　B I like math best.

나는 수학을 제일 좋아해.

05 A _____ _____

　　B Around 8 p.m.

오후 8시쯤.

"한 번에 문장을 다 쓰긴 어려워요. 여러 번 들으면서 메모하며 천천히 적어도 좋아요. 문장이 완성되면, 우리말 뜻도 적어 보세요!"

06 Are <u>you ready to order</u> ?

당신은 주문할 준비가 되셨나요?

07 How _____ ?

_____

08 You'll _____ .

_____

09 Wait _____ .

_____

10 What _____ ?

_____

● 주어진 우리말 의미에 맞게 영어로 말해 보세요.

> **STEP 1** 우리말을 읽고, 앞에서 학습한 내용을 이용하여 영어로 말해 봐요. 말한 뒤에는 네모 박스에 체크해요.
>
> **STEP 2** 주어진 어휘 또는 표현들을 이용하여 문장을 완성해요.

01 너는 어떤 종류의 스포츠를 좋아하니? (kind)

STEP 1 ☐

STEP 2 _____

02 이 근처에 자전거 가게가 있나요? (is there)

STEP 1 ☐

STEP 2 _____

03 당신은 언제 교사가 되었나요? (become)

STEP 1 ☐

STEP 2 _____

04 코끼리는 소보다 더 무겁다. (an elephant, a cow)

STEP 1 ☐

STEP 2 _____

05 우리는 파티 계획을 짤 예정이다. (make, for the party)

STEP 1 ☐

STEP 2 _____

06 한 여자아이가 꽃들의 사진을 찍고 있다. (a picture)

STEP 1 ☐

STEP 2 _____

07 너는 오늘 오후에 자전거를 타는 게 어때? (why)

STEP 1 ☐

STEP 2 _____

Listen & Speak Up 8

WARM UP

새로운 어휘들을 미리 공부해 볼까요?

| 정답과 해설 46쪽 |

A MP3 파일을 잘 듣고, 알맞은 번호 옆에 어휘의 철자와 뜻을 쓰세요.
뒷장으로 넘어가기 전, 한 번 더 들어 보고 싶은 경우에는 네모 박스에 체크하세요.

01 ☐ **usually** 대개, 주로

02 ☐

03 ☐

04 ☐

05 ☐

06 ☐

07 ☐

08 ☐

09 ☐

10 ☐

B 주어진 우리말 의미에 맞도록 빈칸을 채우세요.
위에서 학습한 어휘들을 이용해 보세요.

01 내가 가장 좋아하는 화가   my _____ painter

02 특별한 행사를 준비하다   _____ a special event

03 같은 이유로   for the same _____

04 6월 7일부터 6월 12일까지   _____ June 7th to June 12th

05 심각한 문제   a _____ problem

06 나는 주로 숨을 참는다.   I _____ hold my breath.

07 네가 이 종이를 버렸니?   Did you _____ away this piece of paper?

08 너는 화나 보인다.   You seem _____.

09 나는 긴장돼.   I'm _____.

10 많은 섬들이 사라질 것이다.   A lot of islands will _____.

● MP3 파일을 잘 듣고, 물음에 답하세요.

01
▶ 241039-0176

대화를 듣고, 여자가 전화를 건 목적을 고르시오.

① 잃어버린 우산을 찾기 위하여
② 지하철 운행 시간을 알기 위하여
③ 분실물 센터의 위치를 알기 위하여
④ 우산을 어디에 두었는지 묻기 위하여

02
▶ 241039-0177

다음을 듣고, 무엇에 관한 내용인지 고르시오.

① 건강한 생활 수칙
② 딸꾹질 멈추는 법
③ 딸꾹질이 보내는 건강 신호
④ 물을 많이 마셔야 하는 이유

03
▶ 241039-0178

대화를 듣고, 남자아이가 오늘 할 일로 알맞은 것을 고르시오.

① 집에 머물기
② 축구 연습하기
③ 축구 시합 가기
④ 동아리 모임 가기

04
▶ 241039-0179

대화를 듣고, 두 사람이 대화 직후에 할 일을 고르시오.

① 지하철 타기
② 지하철표 끊기
③ 지하철 지도 보기
④ 지하철역 출구 찾기

05
▶ 241039-0180

대화를 듣고, 그림을 보면서 이어질 여자의 응답으로 알맞은 것을 고르시오.

① It's next to the bakery.
② It's on the fourth floor.
③ There's no elevator here.
④ You should see a doctor.

06
241039-0181

다음을 듣고, 남자아이가 만든 것을 고르시오.

①
②
③
④

07
241039-0182

대화를 듣고, 대화가 이루어지는 장소를 고르시오.

① 공항
② 우체국
③ 기차 안
④ 택시 안

08
241039-0183

대화를 듣고, 여자아이의 학급에서 준비한 것과 그것으로 한 일이 바르게 짝지어진 것을 고르시오.

	준비한 것	한 일
①	선물 상자	편지를 넣었다.
②	선물 상자	풍선을 넣었다.
③	풍선	메시지를 썼다.
④	풍선	안에 꽃가루를 넣었다.

09
241039-0184

다음을 듣고, 여자아이가 말한 내용과 일치하지 <u>않는</u> 것을 고르시오.

① 9시에 버스를 탔다.
② 9시 40분에 공원에 도착했다.
③ 역사박물관을 방문했다.
④ 게임을 한 후에 점심을 먹었다.

10
241039-0185

대화를 듣고, 여자가 가져올 것으로 알맞은 것을 고르시오.

① 물
② 수건
③ 배드민턴 콕
④ 배드민턴 라켓

11

241039-0186

대화를 듣고, 남자가 찾고 있는 물건이 어디에 있는지 고르시오.

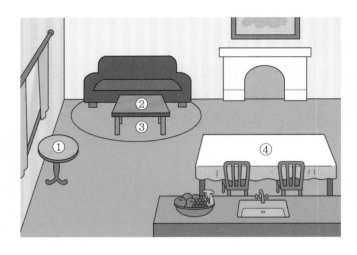

13

241039-0188

다음을 듣고, 그림의 상황이 나타내는 말을 고르시오.

①   ②   ③   ④

12

241039-0187

대화를 듣고, 두 사람이 무엇에 관하여 이야기하고 있는지 고르시오.

① 이면지 재활용

② 환경 보호 방법

③ 수학 공부 방법

④ 분리수거의 중요성

14

241039-0189

대화를 듣고, 그림의 상황에 가장 알맞은 것을 고르시오.

①   ②   ③   ④

15

241039-0190

다음을 듣고, 대화가 자연스럽지 않은 것을 고르시오.

①   ②   ③   ④

16

▶ 241039-0191

대화를 듣고, 여자아이의 기분과 이유가 바르게 짝지어진 것을 고르시오.

기분		이유
① 슬프다	–	아빠가 화나셔서
② 슬프다	–	엄마가 자신의 휴대전화를 봐서
③ 화나 있다	–	엄마와 싸워서
④ 화나 있다	–	아빠가 자신의 휴대전화를 뺏어서

17

▶ 241039-0192

대화를 듣고, 이어질 응답으로 알맞지 <u>않은</u> 것을 고르시오.

① I like spring better.
② I love summer fruits.
③ I don't like cold weather.
④ I can travel during summer holidays.

18

▶ 241039-0193

대화를 듣고, 이어질 응답으로 알맞은 것을 고르시오.

① I'm sorry, but I can't.
② Sure. It's Kate Green.
③ Oh, what's your name?
④ I want to go there at 4:30.

19

▶ 241039-0194

대화를 듣고, 이어질 응답으로 알맞은 것을 고르시오.

① It starts at 5:20.
② For three hours.
③ They're 25 dollars.
④ They're M5 and M6.

20

▶ 241039-0195

대화를 듣고, 이어질 응답으로 알맞은 것을 고르시오.

① Sounds good.
② That's my fault.
③ Because I like sports.
④ I'm sorry to hear that.

Listen & Speak Up 8

| 정답과 해설 51쪽 |

● MP3 파일을 잘 듣고, 물음에 답하세요.

01

241039-0196

대화를 듣고, 여자아이의 심정으로 가장 적절한 것을 고르시오.

① 슬픔
② 긴장
③ 화남
④ 놀람
⑤ 실망

02

241039-0197

대화를 듣고, 남자가 한 마지막 말의 의도로 가장 적절한 것을 고르시오.

① 제안하기
② 위로하기
③ 승낙하기
④ 거절하기
⑤ 수정하기

03

241039-0198

대화를 듣고, 남자아이가 스포츠 주간에 대해 언급하지 않은 것을 고르시오.

① 기간
② 하는 일
③ 우승 상품
④ 6학년 종목
⑤ 5학년 종목

04

241039-0199

대화를 듣고, 남자가 줄 거스름돈을 고르시오.

① $2
② $4
③ $6
④ $8
⑤ $10

05

241039-0200

대화를 듣고, 여자의 마지막 말에 이어질 남자의 응답으로 가장 적절한 것을 고르시오.

① Sounds bad.
② It's too warm.
③ Sure. Why not?
④ That was a good idea.
⑤ They had a good time.

● MP3 파일을 잘 듣고, 다음 빈칸을 채워 보세요. 빈칸을 채운 뒤, 한 번 더 문제를 풀어 보세요.

01

대화를 듣고, 여자가 전화를 건 목적을 고르시오.

① 잃어버린 우산을 찾기 위하여
② 지하철 운행 시간을 알기 위하여
③ 분실물 센터의 위치를 알기 위하여
④ 우산을 어디에 두었는지 묻기 위하여

02

다음을 듣고, 무엇에 관한 내용인지 고르시오.

① 건강한 생활 수칙
② 딸꾹질 멈추는 법
③ 딸꾹질이 보내는 건강 신호
④ 물을 많이 마셔야 하는 이유

03

대화를 듣고, 남자아이가 오늘 할 일로 알맞은 것을 고르시오.

① 집에 머물기
② 축구 연습하기
③ 축구 시합 가기
④ 동아리 모임 가기

04

대화를 듣고, 두 사람이 대화 직후에 할 일을 고르시오.

① 지하철 타기
② 지하철표 끊기
③ 지하철 지도 보기
④ 지하철역 출구 찾기

[Telephone rings.]

M: Hello. This is the subway lost-and-found. How may I help you?

W: Hi. I'm calling to ask you a _____.

M: Okay. What is it?

W: I _____ my umbrella on the subway.

M: When did you _____ it?

W: This morning.

M: Sorry, we didn't _____ any umbrellas today.

W: Oh, I see.

M: What do you do _____ you have hiccups? There are many ways to _____ hiccups. For me, I _____ _____ my breath. Sometimes, I stick out my tongue. When those things _____ _____, I drink a lot of cold water. That always works.

hiccup은 '딸꾹질', '딸꾹질하다'는 뜻으로 실제로 딸꾹질할 때 나는 소리와 비슷해요. 이처럼 생리 현상은 주로 실제 소리와 비슷한데요 '트림하다'는 burp랍니다.

G: Hey, Brian.

B: Hi, Grace. Are you going home?

G: Yeah. _____ you?

B: No. I have soccer practice.

G: Oh, do you have a _____?

B: Yeah, I have a game this _____.

G: Oh, in two days.

B: Yeah. So our team needs to _____ before the game.

W: Now we are at the subway station. I'll show you _____ _____ take the subway.

B: Okay, Mom. Do I get a _____ first?

W: No, you don't.

B: Then, what do I do first?

W: First, you need to be able to _____ the subway map.

B: Oh, that's a good point. If I can read the map, I can _____ the subway alone.

W: Right. There's a map over there. Let's go.

05

대화를 듣고, 그림을 보면서 이어질 여자의 응답
으로 알맞은 것을 고르시오.

① It's next to the bakery.
② It's on the fourth floor.
③ There's no elevator here.
④ You should see a doctor.

06

다음을 듣고, 남자아이가 만든 것을 고르시오.

07

대화를 듣고, 대화가 이루어지는 장소를 고르시오.

① 공항
② 우체국
③ 기차 안
④ 택시 안

08

대화를 듣고, 여자아이의 학급에서 준비한 것과 그
것으로 한 일이 바르게 짝지어진 것을 고르시오.

준비한 것	한 일
① 선물 상자	편지를 넣었다.
② 선물 상자	풍선을 넣었다.
③ 풍선	메시지를 썼다.
④ 풍선	안에 꽃가루를 넣었다.

M: Excuse me. Is there a bookstore in this building?

W: Yes. It's on the third _____ .

M: Great. _____ is the elevator?

W: It's right over there.

M: Thank you. Also, I need to get a _____ for my passport.

W: Oh, there's a _____ shop here, too.

M: Great. Where is it?

W: _____

B: I made a _____ in art class. Our art teacher told us to _____ a picture on the cup. I drew a sunflower on the cup. My _____ painter is Vincent van Gogh, so I wanted to draw sunflowers like him. But I drew just one sunflower because drawing sunflowers was not _____ .

M: Where are you going?

W: I'm going to the _____ .

M: Okay.

W: How long will it _____ ?

M: About 1 hour. There's a _____ of traffic at this time.

W: Oh, so it takes longer.

M: Right. I'll take the _____ way to the airport.

M: It's Teacher's Day today. Did you have a good _____ at school?

G: Yeah. My class prepared a special _____ for our teacher.

M: Great! What did you do?

G: Each of us blew up a balloon, and we decorated the blackboard with the balloons.

M: Oh, that _____ fun!

G: And we did something else.

M: Really? What did you do?

G: We wrote _____ on the balloons.

우리나라의 스승의 날은 5월 15일로 주로 담임선생님께 감사 인사를 전하는데요. 미국에서 5월 첫 번째 화요일이 스승의 날이지만 그 주를 감사 주으로 정하고 담임교사가 없으므로 여러 교과 선생님께 감사 인사를 전한답니다.

09

다음을 듣고, 여자아이가 말한 내용과 일치하지 않는 것을 고르시오.

① 9시에 버스를 탔다.
② 9시 40분에 공원에 도착했다.
③ 역사박물관을 방문했다.
④ 게임을 한 후에 점심을 먹었다.

10

대화를 듣고, 여자가 가져올 것으로 알맞은 것을 고르시오.

① 물
② 수건
③ 배드민턴 콕
④ 배드민턴 라켓

11

대화를 듣고, 남자가 찾고 있는 물건이 어디에 있는지 고르시오.

12

대화를 듣고, 두 사람이 무엇에 관하여 이야기하고 있는지 고르시오.

① 이면지 재활용
② 환경 보호 방법
③ 수학 공부 방법
④ 분리수거의 중요성

G: We went on a field _____ today. We took a bus at school at 9:00. We _____ at Olympic Park at 9:40. First, we visited a history _____. Then, we had lunch around noon. After lunch, we played games and took pictures on the _____.

M: Can you _____ badminton with me later?
W: Sure. Sounds fun.
M: Cool. Then, let's _____ at the park at 4.
W: All right. What should I _____?
M: I have rackets. So just bring _____.
W: Okay. I will.

M: Happy birthday! These _____ are for you.
W: Oh, thank you! They're so beautiful.
M: I will _____ them in the vase. Where is the vase?
W: Maybe on the kitchen table?
M: No, it is _____ _____.
W: Then, check the small table by the window.
M: Okay. [Pause] Oh, you're right. I _____ it.

B: Jimin, did you _____ _____ this piece of paper?
G: Yes. Is there something _____?
B: Yes. You used only one side of it.
G: Oh. What can I do on the _____ side?
B: You can solve math problems on it.
G: Oh, that's a good idea!
B: We shouldn't _____ paper.
G: Okay, I won't.

13

다음을 듣고, 그림의 상황이 나타내는 말을 고르시오.

① ② ③ ④

① W: You can't _____ food and drinks here.

② W: You should not _____ _____ and drinks here.

③ W: You should not eat so _____ fast food.

④ W: Don't _____ to bring your food and drinks.

14

대화를 듣고, 그림의 상황에 가장 알맞은 것을 고르시오.

① ② ③ ④

① W: Your picture is _____.

B: Thank you so much.

② W: Do you want to be a _____?

B: No, I don't. I want to be a musician.

③ W: Do not _____ the paintings in the museum.

B: Don't worry! I won't.

④ W: Do not take pictures of the paintings in the museum.

B: Okay, I _____.

15

다음을 듣고, 대화가 자연스럽지 <u>않은</u> 것을 고르시오.

① ② ③ ④

① M: I'm sorry for _____ late.

W: That's all right.

② M: Thank you for _____ me.

W: You're welcome.

③ M: May I speak to Suji?

W: _____.

④ M: You should not _____ the street here.

W: Why don't we take a taxi?

16

대화를 듣고, 여자아이의 기분과 이유가 바르게 짝지어진 것을 고르시오.

기분	이유
① 슬프다	– 아빠가 화나셔서
② 슬프다	– 엄마가 자신의 휴대전화를 봐서
③ 화나 있다	– 엄마와 싸워서
④ 화나 있다	– 아빠가 자신의 휴대전화를 뺏어서

B: You seem _____, Joan. What's wrong?

G: I feel sad. My dad was _____ with me this morning.

B: Why?

G: Because I use my cellphone too much.

B: Oh, my mom got angry at me for the same _____ yesterday.

G: Really? We have the _____ problem.

17

대화를 듣고, 이어질 응답으로 알맞지 <u>않은</u> 것을 고르시오.

① I like spring better.
② I love summer fruits.
③ I don't like cold weather.
④ I can travel during summer holidays.

18

대화를 듣고, 이어질 응답으로 알맞은 것을 고르시오.

① I'm sorry, but I can't.
② Sure. It's Kate Green.
③ Oh, what's your name?
④ I want to go there at 4:30.

19

대화를 듣고, 이어질 응답으로 알맞은 것을 고르시오.

① It starts at 5:20.
② For three hours.
③ They're 25 dollars.
④ They're M5 and M6.

20

대화를 듣고, 이어질 응답으로 알맞은 것을 고르시오.

① Sounds good.
② That's my fault.
③ Because I like sports.
④ I'm sorry to hear that.

M: What do you _____ _____, summer or winter?
W: I like winter better.
M: Why?
W: I love winter _____ like skiing and skating.
M: I like _____ better.
W: _____ do you like summer better?
M: _____

[Telephone rings.]
M: Hello. White Dental Clinic. What can I do for you?
W: Hi. I have a _____. Can I see a dentist today?
M: Wait a minute, please.
W: Okay.
M: Thank you for _____. Can you come at 4?
W: That's _____.
M: Okay. Can I _____ your name?
W: _____

W: Did you get the movie tickets?
M: Sure. I got _____ tickets.
W: _____ _____ does the movie start?
M: In five _____. Let's go find our seats.
W: Okay. _____ are our seats?
M: _____

M: Hi, Jiyun. What will you do in the afternoon?
W: I will just _____ home.
M: _____ _____ going for a bike ride?
W: Sorry, I don't know how to _____ a bike.
M: Oh. Then, _____ don't we go inline skating?
W: _____

● MP3 파일을 듣고, 다음 빈칸을 채워 대화를 완성해 보세요.

> "A에는 B의 대답에 어울리는 질문이, B에는 A의 질문에 어울리는 대답이 들어갈 거예요. A와 B가 어떠한 대화를 나누게 될까요?"

01 A Is there a bookstore in this building?

이 건물에 서점이 있나요?

B Yes. It's on the third floor.

네. 그것은 3층에 있어요.

02 A _____

B About 1hour.

약 한 시간요.

03 A _____

B Just bring water.

물만 가져와.

04 A _____

B That's all right.

괜찮아.

05 A _____

B Speaking.

저예요.

"한 번에 문장을 다 쓰긴 어려워요. 여러 번 들으면서 메모하며 천천히 적어도 좋아요. 문장이 완성되면, 우리말 뜻도 적어 보세요!"

06 There's _a lot of traffic at this time_ .

   이 시간에는 교통량이 많아요.

07 We _____ .

   _____

08 We _____ .

   _____

09 My _____ .

   _____

10 Why _____ ?

   _____

Listen & Speak Up 8

| 정답과 해설 52쪽 |

● **주어진 우리말 의미에 맞게 영어로 말해 보세요.**

STEP1 우리말을 읽고, 앞에서 학습한 내용을 이용하여 영어로 말해 봐요. 말한 뒤에는 네모 박스에 체크해요.

STEP2 주어진 어휘 또는 표현들을 이용하여 문장을 완성해요.

01 내가 너에게 지하철을 타는 방법을 보여 줄게. (I'll show)

STEP1 ☐

STEP2 _____

02 너는 가수가 되고 싶니? (be)

STEP1 ☐

STEP2 _____

03 박물관에 있는 그림을 만지지 마시오. (do not, paintings)

STEP1 ☐

STEP2 _____

04 우리는 여기에서 길을 건너서는 안 된다. (should)

STEP1 ☐

STEP2 _____

05 너는 수학과 과학 중에 무엇을 더 좋아하니? (better)

STEP1 ☐

STEP2 _____

06 산책하러 가는 게 어때? (how, going for)

STEP1 ☐

STEP2 _____

07 나는 네가 재미있는 시간을 보낼 것을 확신해. (will, fun time)

STEP1 ☐

STEP2 _____

Listen & Speak Up 9

새로운 어휘들을 미리 공부해 볼까요?

| 정답과 해설 53쪽 |

A MP3 파일을 잘 듣고, 알맞은 번호 옆에 어휘의 철자와 뜻을 쓰세요.
뒷장으로 넘어가기 전, 한 번 더 들어 보고 싶은 경우에는 네모 박스에 체크하세요.

01 ☐   **ago**   ~ 전에   06 ☐

02 ☐   07 ☐

03 ☐   08 ☐

04 ☐   09 ☐

05 ☐   10 ☐

B 주어진 우리말 의미에 맞도록 빈칸을 채우세요.
위에서 학습한 어휘들을 이용해 보세요.

01 몇 분 전에   a few minutes _____

02 유령의 집 앞에서   in _____ of a haunted house

03 그들 가운데에   in the _____ of them

04 유명한 밴드   a _____ band

05 너의 뒤에   _____ you

06 난 그가 이 특별한 식사를 좋아하길 바라요.   I hope he will like this special _____.

07 그녀는 V 표시를 하고 있다.   She is making the 'V' _____.

08 그것은 매우 가볍다.   It's very _____.

09 우리 반 전체가 그것을 디자인하는 데 참여했어요.   Our whole class took _____ in designing it.

10 튀르키예에 지진이 있었다.   There was an _____ in Türkiye.

● MP3 파일을 잘 듣고, 물음에 답하세요.

01
241039-0201

대화를 듣고, 남자아이가 엄마를 찾는 목적을 고르시오.

① 배가 고파서
② 은행에 같이 가려고
③ 점심 먹을 돈을 받으려고
④ 친구들과 외출하는 것을 허락받으려고

02
241039-0202

대화를 듣고, 남자아이가 가장 먼저 할 일을 고르시오.

① 식탁 치우기
② 깜짝 파티에 가기
③ 숟가락과 포크 놓기
④ 할아버지께 전화 걸기

03
241039-0203

대화를 듣고, 여자가 오늘 저녁에 할 일을 고르시오.

① 생일 파티하기
② 케이크 만들기
③ 앨범 제작하기
④ 아빠 일 도와주기

04
241039-0204

다음을 듣고, 제목으로 알맞은 것을 고르시오.

① Countries in South America
② The Amazon: A Great River
③ The Importance of the River
④ The Longest River in the World

05
241039-0205

대화를 듣고, 두 사람이 찾는 장소의 위치를 고르시오.

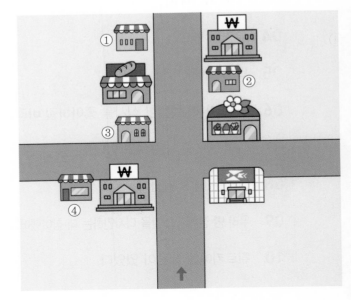

06

241039-0206

다음을 듣고, 여자아이의 친구 세라를 고르시오.

07

241039-0207

대화를 듣고, 여자의 증상으로 알맞은 것을 고르시오.

① 이가 아프다.
② 목이 아프다.
③ 발이 아프다.
④ 소화가 안 된다.

08

241039-0208

대화를 듣고, 여자아이가 간 곳과 한 일이 바르게 짝지어진 것을 고르시오.

	간 곳	한 일
①	부산	– 바다 수영
②	부산	– 박물관 관람
③	과학 박물관	– 지진 체험
④	과학 박물관	– 종이 로봇 만들기

09

241039-0209

다음을 듣고, 남자가 말한 내용과 일치하지 <u>않는</u> 것을 고르시오.

① 요리 관련 방송 채널을 갖고 있다.
② 유용한 물건에 대해 소개하고 있다.
③ 밖에서는 마스크를 쓸 것을 권하고 있다.
④ 공기청정기의 사용을 권하고 있다.

10

241039-0210

대화를 듣고, 두 사람이 대화하고 있는 장소를 고르시오.

① 서점
② 교실
③ 체육관
④ 도서관

Listen & Speak Up 9

11

241039-0211

대화를 듣고, 여자아이가 찾고 있는 물건이 어디에 있는지 고르시오.

12

241039-0212

대화를 듣고, 두 아이가 무엇에 관하여 이야기하고 있는지 고르시오.

① 놀이공원

② 여행 계획

③ 체험 학습

④ 지역 축제

13

241039-0213

다음을 듣고, 그림 상황과 일치하는 것을 고르시오.

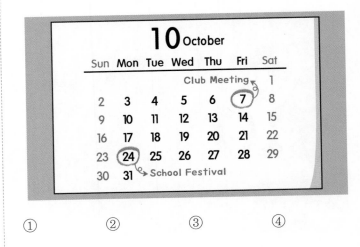

①   ②   ③   ④

14

241039-0214

대화를 듣고, 그림의 상황에 가장 알맞은 것을 고르시오.

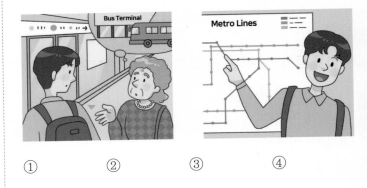

①   ②   ③   ④

15

241039-0215

다음을 듣고, 대화가 자연스럽지 않은 것을 고르시오.

①   ②   ③   ④

16 ▶ 241039-0216

대화를 듣고, 현재 시각과 두 사람이 할 일이 바르게 짝 지어진 것을 고르시오.

현재 시각	할 일
① 8:00	– 빵집에 간다.
② 8:00	– 가게 문을 닫는다.
③ 8:10	– 카페에 간다.
④ 8:10	– 가게 문을 닫는다.

17 ▶ 241039-0217

대화를 듣고, 이어질 응답으로 알맞지 <u>않은</u> 것을 고르시오.

① Thank you.
② Good for you.
③ You're so kind.
④ How nice of you!

18 ▶ 241039-0218

대화를 듣고, 이어질 응답으로 알맞은 것을 고르시오.

① It's "Hola."
② I love Spanish.
③ Spanish is fun.
④ People speak Spanish.

19 ▶ 241039-0219

대화를 듣고, 이어질 응답으로 알맞은 것을 고르시오.

① Around 8.
② My friend Molly.
③ About two hours.
④ I saw a comedy movie.

20 ▶ 241039-0220

대화를 듣고, 이어질 응답으로 알맞은 것을 고르시오.

① I'm worried.
② Twice a week.
③ I want to be a dancer.
④ I usually play basketball.

Listen & Speak Up 9

● MP3 파일을 잘 듣고, 물음에 답하세요.

01

▶ 241039-0221

다음을 듣고, 'this'가 무엇인지 적절한 것을 고르시오.

① 탁구공
② 골프공
③ 야구공
④ 축구공
⑤ 농구공

02

▶ 241039-0222

대화를 듣고, 남자아이의 심정으로 가장 적절한 것을 고르시오.

① 실망
② 신남
③ 걱정
④ 슬픔
⑤ 놀람

03

▶ 241039-0223

대화를 듣고, 여자아이가 학급 티셔츠에 대해 언급하지 않은 것을 고르시오.

① 입을 행사
② 색깔
③ 가격
④ 위에 쓰인 문구
⑤ 디자인한 사람

04

▶ 241039-0224

대화를 듣고, 여자가 계획하고 있는 것으로 적절한 것을 고르시오.

① She's going to learn Turkish.
② She's going to travel to Türkiye.
③ She's going to buy some clothes.
④ She's going to help people in Türkiye.
⑤ She's going to write about earthquakes.

05

▶ 241039-0225

대화를 듣고, 남자의 마지막 말에 이어질 여자의 응답으로 가장 적절한 것을 고르시오.

① That's very simple.
② I'd like to eat steak.
③ I'll make nacho pizza.
④ You can bake it in the oven.
⑤ This food is delicious and healthy.

JUMP UP

| 정답과 해설 53쪽 |

● MP3 파일을 잘 듣고, 다음 빈칸을 채워 보세요. 빈칸을 채운 뒤, 한 번 더 문제를 풀어 보세요.

01

대화를 듣고, 남자아이가 엄마를 찾는 목적을 고르시오.

① 배가 고파서
② 은행에 같이 가려고
③ 점심 먹을 돈을 받으려고
④ 친구들과 외출하는 것을 허락받으려고

02

대화를 듣고, 남자아이가 가장 먼저 할 일을 고르시오.

① 식탁 치우기
② 깜짝 파티에 가기
③ 숟가락과 포크 놓기
④ 할아버지께 전화 걸기

03

대화를 듣고, 여자가 오늘 저녁에 할 일을 고르시오.

① 생일 파티하기
② 케이크 만들기
③ 앨범 제작하기
④ 아빠 일 도와주기

04

다음을 듣고, 제목으로 알맞은 것을 고르시오.

① Countries in South America
② The Amazon: A Great River
③ The Importance of the River
④ The Longest River in the World

B: Jane, where's Mom?

G: She went out a few minutes _____.

B: Where did she go?

G: She went to the bank. She'll come back about one _____ later.

B: Ahh. I need to _____ her for some money.

G: Why do you need money?

B: I want to have _____ with my friends. But I have no money.

W: Chris, your grandfather will _____ here soon.

B: I hope he will like this special _____.

W: I hope so, too. Can you help me?

B: Sure. What can I do?

W: Can you _____ the table? Please _____ out spoons and forks.

B: Sure. No problem.

W: Sorry! I'm late again.

M: That's okay.

W: I was _____ making a photo album for my dad. It took a _____ time.

M: That's okay. _____ is the album for?

W: It's for my dad's 50th birthday. I will give it to him at his birthday party this evening.

M: Cool! Your dad will really _____ it.

M: Do you know about the Amazon River? It's one of the _____ rivers in the world. It _____ through seven countries, including Peru, Columbia, and Brazil. It has the world's biggest rainforest. Also, it is _____ to some very big snakes and _____.

아마존강에는 많은 독특한 동식물이 살고 있는데 분홍 돌고래 (Pink Dolphin)는 강에서 사는 돌고래로 아마존강 돌고래(Amazon River Dolphin)라고도 한답니다.

Listen & Speak Up 9

JUMP UP

05

대화를 듣고, 두 사람이 찾는 장소의 위치를 고르시오.

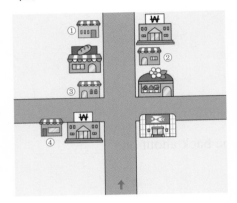

06

다음을 듣고, 여자아이의 친구 세라를 고르시오.

07

대화를 듣고, 여자의 증상으로 알맞은 것을 고르시오.

① 이가 아프다.
② 목이 아프다.
③ 발이 아프다.
④ 소화가 안 된다.

08

대화를 듣고, 여자아이가 간 곳과 한 일이 바르게 짝지어진 것을 고르시오.

간 곳	한 일
① 부산	– 바다 수영
② 부산	– 박물관 관람
③ 과학 박물관	– 지진 체험
④ 과학 박물관	– 종이 로봇 만들기

M: What do you want to eat _____ lunch?

W: How about sushi? A new Japanese restaurant _____ last Friday.

M: Really? Where is it?

W: It's near here. Just _____ _____ this street, and it's right there.

M: Just walk along this street?

W: Yeah. It's _____ the flower shop and the bank.

M: Oh, let's go there.

G: I took a picture with my friends in _____ of a haunted house. Jina is standing next to me. She is making the 'V' _____. Juyeon is making a _____ with her arms. Sera is hugging me. I'm smiling in the _____ _____ them.

한국 사람들은 '유명인의 사인을 받는다'고 말하지요. 하지만 sign은 '표시' '표지'라는 뜻이고 유명인의 '사인'은 autograph라고 해요.

M: What's wrong, Sujin?

W: I have a _____ _____.

M: Which foot?

W: The _____ one.

M: Can you _____?

W: I'm not sure.

M: I think you should _____ a doctor.

G: What did you do last summer?

B: I _____ to my uncle's house in Busan.

G: What did you do there?

B: I _____ in the sea. What did you do?

G: I went to the _____ museum.

B: Science museum?

G: Yeah. I did many activities like _____ paper robots.

09

다음을 듣고, 남자가 말한 내용과 일치하지 <u>않는</u> 것을 고르시오.

① 요리 관련 방송 채널을 갖고 있다.
② 유용한 물건에 대해 소개하고 있다.
③ 밖에서는 마스크를 쓸 것을 권하고 있다.
④ 공기청정기의 사용을 권하고 있다.

10

대화를 듣고, 두 사람이 대화하고 있는 장소를 고르시오.

① 서점
② 교실
③ 체육관
④ 도서관

11

대화를 듣고, 여자아이가 찾고 있는 물건이 어디에 있는지 고르시오.

12

대화를 듣고, 두 아이가 무엇에 관하여 이야기하고 있는지 고르시오.

① 놀이공원
② 여행 계획
③ 체험 학습
④ 지역 축제

M: Hi, this is Chan Seung from *Healthy Tips*. Today, I'd like to _____ you about something useful. These days, the air outside is _____ _____. So we should _____ a mask outside. _____ _____ the air inside our house? It may not be clean, either. Why don't you use an air purifier?

G: Can I _____ _____ these two books?
M: Sure. Do you have a library card?
G: No, I didn't _____ it.
M: Okay. Can I have _____ _____?
G: Yes. My name is Sarah Jo.
M: Okay. You should return them in _____ weeks.
G: All right. Thanks.

G: Oh, I _____ my ball.
B: Where did you have it?
G: I _____ _____ on the bench.
B: Maybe it rolled down. Let's check _____ the bench.
G: I did, but I couldn't find it.
B: Hmm, did you _____ your backpack?
G: No. *[Pause]* Oh, my! Here it is.

B: There will be a festival in our town next week.
G: Right. I'm really _____ forward to it.
B: Me, too. Did you go there _____ _____?
G: Yeah. There was a parade. It was really great.
B: I heard a _____ _____ will give a concert this year.
G: Oh, that'll be _____.

13

다음을 듣고, 그림 상황과 일치하는 것을 고르시오.

10 October

Sun	Mon	Tue	Wed	Thu	Fri	Sat
				Club Meeting		1
2	3	4	5	6	(7)	8
9	10	11	12	13	14	15
16	17	18	19	20	21	22
23	(24)	25	26	27	28	29
30	31	↳ School Festival				

①   ②   ③   ④

① W: October has 30 _____.

② W: The _____ meeting is on October 7th.

③ W: The school _____ is on October 25th.

④ W: There are _____ Saturdays in October.

14

대화를 듣고, 그림의 상황에 가장 알맞은 것을 고르시오.

①   ②   ③   ④

① W: How can I _____ _____ the bus terminal?

   M: Take the Blue Line.

② W: Where is the subway station?

   M: It's _____ the supermarket.

③ W: Where can I _____ a map?

   M: The bookstore is over there.

④ W: How much is a subway ticket?

   M: It's _____ _____.

15

다음을 듣고, 대화가 자연스럽지 <u>않은</u> 것을 고르시오.

①   ②   ③   ④

① M: Do you _____ pizza?

   W: Yes, I am.

② M: _____ _____ you?

   W: I'm in the supermarket.

③ M: When do you usually _____ _____?

   W: At 7:40.

④ M: How do you get to school?

   W: I _____ _____ school.

16

대화를 듣고, 현재 시각과 두 사람이 할 일이 바르게 짝지어진 것을 고르시오.

현재 시각	할 일
① 8:00	– 빵집에 간다.
② 8:00	– 가게 문을 닫는다.
③ 8:10	– 카페에 간다.
④ 8:10	– 가게 문을 닫는다.

W: Oh, the bakery is closed.

M: Really? Look! There's a sign on the _____.

W: The bakery _____ at 8.

M: Right. It's 8:10 now.

W: Then, let's go to a cafe. _____ _____ on the corner.

M: Okay. Let's go there.

17

대화를 듣고, 이어질 응답으로 알맞지 <u>않은</u> 것을 고르시오.

① Thank you.
② Good for you.
③ You're so kind.
④ How nice of you!

18

대화를 듣고, 이어질 응답으로 알맞은 것을 고르시오.

① It's "Hola."
② I love Spanish.
③ Spanish is fun.
④ People speak Spanish.

19

대화를 듣고, 이어질 응답으로 알맞은 것을 고르시오.

① Around 8.
② My friend Molly.
③ About two hours.
④ I saw a comedy movie.

20

대화를 듣고, 이어질 응답으로 알맞은 것을 고르시오.

① I'm worried.
② Twice a week.
③ I want to be a dancer.
④ I usually play basketball.

M: Hey, Hana. What's _____ with your bike?

W: It's broken.

M: Oh, there's a bike _____ near here.

W: Really? Where is it?

M: It's _____ the corner. I will help you _____ your bike.

W: _____

W: What are you doing?

M: I'm _____ Spanish.

W: Spanish? Are you _____ to Spain?

M: No. I just want to _____ Spanish.

W: Oh, good! Then, _____ do you say "hello" in Spanish?

M: _____

W: Hi, Andy.

M: Hello, Amy. I called you yesterday, but you didn't _____.

W: Really? I didn't know that.

M: Where _____ you at 6 p.m. yesterday?

W: I was at the _____.

M: That must be why. _____ were you with?

W: _____

M: What do you usually do in your _____ _____?

W: I usually read books.

M: What kind of books do you _____?

W: I like reading novels.

M: Oh, I _____ _____, too.

W: By the way, what do you _____ in your free time?

M: _____

● MP3 파일을 듣고, 다음 빈칸을 채워 대화를 완성해 보세요.

"A에는 B의 대답에 어울리는 질문이, B에는 A의 질문에 어울리는 대답이 들어갈 거예요. A와 B가 어떠한 대화를 나누게 될까요?"

01 A **Can you set the table?**   네가 식탁을 차려줄 수 있어?

     B Sure. No problem.   물론이죠. 문제 없어요.

02 A _____   _____

     B I went to my uncle's house in Busan.   나는 부산에 있는 나의 삼촌 댁에 갔어.

03 A _____   _____

     B I walk to school.   나는 학교에 걸어서 가.

04 A _____   _____

     B I usually read books.   나는 주로 책을 읽어.

05 A _____   _____

     B I'll make nacho pizza.   저는 나초 피자를 만들 겁니다.

"한 번에 문장을 다 쓰긴 어려워요. 여러 번 들으면서 메모하며 천천히 적어도 좋아요. 문장이 완성되면, 우리말 뜻도 적어 보세요!"

06 I _was busy making a photo album for my dad_ .

나는 나의 아빠를 위한 사진 앨범을 만드느라 바빴어.

07 I _____ .

_____

08 I think _____ .

_____

09 You _____ .

_____

10 I'm _____ .

_____

Listen & Speak Up 9

SPEAK UP

● 주어진 우리말 의미에 맞게 영어로 말해 보세요.

> **STEP 1** 우리말을 읽고, 앞에서 학습한 내용을 이용하여 영어로 말해 봐요. 말한 뒤에는 네모 박스에 체크해요.
>
> **STEP 2** 주어진 어휘 또는 표현들을 이용하여 문장을 완성해요.

01 너는 남극에 대해 아니? (Antarctica)

STEP 1 ☐

STEP 2 _____

02 너는 저녁 식사로 무엇을 먹고 싶니? (want)

STEP 1 ☐

STEP 2 _____

03 그것은 우체국과 빵집 사이에 있다. (it's)

STEP 1 ☐

STEP 2 _____

04 이 세 권의 책을 대출할 수 있을까요? (check out)

STEP 1 ☐

STEP 2 _____

05 너는 주로 언제 잠자리에 드니? (go to bed)

STEP 1 ☐

STEP 2 _____

06 중국어로 "안녕하세요"를 어떻게 말하나요? (hello)

STEP 1 ☐

STEP 2 _____

07 네 뒤에 오는 차가 한 대 있다. (coming behind you)

STEP 1 ☐

STEP 2 _____

Listen & Speak Up 10

새로운 어휘들을 미리 공부해 볼까요?

| 정답과 해설 59쪽 |

A MP3 파일을 잘 듣고, 알맞은 번호 옆에 어휘의 철자와 뜻을 쓰세요.
뒷장으로 넘어가기 전, 한 번 더 들어 보고 싶은 경우에는 네모 박스에 체크하세요.

01 ☐   **full**   배부른   06 ☐ _____ _____

02 ☐ _____ _____   07 ☐ _____ _____

03 ☐ _____ _____   08 ☐ _____ _____

04 ☐ _____ _____   09 ☐ _____ _____

05 ☐ _____ _____   10 ☐ _____ _____

B 주어진 우리말 의미에 맞도록 빈칸을 채우세요.
위에서 학습한 어휘들을 이용해 보세요.

01 낡은 신문지를 재활용하다   _____ old newspapers

02 25층에   on the 25th _____

03 정말 흐린   really _____

04 소리를 줄이다   turn _____ the volume

05 몇몇 유용한 웹사이트들   some _____ websites

06 나는 배불러.   I'm _____ .

07 우리는 나무를 아낄 수 있어.   We can _____ trees.

08 너의 개는 무게가 얼마나 나가니?   How much does your dog _____ ?

09 그것은 어떻게 생겼어?   What does it look _____ ?

10 그런데, 밖은 왜 그렇게 어둡죠?   By the _____ , why is it so dark outside?

● MP3 파일을 잘 듣고, 물음에 답하세요.

01
▶ 241039-0226

대화를 듣고, 남자가 먹은 것으로 알맞은 것을 고르시오.

① 불고기, 식혜
② 불고기, 케이크
③ 파스타, 식혜
④ 파스타, 케이크

02
▶ 241039-0227

다음을 듣고, 권장하는 내용을 고르시오.

① 재활용하자!
② 나무를 심자!
③ 신문을 읽자!
④ 물건을 현명하게 쓰자!

03
▶ 241039-0228

대화를 듣고, 여자가 내일 할 일을 고르시오.

① 영화관 가기
② 농구 연습하기
③ 집에서 영화 보기
④ 농구 시합 관람하기

04
▶ 241039-0229

대화를 듣고, 남자아이가 아빠를 찾는 목적을 고르시오.

① 같이 운동하려고
② 박물관 위치를 물어보려고
③ 할아버지 댁을 방문하려고
④ 박물관까지 태워 달라고 요청하려고

05
▶ 241039-0230

대화를 듣고, 여자아이가 주민센터에 무엇을 하러 가는지 고르시오.

① 독서를 하려고
② 봉사 활동을 하려고
③ 그림 그리는 것을 가르치려고
④ 아이들이 노는 것을 돌봐 주려고

06

241039-0231

대화를 듣고, 남자가 빌릴 물건을 고르시오.

① 가위
② 컴퍼스
③ 수학책
④ 텀블러

07

241039-0232

대화를 듣고, 남자아이가 찾고 있는 것이 어느 물건에 붙어 있었는지 고르시오.

08

241039-0233

대화를 듣고, 남자아이가 이용할 교통수단과 그 이유가 바르게 짝지어진 것을 고르시오.

교통수단	이유
① 버스	– 비용이 싸서
② 버스	– 시간이 짧게 걸려서
③ 지하철	– 차가 막히지 않아서
④ 지하철	– 역이 가까워서

09

241039-0234

다음을 듣고, 여자가 본 아이를 고르시오.

10

241039-0235

다음을 듣고, 남자가 말한 내용과 일치하는 것을 고르시오.

① 7시에 일어났다.
② 아침에 토스트를 먹었다.
③ 밖에는 비가 그쳤다.
④ 집은 24층에 있다.

11

▶ 241039-0236

대화를 듣고, 여자아이가 할 일 중 빈칸에 들어갈 말로 알맞은 것을 고르시오.

> **Sunday, Sep. 9**
> **To-Do List**
>
> 8:00 a.m.   Help my mom
> 12:00 p.m. Finish math homework
> 3:00 p.m.   Play basketball
> 6:00 p.m.   _____

① Make dinner
② Walk the dog
③ Feed the dog
④ Wash the dishes

12

▶ 241039-0237

대화를 듣고, 두 사람이 무엇에 관하여 이야기하고 있는지 고르시오.

① 신간 책
② 개봉 영화
③ 도서 대출
④ 독후 감상문

13

▶ 241039-0238

대화를 듣고, 여자아이가 관심 있는 것과 그 세부 분야가 바르게 짝지어진 것을 고르시오.

	관심 있는 것	세부 분야
①	컴퓨터	– 코딩
②	컴퓨터	– 인터넷 쇼핑
③	패션	– 패션모델
④	패션	– 옷 디자인

14

▶ 241039-0239

다음을 듣고, 그림의 상황으로 알맞은 것을 고르시오.

Jack	Fred	Kevin	Mike
160 cm	155 cm	150 cm	170 cm
①	②	③	④

15

▶ 241039-0240

다음을 듣고, 대화가 자연스럽지 <u>않은</u> 것을 고르시오.

①   ②   ③   ④

16

▶ 241039-0241

대화를 듣고, 그림의 상황에 가장 알맞은 것을 고르시오.

①   ②   ③   ④

17

▶ 241039-0242

대화를 듣고, 이어질 응답으로 알맞지 <u>않은</u> 것을 고르시오.

① It drinks milk.

② Its tail is short.

③ It has brown hair.

④ It looks similar to a baby bear.

18

▶ 241039-0243

대화를 듣고, 이어질 응답으로 알맞은 것을 고르시오.

① Okay. I'll take care of you.

② Don't worry. I'll do my best.

③ No problem. I'll do it for you.

④ Oh, I see. I'll take him to the doctor.

19

▶ 241039-0244

대화를 듣고, 이어질 응답으로 알맞은 것을 고르시오.

① Let's take a bus.

② Take a seat, please.

③ Wear your seat belt, please.

④ The seats are for old people.

20

▶ 241039-0245

대화를 듣고, 이어질 응답으로 알맞은 것을 고르시오.

① I want to go there.

② Right. Take your umbrella.

③ There are no clouds in the sky.

④ You were late for school again.

● MP3 파일을 잘 듣고, 물음에 답하세요.

01
▶ 241039-0246

대화를 듣고, 남자아이의 심정으로 가장 적절한 것을 고르시오.

① 화난다.　　　　② 걱정한다.
③ 실망한다.　　　④ 긴장한다.
⑤ 당황스럽다.

02
▶ 241039-0247

대화를 듣고, 남자아이가 한 마지막 말의 의도로 가장 적절한 것을 고르시오.

① 불평　　　　② 위로
③ 충고　　　　④ 승낙
⑤ 동의

03
▶ 241039-0248

대화를 듣고, 두 사람의 대화에서 언급되지 않은 것을 고르시오.

① 남자가 먹을 메뉴
② 여자가 먹을 메뉴
③ 결제 방법
④ 포장 여부
⑤ 지불할 가격

04
▶ 241039-0249

대화를 듣고, 남자아이가 요청한 내용으로 적절한 것을 고르시오.

① 숙제 도와달라는 것
② 데이터 공유하는 것
③ 와이파이 연결하는 것
④ 휴대전화 빌려주는 것
⑤ 숙제가 무엇인지 알려 달라는 것

05
▶ 241039-0250

대화를 듣고, 남자의 마지막 말에 이어질 여자의 응답으로 가장 적절한 것을 고르시오.

① For two days.
② A twin bed, please.
③ I'll go there by car.
④ I want to see the sea.
⑤ Two adults and a child.

● MP3 파일을 잘 듣고, 다음 빈칸을 채워 보세요. 빈칸을 채운 뒤, 한 번 더 문제를 풀어 보세요.

01

대화를 듣고, 남자가 먹은 것으로 알맞은 것을 고르시오.

① 불고기, 식혜
② 불고기, 케이크
③ 파스타, 식혜
④ 파스타, 케이크

02

다음을 듣고, 권장하는 내용을 고르시오.

① 재활용하자!
② 나무를 심자!
③ 신문을 읽자!
④ 물건을 현명하게 쓰자!

03

대화를 듣고, 여자가 내일 할 일을 고르시오.

① 영화관 가기
② 농구 연습하기
③ 집에서 영화 보기
④ 농구 시합 관람하기

04

대화를 듣고, 남자아이가 아빠를 찾는 목적을 고르시오.

① 같이 운동하려고
② 박물관 위치를 물어보려고
③ 할아버지 댁을 방문하려고
④ 박물관까지 태워 달라고 요청하려고

M: Oh, I had a wonderful dinner. The *bulgogi* was so delicious.

W: I'm _____ you liked it. Do you want some cake for _____?

M: No, thanks. I'm _____.

W: How about some *sikhye*?

M: Okay. *[Pause]* Mmm. It's so _____ and cool.

W: My grandmother made it herself.

M: It's so good!

M: Do you know the word *recycle*? *Recycle* means "to use things _____." For example, we can _____ old newspapers. Then we can make new paper products. Also, we can _____ trees. So be _____ and recycle!

M: I'm so happy _____ it's Friday!

W: Yeah, me too!

M: What are you going to do this weekend?

W: I'm going to _____ a basketball game tomorrow.

M: That's cool.

W: Do you like basketball? You can go with me.

M: Sorry, I am not a basketball _____. I'm going to watch a _____ at home.

B: Yujin and I are going to the national museum this afternoon.

W: That sounds fun.

B: Can you give us a _____, Mom?

W: Oh, sorry. I have to _____ your grandfather.

B: That's all right.

W: Maybe your dad _____ _____ it. Ask him.

B: Where is he?

W: He's _____ in the backyard.

05

대화를 듣고, 여자아이가 주민센터에 무엇을 하러 가는지 고르시오.

① 독서를 하려고
② 봉사 활동을 하려고
③ 그림 그리는 것을 가르치려고
④ 아이들이 노는 것을 돌봐주려고

06

대화를 듣고, 남자가 빌릴 물건을 고르시오.

① 가위
② 컴퍼스
③ 수학책
④ 텀블러

07

대화를 듣고, 남자아이가 찾고 있는 것이 어느 물건에 붙어 있었는지 고르시오.

08

대화를 듣고, 남자아이가 이용할 교통수단과 그 이유가 바르게 짝지어진 것을 고르시오.

교통수단	이유
① 버스	– 비용이 싸서
② 버스	– 시간이 짧게 걸려서
③ 지하철	– 차가 막히지 않아서
④ 지하철	– 역이 가까워서

B: Samantha, where are you _____?
G: I'm going to the community center.
B: Community center? What will you _____ there?
G: I do _____ work there for young children.
B: _____ do you do for them?
G: I read books to them.

B: We have math _____ now.
G: Did you bring a compass?
B: Oh, I _____.
G: Don't _____. I have two compasses.
B: Oh, great! Can I _____ _____?
G: Sure. No problem.

G: What are you _____ _____?
B: A sticky note.
G: A sticky note?
B: Yeah, I just used one, but it _____.
G: Did you _____ _____ your book?
B: In my book? [Pause] Oh, it's on the _____ page of the book!

우리가 흔히 '포스트잇'이라고 말하는 '접착제가 붙어 있는 메모지'는 실제 상품 브랜드명에서 온 거예요. 특정 브랜드를 지칭하지 않고 영어로 표현하려면 sticky note 라고 말해요.

B: Mom, I'm _____ _____.
W: Okay. Where are you going?
B: I'm going to the animation park with my friends.
W: How will you _____ there?
B: I will take a bus. We can save time.
W: How long does it take _____ _____?
B: It takes about 5 minutes to get there.
W: It's not _____ _____ here.

09

다음을 듣고, 여자가 본 아이를 고르시오.

10

다음을 듣고, 남자가 말한 내용과 일치하는 것을 고르시오.

① 7시에 일어났다.
② 아침에 토스트를 먹었다.
③ 밖에는 비가 그쳤다.
④ 집은 24층에 있다.

11

대화를 듣고, 여자아이가 할 일 중 빈칸에 들어갈 말로 알맞은 것을 고르시오.

Sunday, Sep. 9
To-Do List

8:00 a.m.   Help my mom
12:00 p.m. Finish math homework
3:00 p.m.   Play basketball
6:00 p.m.

① Make dinner
② Walk the dog
③ Feed the dog
④ Wash the dishes

12

대화를 듣고, 두 사람이 무엇에 관하여 이야기하고 있는지 고르시오.

① 신간 책
② 개봉 영화
③ 도서 대출
④ 독후 감상문

W: I saw a little child last Saturday. He was _____ in front of the park gate. He was _____ a red scarf. He had a teddy bear in his arm. The bear was wearing a _____ _____. I thought the child _____ his parents.

M: Today I got up at 7:30. I ate toast _____ _____ and went out at 8. It was _____ outside. I didn't bring my umbrella. So I had to _____ _____ up to my house. It is on the 25th _____.

B: What are you looking at?
G: I'm _____ _____ my to-do list for today.
B: To-do list?
G: Yeah. It's a _____ of things. I need to do them today.
B: Can I _____ _____?
G: Sure. Here it is.
B: Oh, you need to _____ your dog at 6 p.m.
G: Yeah. My mom told me to do that.

우리는 중요한 일은 '해야 할 일'로 목록을 만들어 놓지요. 영어로는 to-do list 라고 하는데 '스케줄 플래너(schedule planner)'나 '리마인더(reminder)' 라고도 합니다.

M: You know what? Gary Wick's new book will _____ _____ soon.
W: Great! I love his books.
M: You _____ mysteries, right?
W: Yes. I'm really _____ in mystery novels.
M: I love Gary Wick's books, too. Let's go to _____ his new book together.
W: Sounds good.

13

대화를 듣고, 여자아이가 관심 있는 것과 그 세부 분야가 바르게 짝지어진 것을 고르시오.

관심 있는 것	세부 분야
① 컴퓨터	– 코딩
② 컴퓨터	– 인터넷 쇼핑
③ 패션	– 패션모델
④ 패션	– 옷 디자인

14

다음을 듣고, 그림의 상황으로 알맞은 것을 고르시오.

Jack	Fred	Kevin	Mike
160 cm	155 cm	150 cm	170 cm
①	②	③	④

15

다음을 듣고, 대화가 자연스럽지 <u>않은</u> 것을 고르시오.

①　　②　　③　　④

16

대화를 듣고, 그림의 상황에 가장 알맞은 것을 고르시오.

①　　②　　③　　④

G: _____ are you interested in?

B: I'm interested in computer coding.

G: A lot of students like coding.

B: Right. How about you?

G: I'm interested in _____.

B: Oh, you're _____. Do you want to be a fashion model?

G: No, I'm interested in making cool _____.

---

① W: Jack is the _____ boy of the four.

② W: Fred is _____ than Kevin.

③ W: Kevin is taller _____ Mike.

④ W: Mike is the _____.

---

① M: How do you _____ your family name?

　 W: P-A-R-K.

② M: How much does your dog _____?

　 W: He weighs 5 kg.

③ M: _____ _____ is the building?

　 W: It's about 10 meters tall.

④ M: _____ did you get to Jeju Island?

　 W: I went there with my family.

---

① W: May I _____ _____?

　 M: Yes, I'm looking for a T-shirt.

② W: _____ _____ is it?

　 M: It's 35 dollars.

③ W: How about this T-shirt?

　 M: I don't like the color. Please show me _____.

④ W: This T-shirt is 30% _____.

　 M: Really? I like it.

17

대화를 듣고, 이어질 응답으로 알맞지 <u>않은</u> 것을 고르시오.

① It drinks milk.
② Its tail is short.
③ It has brown hair.
④ It looks similar to a baby bear.

18

대화를 듣고, 이어질 응답으로 알맞은 것을 고르시오.

① Okay. I'll take care of you.
② Don't worry. I'll do my best.
③ No problem. I'll do it for you.
④ Oh, I see. I'll take him to the doctor.

19

대화를 듣고, 이어질 응답으로 알맞은 것을 고르시오.

① Let's take a bus.
② Take a seat, please.
③ Wear your seat belt, please.
④ The seats are for old people.

20

대화를 듣고, 이어질 응답으로 알맞은 것을 고르시오.

① I want to go there.
② Right. Take your umbrella.
③ There are no clouds in the sky.
④ You were late for school again.

M: I _____ you got a puppy.

W: Yes. My uncle _____ it to me.

M: Oh, _____ _____ is it?

W: It's just two months old.

M: Oh, it's so young. What does it _____ _____?

W: _____

[Telephone rings.]

M: Hello, may I speak to Ms. Seo?

W: Speaking. Who's _____?

M: This is Michael Brown. I'm Kevin's _____.

W: Hello, Mr. Brown. Is there _____ _____ with Kevin?

M: Yes. He has a stomachache. I think he should _____ _____ a doctor.

W: _____

M: Oh, we walked a _____ _____.

W: Right. We walked for about 3 hours.

M: I'm tired, but this bus will _____ us home soon.

W: Look! There are _____. Let's sit down.

M: We _____ _____ there.

W: Why not?

M: _____

W: Jack, _____ _____. It's 8 o'clock.

B: 8 o'clock? Oh, my! I'm late.

W: Breakfast is _____. Hurry up!

B: Okay. By the way, why is it so _____ outside?

W: It's really _____.

B: Oh, it may rain soon.

W: _____

● MP3 파일을 듣고, 다음 빈칸을 채워 대화를 완성해 보세요.

"A에는 B의 대답에 어울리는 질문이, B에는 A의 질문에 어울리는 대답이 들어갈 거예요. A와 B가 어떠한 대화를 나누게 될까요?"

01 A Do you want some cake for dessert?   후식으로 케이크 먹을래?

  B ___No, thanks. I'm full.___   고맙지만, 괜찮아. 나는 배불러.

02 A _____   _____

  B Oh, sorry. I have to visit your grandfather.   오, 미안. 나는 네 할아버지에게 들러야 해.

03 A _____   _____

  B I'm interested in computer coding.   나는 컴퓨터 코딩에 관심이 있어.

04 A _____   _____

  B It's about 10 meters tall.   그건 대략 10미터 높이야.

05 A _____   _____

  B It has brown hair.   그것은 갈색 털을 가지고 있어.

"한 번에 문장을 다 쓰긴 어려워요. 여러 번 들으면서 메모하며 천천히 적어도 좋아요. 문장이 완성되면, 우리말 뜻도 적어 보세요!"

06 I'm _glad you liked it_ .

네가 그것을 좋아했다니 기쁘다.

07 I _____ .

_____

08 What _____ ?

_____

09 Please _____ .

_____

10 The _____ .

_____

Listen & Speak Up 10

| 정답과 해설 64쪽 |

● **주어진 우리말 의미에 맞게 영어로 말해 보세요.**

> **STEP1** 우리말을 읽고, 앞에서 학습한 내용을 이용하여 영어로 말해 봐요. 말한 뒤에는 네모 박스에 체크해요.
>
> **STEP2** 주어진 어휘 또는 표현들을 이용하여 문장을 완성해요.

01 토요일이기 때문에 나는 너무 행복하다. (so, because)

　STEP1 ☐

　STEP2 _____

02 Jack은 넷 중에서 가장 나이가 많다. (of the four)

　STEP1 ☐

　STEP2 _____

03 Fred는 Kevin보다 더 어리다. (younger)

　STEP1 ☐

　STEP2 _____

04 너의 고양이는 무게가 얼마나 나가니? (weigh)

　STEP1 ☐

　STEP2 _____

05 너는 나의 숙제를 도와줄 수 있니? (can you, with)

　STEP1 ☐

　STEP2 _____

06 저는 이틀 밤을 위한 방을 하나 예약하고 싶습니다. (I'd like, book)

　STEP1 ☐

　STEP2 _____

07 얼마나 많은 사람들이 머물 것인가요? (will be)

　STEP1 ☐

　STEP2 _____

한눈에 보는 **정답**

LISTEN UP

한눈에 보는 정답

Listen & Speak Up 1
본문 10~19쪽

듣기평가 모의고사

01 ②	02 ④	03 ③	04 ①	05 ②
06 ①	07 ②	08 ②	09 ④	10 ①
11 ①	12 ③	13 ③	14 ②	15 ④
16 ④	17 ①	18 ④	19 ④	20 ④

실력 높여 보기

01 ①	02 ⑤	03 ④	04 ③	05 ④

Listen & Speak Up 2
본문 24~33쪽

듣기평가 모의고사

01 ②	02 ②	03 ③	04 ②	05 ③
06 ④	07 ①	08 ③	09 ③	10 ③
11 ④	12 ①	13 ④	14 ③	15 ②
16 ④	17 ②	18 ②	19 ④	20 ①

실력 높여 보기

01 ③	02 ④	03 ③	04 ④	05 ⑤

Listen & Speak Up 3
본문 38~47쪽

듣기평가 모의고사

01 ②	02 ②	03 ②	04 ①	05 ②
06 ④	07 ③	08 ③	09 ③	10 ④
11 ③	12 ④	13 ③	14 ①	15 ②
16 ④	17 ③	18 ④	19 ④	20 ③

실력 높여 보기

01 ⑤	02 ②	03 ③	04 ③	05 ⑤

Listen & Speak Up 4
본문 52~61쪽

듣기평가 모의고사

01 ③	02 ③	03 ④	04 ④	05 ④
06 ③	07 ②	08 ③	09 ④	10 ④
11 ③	12 ③	13 ④	14 ①	15 ③
16 ①	17 ①	18 ④	19 ④	20 ①

실력 높여 보기

01 ⑤	02 ⑤	03 ①	04 ⑤	05 ①

Listen & Speak Up 5
본문 66~75쪽

듣기평가 모의고사

01 ③	02 ②	03 ④	04 ②	05 ②
06 ④	07 ③	08 ②	09 ②	10 ③
11 ④	12 ①	13 ②	14 ③	15 ④
16 ③	17 ②	18 ①	19 ④	20 ②

실력 높여 보기

01 ③	02 ③	03 ①	04 ④	05 ①

Listen & Speak Up 6
본문 80~89쪽

듣기평가 모의고사

01 ②	02 ③	03 ④	04 ②	05 ④
06 ①	07 ②	08 ①	09 ④	10 ④
11 ②	12 ①	13 ④	14 ②	15 ③
16 ④	17 ①	18 ①	19 ①	20 ③

실력 높여 보기

01 ②	02 ③	03 ①	04 ④	05 ⑤

Listen & Speak Up 7
본문 94~103쪽

듣기평가 모의고사

01 ④	02 ②	03 ③	04 ②	05 ③
06 ①	07 ②	08 ③	09 ②	10 ③
11 ②	12 ②	13 ①	14 ④	15 ④
16 ③	17 ①	18 ①	19 ②	20 ①

실력 높여 보기

01 ②	02 ②	03 ⑤	04 ④	05 ①

Listen & Speak Up 9
본문 122~131쪽

듣기평가 모의고사

01 ③	02 ③	03 ①	04 ②	05 ②
06 ④	07 ③	08 ④	09 ①	10 ④
11 ③	12 ④	13 ②	14 ①	15 ①
16 ③	17 ②	18 ①	19 ②	20 ④

실력 높여 보기

01 ①	02 ⑤	03 ③	04 ④	05 ③

Listen & Speak Up 8
본문 108~117쪽

듣기평가 모의고사

01 ①	02 ②	03 ②	04 ③	05 ②
06 ③	07 ④	08 ③	09 ④	10 ①
11 ①	12 ①	13 ②	14 ④	15 ④
16 ①	17 ①	18 ②	19 ④	20 ①

실력 높여 보기

01 ②	02 ⑤	03 ③	04 ②	05 ①

Listen & Speak Up 10
본문 136~145쪽

듣기평가 모의고사

01 ①	02 ①	03 ④	04 ④	05 ②
06 ②	07 ②	08 ②	09 ④	10 ②
11 ③	12 ①	13 ④	14 ②	15 ④
16 ③	17 ①	18 ④	19 ④	20 ②

실력 높여 보기

01 ①	02 ③	03 ④	04 ①	05 ⑤

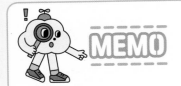

초등

영어듣기평가
완벽대비
Listen & Speak Up

6-1

정답과 해설

Listen & Speak Up 1

 **WARM UP**

A 01 check out, (도서관 등에서) 대출하다   02 comic, 만화책   03 messy, 지저분한
04 get on, (탈 것을) 타다   05 leave, 출발하다   06 camel, 낙타   07 probably, 아마도
08 straw, 짚   09 traditional, 전통의   10 on foot, 걸어서, 도보로

B 01 check out   02 comic   03 get on   04 camel   05 straw   06 leave
07 messy   08 probably   09 traditional   10 on foot

LISTEN UP   JUMP UP

🎧 LISTEN UP   듣기평가 모의고사 1

01 ②	02 ④	03 ③	04 ①	05 ②	06 ①	07 ②	08 ②	09 ④	10 ①
11 ①	12 ③	13 ③	14 ②	15 ④	16 ④	17 ①	18 ④	19 ④	20 ④

정답	JUMP UP 받아쓰기(스크립트)	해석
01 ② 남자아이는 아빠와 함께 보드게임을 하고 싶어서 엄마에게 아빠가 계신 곳을 묻고 있다. • walk 산책시키다 • ask 묻다 • promise 약속하다 • soon 곧	B: Mom, where is Dad? W: He's walking Max in the park. Why do you <u>ask</u>? B: I want to <u>play</u> a board game. W: A board game? B: Yes. He <u>promised</u> to play a board game with me. W: Oh, I see. He will be home <u>soon</u>.	소년: 엄마, 아빠는 어디에 계세요? 여자: 그는 공원에서 Max를 산책시키는 중이란다. 왜 묻는 거니? 소년: 저는 보드게임을 하고 싶어서요. 여자: 보드게임? 소년: 네. 아빠는 저와 보드게임을 하기로 약속했거든요. 여자: 오, 알겠다. 그는 곧 집에 올 거란다.
02 ④ 여자아이는 지난 주말 과학 축제에 갔고 코딩 카드로 춤추는 로봇을 만들었다. • festival 축제 • difficult 어려운 • easy 쉬운	B: What did you do last <u>weekend</u>? G: I went to a science <u>festival</u>. B: Wow, cool! What did you do there? G: I made a dancing robot with coding cards. B: Sounds fun. Wasn't that <u>difficult</u>? G: No. It was really <u>easy</u> for me.	소년: 너는 지난 주말에 무엇을 했니? 소녀: 나는 과학 축제에 갔어. 소년: 우와, 멋지다! 너는 거기서 무엇을 했니? 소녀: 나는 코딩 카드로 춤추는 로봇을 만들었어. 소년: 재미있게 들린다. 그게 어렵지는 않았니? 소녀: 응. 그것은 나에게 정말 쉬웠어.
03 ③ 도서관 이용 시간, 휴관 요일, 이용 방법, 대출 권수, 대출 기간 등을 소개하고 있다. • open (상점 등이) 문을 연 • check out (도서관 등에서) 대출하다 • up to ~까지 • at a time 한 번에 • keep 유지하다	M: Grand <u>Library</u> is open from 9 to 6. It's <u>closed</u> every Monday. You need a library card to <u>check out</u> books. You can <u>borrow</u> up to three books at a time. You can keep the books for a week.	남자: Grand 도서관은 9시부터 6시까지 문을 엽니다. 그곳은 매주 월요일에 문을 닫습니다. 여러분은 책을 대출하기 위해 도서관 카드가 필요합니다. 여러분은 한 번에 세 권의 책까지 대출할 수 있습니다. 책은 일주일 동안 대출할 수 있습니다.

정답	JUMP UP 받아쓰기(스크립트)	해석

04 ① 여자는 먼저 창문을 열어 줄 것을 남자아이에게 부탁하고 있다.
- comic 만화책
- messy 지저분한
- clean up 치우다
- window 창문

W: What are you doing?
B: I'm reading comics.
W: Your room is so messy. Why don't you clean it up now?
B: Okay, I will.
W: Open the window first, please.
B: All right.

여자: 너는 무엇을 하고 있니?
소년: 저는 만화책을 읽고 있어요.
여자: 너의 방은 매우 지저분하구나. 지금 그것을 치우는 게 어떠니?
소년: 알겠어요, 할게요.
여자: 먼저 창문을 열어 주렴.
소년: 좋아요.

---

05 ② 남자가 탈 기차의 출발 시각은 8시 10분이고, 타는 플랫폼은 5번이다.
- get on (탈 것을) 타다
- train 기차
- leave 출발하다
- board 탑승하다
- platform 플랫폼, 단

M: Excuse me. Can you tell me where I can get on the train?
W: Sure. Where are you going?
M: I'm going to Busan.
W: When does your train leave?
M: At 8:10.
W: Let me check. You should board your train on platform number 5.
M: Thank you.

남자: 실례합니다. 제가 어디에서 기차를 탈 수 있는지 말씀해 주실 수 있나요?
여자: 물론이죠. 어디로 가실 건가요?
남자: 저는 부산에 갈 것입니다.
여자: 당신의 기차가 언제 출발하나요?
남자: 8시 10분에요.
여자: 확인해 볼게요. 플랫폼 5번에서 당신의 기차를 타셔야 합니다.
남자: 감사합니다.

---

06 ① 엄마가 여자아이에게 선물한 것은 분홍 상자 안의 검정 시계이다.
- gift 선물
- watch 시계
- inside ~의 안에
- thoughtful 세심한, 사려 깊은

G: My mom gave me a special gift yesterday. She gave me a pink box. When I opened the box, there was a black watch inside it. It is awesome. My mom is so thoughtful.

소녀: 나의 엄마는 어제 나에게 특별한 선물을 주셨다. 그녀는 나에게 분홍 상자를 주셨다. 내가 상자를 열었을 때, 검정 시계가 그 안에 있었다. 그것은 멋지다. 나의 엄마는 매우 세심하시다.

---

07 ② 남자아이의 사촌이 지난달에 한 일은 낙타 타기와 별 사진 찍기이다.
- cousin 사촌
- tour 여행
- month 달
- camel 낙타
- awesome 굉장한

G: What are you looking at?
B: I'm looking at the pictures my cousin sent me. He took a desert tour last month.
G: Cool! What did he do on the tour?
B: He rode a camel.
G: Awesome.
B: Also, he took pictures of stars at night.
G: Sounds fun!

소녀: 너는 무엇을 보고 있니?
소년: 나는 나의 사촌이 내게 보낸 사진들을 보고 있어. 그는 지난달에 사막 여행을 갔어.
소녀: 멋지다! 그 여행에서 그는 무엇을 했니?
소년: 그는 낙타를 탔어.
소녀: 굉장하다.
소년: 또한, 그는 밤에 별 사진들을 찍었어.
소녀: 재미있었겠다!

---

08 ② 조부모님의 방문을 앞두고 집을 청소해야 하기 때문에 하이킹을 갈 수 없다.
- tomorrow 내일
- probably 아마도
- stay 머무르다, 남다
- hiking 하이킹, 도보여행
- clean 청소하다

B: Hey, Jane. What are you going to do tomorrow?
G: Well, I will probably just stay home. How about you?
B: I will go hiking. Would you like to go with me?
G: Um. I don't think I can.
B: Why?
G: My grandparents will visit my house this weekend. So I should help my parents clean the house.
B: Oh, I see. Let's go another day.

소년: 안녕, Jane. 너는 내일 무엇을 할 거니?
소녀: 글쎄, 나는 아마도 그냥 집에 있을 거야. 너는 어떠니?
소년: 나는 하이킹을 갈 거야. 나랑 같이 갈래?
소녀: 음. 안 될 것 같아.
소년: 왜?
소녀: 이번 주말에 조부모님이 우리 집에 오실 거야. 그래서 나는 우리 부모님이 집을 청소하시는 것을 도와야 해.
소년: 응, 알겠어. 다른 날에 가자.

---

09 ④ 음악실은 4층에 있고,

B: Excuse me, I'm new here. Can you tell

소년: 실례지만, 저는 여기가 처음이거든요. 음악실이

정답	JUMP UP 받아쓰기(스크립트)	해석
보건실은 1층에 있으며 도서관 옆에 있다. · music room 음악실 · nurse's office 보건실	me where the music room is? G: Sure. It's on the fourth floor. B: Thanks. And one more thing. Where is the nurse's office? G: It's on the first floor. It's next to the library. B: Thank you so much.	어디에 있는지 말해 줄 수 있어요? 소녀: 물론이죠. 그것은 4층에 있어요. 소년: 고마워요. 그리고 한 가지 더요. 보건실은 어디에 있어요? 소녀: 그것은 1층에 있어요. 그것은 도서관 옆에 있어요. 소년: 정말 고마워요.
10 ① 남자아이는 주말에 양로원을 방문해서 노래를 부르고 마술쇼를 할 것이다. 그리고 직접 만든 쿠키를 가져갈 것이다. · nursing home 양로원 · bring 가져오다	G: What are you going to do this weekend? B: I am going to visit a nursing home with my friends. G: Great. What will you do there? B: We will sing songs. And we're going to do a magic show. G: Sounds fun. B: We also made cookies. We will bring them.	소녀: 너는 이번 주말에 무엇을 할 예정이니? 소년: 나는 친구들과 양로원을 방문할 거야. 소녀: 멋지다. 너희는 거기에서 무엇을 할 거니? 소년: 우리는 노래를 부를 거야. 그리고 우리는 마술쇼를 할 거야. 소녀: 재미있겠구나. 소년: 우리는 또한 쿠키를 만들었어. 우리는 그것들을 가져갈 거야.
11 ① ABC 건물은 직진하다 모퉁이에서 왼쪽으로 돌면 오른편에 있는데, 그것은 Star 은행 건너편에 있다. · way 방법, 길 · straight 직진으로 · tall 높은	M: Excuse me, can you tell me the way to the ABC Building? W: Sure. Go straight and turn left at the corner. It's on your right. M: Go straight and turn left? W: Yes. Can you see that really tall building over there? M: Yes, I can. W: That is Star Bank. The ABC Building is just across from Star Bank. M: Thank you.	남자: 실례지만, ABC 건물에 가는 방법을 알려 주시겠어요? 여자: 물론이죠. 직진하다가 모퉁이에서 왼쪽으로 도세요. 그것은 당신의 오른편에 있습니다. 남자: 직진하다가 왼쪽으로 돌면 되나요? 여자: 네. 저기 매우 높은 건물이 보이나요? 남자: 네, 보여요. 여자: 그 건물이 Star 은행이에요. ABC 건물은 Star 은행 건너편에 있어요. 남자: 감사합니다.
12 ③ 여자아이가 가리키는 것은 한국의 전통 신발인 짚신이다. · interesting 재미있는 · traditional 전통의 · straw 짚	B: There are so many interesting things in this *hanok*. G: Right. What are those things next to the basket? B: Those are traditional Korean shoes. They are called *jipsin*. G: *Jipsin*? B: Yes. They are made of straw.	소년: 이 한옥에는 아주 재미있는 것들이 많이 있구나. 소녀: 맞아. 바구니 옆에 있는 저것들은 무엇이니? 소년: 그것들은 한국의 전통 신발들이야. 그것들은 짚신이라고 불려. 소녀: 짚신? 소년: 응. 그것들은 짚으로 만들었어.
13 ③ 여자가 싱크대에서 설거지를 하고 있다. · microwave oven 전자레인지 · vegetable 채소 · bowl (우묵한) 그릇 · take out 꺼내다 · refrigerator 냉장고	① W: She is using a microwave oven for cooking. ② W: She is mixing vegetables in a bowl. ③ W: She is washing the dishes. ④ W: She is taking out some fruits from the refrigerator.	① 여자: 그녀는 요리를 위해 전자레인지를 사용하고 있다. ② 여자: 그녀는 그릇에 있는 채소를 섞고 있다. ③ 여자: 그녀는 설거지를 하고 있다. ④ 여자: 그녀는 냉장고에서 과일을 꺼내고 있다.
14 ② 남자가 토끼들에게 먹이를 주고 있는 상황이다.	① W: What is your nickname? M: It is "Donkey."	① 여자: 너의 별명은 무엇이니? 남자: "당나귀"야.

정답	JUMP UP 받아쓰기(스크립트)	해석
• nickname 별명 • donkey 당나귀 • feed 먹이를 주다 • rabbit 토끼	② W: What are you doing? M: I am <u>feeding</u> the rabbits. They are so <u>cute</u>. ③ W: What did you do? M: I <u>cleaned</u> the dog house. ④ W: Where is the zoo? M: Sorry. I am not from around here.	② 여자: 너는 무엇을 하고 있니? 남자: 나는 토끼들에게 먹이를 주고 있어. 그들은 정말 귀여워. ③ 여자: 너는 무엇을 했니? 남자: 나는 강아지 집을 청소했어. ④ 여자: 동물원이 어디예요? 남자: 미안해요. 나는 이 근처 사람이 아니에요.
15 ④ 몇 학년이냐는 질문에는 '나는 5학년이야.'라는 뜻의 I'm in the fifth grade.가 어울린다. • bookstore 서점 • along ～을 따라	① B: Sorry, I'm late. I got up <u>late</u>. G: That's okay. ② B: When is your father's <u>birthday</u>? G: It's April eleventh. ③ B: Can you tell me the way to the <u>bookstore</u>? G: Sure. Go straight along Pine Street. It's next to the post office. ④ B: What grade are you in? G: It's on the <u>fifth</u> floor.	① 소년: 미안해. 내가 늦었어. 내가 늦게 일어났어. 소녀: 괜찮아. ② 소년: 너의 아버지 생신은 언제야? 소녀: 4월 11일이야. ③ 소년: 서점으로 가는 길을 가르쳐 주시겠어요? 소녀: 물론이죠. Pine Street를 따라 직진하세요. 그것은 우체국 옆에 있어요. ④ 소년: 너는 몇 학년이니? 소녀: 그것은 5층에 있어.
16 ④ 남자아이가 좋아하는 과목은 역사이고 과거로부터 많은 것을 배울 수 있어서 좋아한다고 말하고 있다. • solve 풀다, 해결하다 • problem 문제 • history 역사 • past 과거	B: What are you doing? G: I am studying <u>math</u>. B: Are you good at math? G: I think so. I love to solve <u>problems</u>. B: Really? G: Yeah. I am proud of myself. Do you like math? B: Not really. I like <u>history</u>. G: Why do you like history? B: Because I can learn a lot from the <u>past</u>.	소년: 너는 무엇을 하고 있니? 소녀: 나는 수학을 공부하고 있어. 소년: 너는 수학을 잘하니? 소녀: 그렇다고 생각해. 나는 문제 푸는 것을 좋아해. 소년: 정말? 소녀: 응. 나는 내 자신이 자랑스러워. 너는 수학을 좋아하니? 소년: 별로 그렇진 않아. 나는 역사를 좋아해. 소녀: 너는 왜 역사를 좋아하니? 소년: 왜냐하면 나는 과거로부터 많은 것을 배울 수 있기 때문이야.
17 ① 영화가 어땠냐는 물음에 '그것은 커다랬어.'라는 응답은 어울리지 않는다. • on one's way 가는 중인 • theater 극장 • recommend 추천하다	G: Hi. Where are you going? B: I'm on my way home from the <u>theater</u>. G: Oh, did you see a movie? B: Yes. I saw *Peter Pan*. You <u>recommended</u> it to me last week. G: How was it? B: ＿＿＿＿＿＿＿＿＿＿＿＿＿	소녀: 안녕. 너는 어디에 가고 있니? 소년: 나는 극장에서 집으로 가는 길이야. 소녀: 오, 영화를 봤니? 소년: 응. 나는 '피터팬'을 봤어. 네가 지난주에 나에게 그것을 추천했잖아. 소녀: 어땠니? 소년: ＿＿＿＿＿＿＿＿＿＿＿＿＿ ① 그것은 커다랬어. ② 나는 그것이 훌륭하다고 생각해. ③ 나는 조금 지루했어. ④ 그것은 나에게 매우 흥미로웠어.
18 ④ 탁자 아래의 모자가 너의 것이냐고 물었으므로 그것에 대한 응답은 '응, 내 것이야. 고마워.'라는 말이 어울린다. • look for ～을 찾다 • find 찾다 • under 아래에	B: Hi. What are you looking for? G: My hat. I can't <u>find</u> it. B: What does it <u>look like</u>? G: It's white and there is a small pink <u>ribbon</u> on it. B: There's a hat <u>under</u> the table. Is that yours?	소년: 안녕. 너는 무엇을 찾고 있니? 소녀: 내 모자야. 나는 그것을 찾을 수 없어. 소년: 어떻게 생겼는데? 소녀: 그것은 흰색이고 그것에 분홍색 리본이 있어. 소년: 탁자 아래에 모자가 있어. 저것이 너의 것이니? 소녀: ＿＿＿＿＿＿＿＿＿＿＿＿＿ ① 일주일에 두 번. ② 나는 그 책을 좋아해. ③ 내가

정답	JUMP UP 받아쓰기(스크립트)	해석

G: _____

어떻게 도와줄까? ④ 응, 내 것이야. 고마워.

19 ④ 파티가 몇 시에 시작 하는지 묻고 있으므로 시간을 말하는 응답이 어울린다.
· bring 가져오다
· share 나누다

M: I am going to have a potluck party at my house tomorrow.
W: A potluck party? What is that?
M: It's a party where everybody brings some food and shares it. Would you like to come?
W: Sure. I'll bring some sandwiches.
M: Sounds great!
W: What time does it start?
M: _____

남자: 나는 내일 우리 집에서 포틀럭 파티를 할 예정 이야.
여자: 포틀럭 파티? 그것이 무엇인데?
남자: 모든 사람이 조금씩 음식을 가지고 와서 그것을 나누어 먹는 파티야. 너는 오고 싶니?
여자: 물론이야. 나는 샌드위치를 좀 가져갈게.
남자: 좋아!
여자: 그게 몇 시에 시작하니?
남자: _____

① 그것은 멋있구나. ② 그것은 맛있구나. ③ 그것은 우리 집이 아니야. ④ 너는 우리 집에 6시까지 오면 돼.

20 ④ 얼마나 걸리는지 묻고 있으므로 소요 시간을 말하는 응답이 알맞다.
· visit 방문하다
· town 마을
· on foot 걸어서, 도보로
· close 가까운

M: What are you going to do this weekend?
W: I'm going to visit my grandparents. My family will go to a flower festival.
M: A flower festival?
W: Yes. There is a flower festival in my grandparents' town.
M: Cool. How will you get there?
W: We will go there on foot.
M: Oh, it's close. How long does it take?
W: _____

남자: 너는 이번 주말에 무엇을 할 예정이니?
여자: 나는 나의 조부모님을 방문할 거야. 우리 가족 은 꽃 축제에 갈 거야.
남자: 꽃 축제?
여자: 응. 우리 조부모님 마을에서 꽃 축제가 있어.
남자: 멋지다. 거기에 어떻게 갈 거야?
여자: 우리는 거기에 걸어서 갈 거야.
남자: 오, 가깝구나. 얼마나 걸리니?
여자: _____

① 기차를 타고 가. ② 서울에서 해. ③ 아침 9시에. ④ 대략 30분 정도 걸려.

🎵 LISTEN UP 실력 높여 보기

본문 14쪽

01 ① 02 ⑤ 03 ④ 04 ③ 05 ④

정답	스크립트	해석

01 ① 날개가 있는 곤충이고 꿀을 모으고 침이 있는 동물은 벌이다.
· insect 곤충
· wing 날개
· honey 꿀
· hive 벌집
· sting (곤충 따위의) 침
· painful (몸이) 아픈

W: I am an insect. I have six legs. I have wings, and I can fly. I collect honey from flowers. People come near my hive and collect honey. But be careful. My sting can be very painful.

여자: 나는 곤충입니다. 나는 6개의 다리가 있습니다. 나는 날개가 있고, 나는 날 수 있습니다. 나는 꽃에서 꿀을 모읍니다. 사람들은 나의 벌집 가 까이에 와서 꿀을 모읍니다. 그렇지만 조심하세 요. 나의 침은 매우 아플 수 있답니다.

02 ⑤ 지구를 보호하는 방법 으로 이를 닦을 때 물 잠그기, 방에서 나올 때 불 끄기, 플라스 틱 사용 줄이기, 오래된 옷 기부 하기에 대해 언급했다.

M: The earth is heating up. We should protect it. So turn off the water when you brush your teeth. And turn off the lights when you leave a room. Also, use less plastic. You can also donate your

남자: 지구는 뜨거워지고 있습니다. 우리는 그것을 보 호해야 합니다. 그러므로 여러분의 이를 닦을 때 물을 잠그세요. 그리고 여러분이 방에서 나 갈 때 불을 끄세요. 또한, 플라스틱도 적게 쓰세 요. 여러분은 또한 여러분의 오래된 옷을 기부

정답	스크립트	해석

• heat up 뜨거워지다
• protect 보호하다
• donate 기부하다

old clothes.

할 수 있습니다.

03 ④ 남자는 내일 있을 영어 시험에 대해 완전히 잊고 있었으므로 당황한 심정이다.
• check 확인하다
• schedule 일정
• totally 완전히

M: Wendy, you seem tired.
W: I am. I studied for the English test until late last night.
M: English test?
W: Yeah. We have an English test tomorrow.
M: Really? I didn't know that.
W: You should check your schedule.
M: Oh, no! I totally forgot about that.

남자: Wendy, 너 피곤해 보이는구나.
여자: 피곤해. 나는 어젯밤 늦게까지 영어 시험을 위해 공부했어.
남자: 영어 시험?
여자: 응. 우리 내일 영어 시험이 있잖아.
남자: 정말? 나는 그것을 몰랐어.
여자: 너는 너의 일정을 확인해야 해.
남자: 오, 이런! 나는 그것에 대해 완전히 잊어버렸어.

04 ③ 두 사람은 1시 45분에 Nature 공원에서 만나기로 했다.
• international 국제의
• tomorrow 내일

W: Are you going to the International Food Festival tomorrow?
M: Yes, I am. How about you?
W: Me too. Let's meet at Nature Park and go together.
M: Sounds good. What time shall we meet?
W: How about 1:30? The festival will start at 2:00.
M: Well, if I take a bus, I will be there at 1:45. Is that okay?
W: Sure. Then let's meet at 1:45.

여자: 너는 내일 국제 음식 축제에 갈 예정이니?
남자: 응, 그래. 너는 어때?
여자: 나도 그래. 우리 Nature 공원에서 만나서 같이 가자.
남자: 좋아. 우리 몇 시에 만날까?
여자: 1시 30분 어때? 축제는 2시에 시작할 거야.
남자: 음, 내가 버스를 탄다면, 1시 45분에 거기 도착할 거야. 괜찮니?
여자: 물론이지. 그럼 1시 45분에 만나자.

05 ④ 한복을 여기 주위에서 빌릴 수 있다고 안내하고 있으므로 "좋아. 나도 하고 싶어."라는 응답이 가장 적절하다.
• clothes 옷, 의복
• traditional 전통의
• wear 입다
• rent 빌리다

G: Sorry, I am late.
B: That's okay. Wow! Your clothes are so beautiful.
G: Thanks. It's *hanbok*, traditional Korean clothes.
B: Cool.
G: Do you want to wear it, too? You can rent it around here.
B: _____

소녀: 미안, 나 늦었어.
소년: 괜찮아. 우와! 너의 옷이 매우 아름답구나.
소녀: 고마워. 이것은 한국의 전통 옷, 한복이야.
소년: 멋지다.
소녀: 너도 그것을 입고 싶니? 너는 여기 주위에서 그것을 빌릴 수 있어.
소년: _____

① 그것은 40달러야. ② 그는 친절하지 않아. ③ 나는 그를 찾을 수 없어. ④ 좋아. 나도 하고 싶어. ⑤ 나는 그것을 초록색으로 칠했어.

 **FLY UP**

본문 20~21쪽

01 A What did you do last weekend? / 너는 지난 주말에 무엇을 했니? **02** A When does your train leave? / 너의 기차는 언제 떠나니? **03** B I'm going to Busan. / 나는 부산에 갈 것입니다. **04** B It's on the first floor. / 그것은 1층에 있어요. **05** B It's on the desk. / 그것은 책상 위에 있어. **06** My mom gave me a special gift yesterday. / 나의 엄마는 어제 나에게 특별한 선물을 주셨다. **07** She is taking out some fruits from the refrigerator. / 그녀는 냉장고에서 과일을 꺼내고 있다. **08** Because I can learn a lot from the past. / 나는 과거로부터 많은 것을 배울 수 있기 때문이야. **09** I am on my way home from the theater. / 나는 극장에서 집으로 가는 길이야. **10** There's a hat under the table. / 탁자 아래에 모자가 있다.

SPEAK UP

01 What did you do last Monday? **02** When does your bus leave? **03** Where are you going?

04 It's on the fourth floor. **05** What are you looking for? **06** She is taking out some vegetables from the refrigerator. **07** I am on my way home from the school.

Listen & Speak Up 2

WARM UP

A **01** feed, 먹이를 주다 **02** fireworks, 불꽃놀이 **03** spicy, 매운 **04** blond, 금발의
05 instead, 대신에 **06** bloom, 꽃을 피우다 **07** trash can, 쓰레기통 **08** send, 보내다
09 cost, (값·비용이) 들다 **10** a little bit, 조금

B **01** fireworks **02** spicy **03** blond **04** trash can **05** send **06** feed
07 instead **08** bloom **09** cost **10** a little bit

LISTEN UP JUMP UP

♪♬ LISTEN UP 듣기평가 모의고사 2

01 ②	02 ②	03 ③	04 ②	05 ③	06 ④	07 ①	08 ③	09 ③	10 ③
11 ④	12 ①	13 ④	14 ③	15 ②	16 ④	17 ②	18 ②	19 ④	20 ①

정답	JUMP UP 받아쓰기(스크립트)	해석
01 ② 여자가 전화한 이유는 Liam이 아파서 결석하는 것을 알려 주려고이다. • call 전화하다 • hope 바라다, 희망하다 • soon 곧	[Telephone rings.] W: Hello. May I <u>speak</u> to Mr. Smith? M: Speaking. Who's calling, please? W: Hi. I am Liam's mother. He's very <u>sick</u> now. He can't go to school today. M: Thank you for telling me. I <u>hope</u> he gets better <u>soon</u>. W: Thank you.	[전화벨이 울린다.] 여자: 안녕하세요. Smith 선생님과 통화할 수 있을까요? 남자: 접니다. 누구시죠? 여자: 안녕하세요. 저는 Liam의 엄마예요. 그가 지금 매우 아파요. 오늘 학교에 못 가겠어요. 남자: 제게 말씀해 주셔서 감사합니다. 저는 그가 빨리 낫기를 바랍니다. 여자: 감사합니다.
02 ② 남자아이가 돼지를 보고 싶다고 하였고 여자아이가 안내하고 있으므로 대화 직후에 두 아이는 돼지를 보러 갈 것이다. • feed 먹이를 주다 • sheep 양	B: What are you doing? G: I am <u>feeding</u> the sheep. B: They are so cute. Are there any other animals on this <u>farm</u>? G: Sure. There are horses, pigs, and <u>rabbits</u> on the farm.	소년: 너는 뭐 하고 있니? 소녀: 나는 양들에게 먹이를 주고 있어. 소년: 그들은 정말 귀엽구나. 이 농장에 다른 동물들도 있니? 소녀: 물론이지. 농장에는 말, 돼지 그리고 토끼가 있어.

정답	JUMP UP 받아쓰기(스크립트)	해석
• farm 농장 • horse 말 • this way 이리로	B: I want to see the pigs. G: Okay. Come this way.	소년: 나는 돼지를 보고 싶어. 소녀: 좋아. 이리로 와.
03 ③ 여자아이는 조부모님 댁을 방문하고, 해변에 가서 불꽃놀이 축제를 본다고 했지만 수영을 하겠다는 언급은 없다. • New Year's Day 새해 첫날 • beach 해변, 바닷가 • fireworks 불꽃놀이 • festival 축제	B: What are you going to do on New Year's Day? G: I will visit my grandparents, and we will go to the beach. B: What will you do there? G: We will see a fireworks festival. There will be one near the beach. B: Sounds great!	소년: 너는 새해 첫날에 무엇을 할 거니? 소녀: 나는 조부모님 댁을 방문할 거고 우리는 해변에 갈 거야. 소년: 거기에서 무엇을 할 거니? 소녀: 우리는 불꽃놀이 축제를 볼 거야. 그것이 해변 근처에서 열리거든. 소년: 멋지다!
04 ② 남자아이의 친구는 James이고 뉴질랜드의 웰링턴에 살며 좋아하는 운동은 농구이다. 별명은 언급하지 않았다. • introduce 소개하다 • move 이사하다 • spicy 매운 • in common 공통으로	B: Let me introduce my friend, James. He lives in Wellington, New Zealand. He moved there two years ago. He likes basketball like me. He likes math, and I like math, too. He likes spicy food, and I do, too. We have so much in common.	소년: 내 친구, James를 소개할게. 그는 뉴질랜드의 웰링턴에 살아. 그는 2년 전에 거기로 이사했어. 그는 나처럼 농구를 좋아해. 그는 수학을 좋아하고, 나도 수학을 좋아해. 그는 매운 음식을 좋아하고, 나도 그래. 우리는 공통점이 아주 많아.
05 ③ 피아노 수업이 있는 화요일과 목요일 중 다음날 축구를 한다고 하였으므로 오늘은 목요일이다. • usually 보통, 대개 • favorite 가장 좋아하는 • week 일주일, 주, 주중	B: Hey, Beth. G: Hi, Greg. What do you usually do after school? B: I have piano lessons on Tuesdays and Thursdays. So today I will have a piano lesson. G: Then what will you do tomorrow after school? B: I will play soccer. That is my favorite time of the week. G: Sounds great.	소년: 안녕, Beth. 소녀: 안녕, Greg. 너는 방과 후에 보통 무엇을 하니? 소년: 나는 화요일과 목요일에 피아노 수업이 있어. 그래서 오늘 피아노 수업이 있을 거야. 소녀: 그럼 내일은 방과 후에 뭐 하니? 소년: 나는 축구를 할 거야. 일주일 중 내가 가장 좋아하는 시간이지. 소녀: 멋지다.
06 ④ 짧은 금발 머리에 갈색 안경, 빨간 머리핀을 하고 있고 키 크고 마른 여자아이이다. • blond 금발의 • glasses 안경 • thin 마른, 야윈	B: This is a picture of my younger sister. She has short blond hair. She is wearing brown glasses. She has a red hairpin in her hair. She is tall and thin. I like her very much.	소년: 이것은 내 여동생의 사진이야. 그녀는 짧은 금발 머리야. 그녀는 갈색 안경을 쓰고 있어. 그녀는 그녀의 머리에 빨간 머리핀을 하고 있어. 그녀는 키가 크고 말랐어. 나는 그녀를 아주 좋아해.
07 ① 여자아이는 많은 꽃들이 피는 봄을 가장 좋아한다. • hate 몹시 싫어하다 • instead 대신에 • such as ~와 같은 • easily 쉽게 • bloom 꽃을 피우다, 꽃이	B: It's very hot today. G: Yes, it is. Do you like summer? B: No. I hate this hot weather. I like winter instead. I like winter sports such as skiing. G: I catch colds easily in winter. So I don't like it.	소년: 오늘 매우 덥다. 소녀: 응, 그래. 너는 여름을 좋아하니? 소년: 아니, 이렇게 더운 날씨를 몹시 싫어해. 나는 대신에 겨울을 좋아해. 나는 스키 같은 겨울 운동을 좋아해. 소녀: 나는 겨울에 쉽게 감기에 걸려. 그래서 나는 그것을 싫어해.

정답	JUMP UP 받아쓰기(스크립트)	해석
피다	B: Then what is your favorite season? G: I like spring most. Lots of flowers are blooming. Flowers make me happy.	소년: 그럼 네가 가장 좋아하는 계절은 무엇이니? 소녀: 나는 봄이 가장 좋아. 많은 꽃들이 꽃을 피우잖아. 꽃들은 날 행복하게 만들어.
08 ③ 남자아이는 오늘 집을 청소한 다음 요리를 할 것이다. 내일 사촌이 방문하면 함께 파자마 파티를 할 것이다. 숙제를 하겠다는 언급은 없었다. • pajama party 파자마 파티 (10대들이 파자마 바람으로 밤새워 노는 것)	G: Hi, Eric. B: Hi, Sandy. G: What are you going to do today? B: I am going to clean my house. And then I will cook. G: Do you have any special plans? B: My cousin will visit tomorrow. We will have a pajama party. G: Sounds fun!	소녀: 안녕, Eric. 소년: 안녕, Sandy. 소녀: 너는 오늘 뭘 할 거니? 소년: 나는 집을 청소할 거야. 그런 다음 요리를 할 거야. 소녀: 너는 특별한 계획이 있니? 소년: 나의 사촌이 내일 방문할 거야. 우리는 파자마 파티를 할 거야. 소녀: 재미있겠다!
09 ③ 날씨가 너무나 춥고 눈이 많이 왔다. 엄마는 핫초코를 만들어 주셨다. 눈썰매를 탄 것이 아닌 눈싸움을 했다. • freezing 꽁꽁 얼게 추운 • snowball fight 눈싸움	B: It was freezing cold today, and it snowed a lot. I had a snowball fight with my friends. I had a great time with them. When I got home, my mom made hot chocolate for me.	소년: 오늘은 너무나 추웠고, 눈이 매우 많이 내렸다. 나는 나의 친구들과 눈싸움을 했다. 나는 그들과 함께 멋진 시간을 보냈다. 내가 집에 왔을 때, 나의 엄마는 나를 위해 핫초콜릿을 만들어 주셨다.
10 ③ 남자아이는 공책을 쓰레기통 안에서 찾았다. • hurry 서두르다, 급히 가다 • inside 안에 • trash can 쓰레기통	G: Hurry up. You are going to be late. B: But I cannot find my notebook. G: Your notebook was on the desk. B: It is not on my desk now. G: Did you check under the desk? B: Yes, but it is not there. Oh, I found it. G: Really? Where is it? B: It's inside the trash can.	소녀: 서둘러. 너는 늦을 거야. 소년: 하지만 나는 내 공책을 찾을 수 없어. 소녀: 너의 공책은 책상 위에 있었어. 소년: 그것은 지금은 내 책상 위에 없어. 소녀: 너는 책상 아래도 확인해 봤니? 소년: 응, 하지만 거기에도 없어. 아, 찾았다. 소녀: 정말? 어디에 있니? 소년: 그게 쓰레기통 안에 있어.
11 ④ 남자가 책을 부산으로 보내려고 찾은 곳은 우체국이다. • send 보내다, 전하다 • weigh 무게가 ~이다 • cost (값 · 비용이) 들다	W: Hello. May I help you? M: Yes. I would like to send this box to Busan. W: Okay. Give me your box, please. What's inside? M: There are some books inside. W: It weighs 4 kilograms. It will arrive within three days. M: How much does it cost? W: Five thousand won.	여자: 안녕하세요. 도와드릴까요? 남자: 네. 저는 이 상자를 부산으로 보내고 싶어요. 여자: 좋아요. 저에게 상자를 좀 주세요. 그 안에 무엇이 들어 있죠? 남자: 그 안에 책이 몇 권 있어요. 여자: 무게가 4kg이네요. 그것은 3일 안에 도착할 거예요. 남자: 그것은 얼마인가요? 여자: 오천 원입니다. ① 호텔 ② 학교 ③ 병원 ④ 우체국
12 ① 두 아이는 여자아이가 호주에 여행 다녀온 이야기를 하고 있다. • a little bit 조금 • get back 돌아오다, 되찾다	B: Hey. How's it going? G: I'm okay. But I feel a little bit tired. B: Why? G: Because I just got back home yesterday. I took a trip to Australia. B: Awesome. How was your trip? G: It was really great. I saw kangaroos and penguins there.	소년: 안녕. 어떻게 지내니? 소녀: 나는 좋아. 그런데 조금 피곤해. 소년: 왜? 소녀: 왜냐하면 어제 막 집에 돌아왔거든. 나는 호주로 여행 갔었어. 소년: 멋지다. 네 여행은 어땠니? 소녀: 그것은 아주 훌륭했지. 나는 거기에서 캥거루와 펭귄을 봤어.

정답	JUMP UP 받아쓰기(스크립트)	해석
	B: Sounds <u>fun</u>.	소년: 재미있었겠다.
13 ④ Alex, Kai, 세호, 민수 순서로 들어오고 있으므로 Alex가 가장 빠른 학생이다. • fastest 가장 빠른 • race 경주, 달리기 (시합)	① M: Minsu is <u>faster</u> than Alex. ② M: Seho is <u>slower</u> than Minsu. ③ M: Kai is slower than Seho. ④ M: Alex is the <u>fastest</u> student in this <u>race</u>.	① 남자: 민수는 Alex보다 더 빠르다. ② 남자: 세호는 민수보다 더 느리다. ③ 남자: Kai는 세호보다 더 느리다. ④ 남자: Alex는 이 경주에서 가장 빠른 학생이다.

14 ③ 여자아이가 겁먹은 표정을 하고 있어 남자아이가 무슨 일인지 묻자 책상 위에 거미가 있다고 답한다.
• scared 무서워하는, 겁먹은
• spider 거미
	① B: Why are you so <u>happy</u>?
	  G: I won the race.
	② B: What are you eating?
	  G: I am eating a club sandwich.
	③ B: You look <u>scared</u>. What's wrong?
	  G: There is a <u>spider</u> on my desk.
	④ B: What are you reading?
	  G: I'm reading a <u>book</u> about spiders.
		① 소년: 너는 왜 그렇게 기쁘니?
		  소녀: 나는 경주에서 1등 했어.
		② 소년: 너는 무엇을 먹고 있니?
		  소녀: 나는 클럽 샌드위치를 먹고 있어.
		③ 소년: 너 겁먹은 것 같아 보인다. 무슨 문제 있니?
		  소녀: 내 책상 위에 거미가 있어.
		④ 소년: 너는 무엇을 읽고 있니?
		  소녀: 나는 거미에 관한 책을 읽고 있어.

15 ② Whose ~ is this? 는 '이것은 누구의 ~인가요?'라는 의미로 It's mine.(그것은 내 것이야.)과 같이 소유를 표현하는 말로 응답해야 한다.
• laptop 휴대용 컴퓨터
• sky 하늘
• cloud 구름
	① W: What day is it today?
	  M: It's Tuesday.
	② W: Whose <u>laptop</u> is this?
	  M: Just put it on your lap.
	③ W: How's the <u>weather</u>?
	  M: It's sunny <u>outside</u>. There are <u>clear</u> skies with no clouds.
	④ W: May I speak to Alice?
	  M: Sure. Just a <u>moment</u>, please.
		① 여자: 오늘은 무슨 요일인가요?
		  남자: 화요일입니다.
		② 여자: 이것은 누구의 휴대용 컴퓨터인가요?
		  남자: 그것을 그냥 당신의 무릎에 두세요.
		③ 여자: 날씨가 어떤가요?
		  남자: 바깥 날씨는 맑습니다. 구름 없는 깨끗한 하늘이네요.
		④ 여자: Alice와 통화할 수 있을까요?
		  남자: 물론이죠. 잠시만 기다리세요.

16 ④ 머리 색깔을 바꿀 수 있는 곳은 미용실이므로, 두 사람의 관계는 헤어 디자이너와 손님이다. • change 변하다, 바꾸다 • recommend 추천하다 • popular 인기 있는	M: Have a seat, please. How may I help you today? W: I would like to <u>change</u> my <u>hair</u> color. M: What color do you want? W: Well, I am not sure. Can you <u>recommend</u> a color for me? M: Green is <u>popular</u> these days. W: Oh, I like green.	남자: 앉으세요. 오늘 어떻게 도와드릴까요? 여자: 저는 제 머리 색깔을 바꾸고 싶어요. 남자: 어떤 색깔을 원하나요? 여자: 음, 저는 잘 모르겠어요. 저를 위해 색깔을 추천해 주실 수 있나요? 남자: 초록색이 요즘 인기 있어요. 여자: 오, 저는 초록색을 좋아해요.
17 ② 밴드에 대해 더 말해 달라는 말에 '응, 긴 여행이었어.'라는 응답은 알맞지 않다. • melody 멜로디, 선율 • popular 인기 있는 • traditional 전통의	B: Good <u>morning</u>. How's it <u>going</u>? G: I'm good. B: What are you doing? G: I'm <u>listening</u> to music. Do you know this song? B: No, I don't. But I like the <u>melody</u>. G: It's by JJ Band. B: JJ Band? Can you tell me more about JJ Band? G: _____	소년: 좋은 아침이야. 어떻게 지내니? 소녀: 나는 좋아. 소년: 너는 무엇을 하고 있니? 소녀: 나는 음악을 듣고 있어. 너 이 노래 아니? 소년: 아니. 몰라. 그렇지만 멜로디가 좋다. 소녀: JJ 밴드의 노래야. 소년: JJ 밴드? JJ 밴드에 대해서 내게 더 말해 줄 수 있니? 소녀: _____ ① 4명의 멤버가 있어. ② 응, 긴 여행이었어. ③ 한국에서 매우 인기 있는 밴드야. ④ 그 밴드는 한국의 전통 음악을 연주해.

정답	JUMP UP 받아쓰기(스크립트)	해석

18 ② 맛이 어떤지 묻고 있으므로 "그것은 아주 달콤하구나. 마음에 들어."라는 응답이 알맞다.
- watch 보다
- taste 맛보다
- be good for ~에 좋다

B: Mom, this is for you.
W: What is it?
B: It's a chocolate cake. I made it <u>myself</u>.
W: Wow! Where did you <u>learn</u> how to make it?
B: I watched a video <u>online</u>.
W: Cool. I want to <u>taste</u> it.
B: Okay. Try it. *[Pause]* How do you like it?
W: _____

소년: 엄마, 이거 엄마를 위한 거예요.
여자: 그게 무엇이니?
소년: 초콜릿 케이크예요. 제가 직접 만들었어요.
여자: 우와! 그것을 만드는 방법을 어디에서 배웠니?
소년: 온라인으로 동영상을 보았어요.
여자: 멋지다. 그것을 맛보고 싶구나.
소년: 좋아요. 맛보세요. *[잠시 후]* 맛이 어떠세요?
여자: _____
① 그것은 매우 비싸구나. ② 그것은 아주 달콤하구나. 마음에 들어. ③ 그것은 전자레인지 안에 있어. ④ 운동은 네 건강에 좋아.

19 ④ 선생님이 되고 싶은 이유를 묻고 있으므로 그 이유를 말하는 응답이 알맞다.
- amazing 놀라운
- future 미래
- science 과학

G: Travis, <u>your</u> dancing was really amazing!
B: Thanks!
G: Do you want to be a <u>dancer</u> in the <u>future</u>?
B: Yes, I do. How about you?
G: I want to be a <u>teacher</u>.
B: Why do you want to be a teacher?
G: _____

소녀: Travis, 너의 춤은 정말 놀라웠어!
소년: 고마워!
소녀: 너는 미래에 댄서가 되고 싶니?
소년: 응, 그래. 너는 어떠니?
소녀: 나는 선생님이 되고 싶어.
소년: 너는 왜 선생님이 되고 싶니?
소녀: _____
① 너의 선생님은 어디에 있니? ② 그는 나의 과학 선생님이야. ③ 어떤 과목을 나에게 가르칠 수 있니? ④ 왜냐하면 나는 아이들을 가르치는 걸 좋아하거든.

20 ① 얼마나 자주 먹이를 주는지 물었으므로 횟수를 말하는 응답이 알맞다.
- pet 반려동물
- turtle 거북이
- feed 먹이를 주다, 밥을 먹이다

G: What are you looking at?
B: I am looking at a <u>picture</u> of my <u>pet turtle</u>.
G: Oh, so cute.
B: My dad got him two years ago.
G: How often do you <u>feed</u> him?
B: _____

소녀: 너는 무엇을 보고 있니?
소년: 나는 나의 반려동물인 거북이 사진을 보고 있어.
소녀: 오, 정말 귀엽다.
소년: 나의 아빠가 2년 전에 그것을 데리고 오셨어.
소녀: 그에게 얼마나 자주 먹이를 주니?
소년: _____
① 하루에 한 번이야. ② 그것은 책상 위에 있었어. ③ 그는 2살이야. ④ 나의 엄마가 나를 위해 데리고 오셨어.

🎵 LISTEN UP 실력 높여 보기
본문 28쪽

01 ③ **02** ④ **03** ③ **04** ④ **05** ⑤

정답	스크립트	해석

01 ③ 남자는 여자의 다음번 발표 연습을 도와주겠다고 하였고, 다음번에는 더 잘할 거라 확신한다면서 격려하고 있다.
- presentation 발표
- nervous 불안해하는, 초조해하는
- remember 기억하다

M: You seem sad. What's up?
W: Yesterday, I had a presentation. I was so nervous when I had to speak.
M: How did it go?
W: I couldn't remember some parts.
M: Oh, I am sorry to hear that. Next time, I will help you practice your speech.
W: Thank you.

남자: 너는 슬퍼 보이는구나. 무슨 일이니?
여자: 어제, 발표가 있었어. 내가 말해야 했을 때 나는 너무 불안했어.
남자: 어떻게 되었니?
여자: 나는 몇 부분을 기억하지 못했어.
남자: 오, 유감이구나. 다음번에는, 내가 너의 발표 연습하는 것을 도와줄게.
여자: 고마워.

정답	스크립트	해석

- practice 연습하다
- speech 연설

M: I'm sure that you can do better next time.

남자: 나는 네가 다음번에 더 잘할 수 있다고 확신해.

02 ④ 올바르게 손 씻는 법에 관한 내용이다.
- get back 돌아오다
- properly 올바르게
- put on (피부 등에) ~을 바르다
- rub 문지르다
- at least 적어도, 최소한
- rinse 헹구다, 씻어 내다

M: Whenever you get back home, you should wash your hands first. Here is how to wash your hands properly. First, wet your hands under running water. Second, put soap on your hands. Third, rub your hands together for at least 20 seconds. Lastly, rinse your hands and dry them.

남자: 집에 돌아올 때마다, 여러분은 먼저 손을 씻어야 합니다. 여기 올바르게 손 씻는 방법이 있습니다. 첫째, 흐르는 물에 손을 적십니다. 둘째, 당신의 손에 비누를 묻힙니다. 셋째, 적어도 20초 동안 여러분의 손을 비비십시오. 마지막으로, 손을 헹구고 말립니다.

03 ③ 고장 난 자전거를 남자가 쉽게 고칠 수 있다고 하였으므로 여자는 안도하고 있다.
- actually 사실, 실제로
- look at ~을 살피다
- fix 고치다, 수리하다

M: You look upset.
W: Actually, my bike is broken.
M: Can I look at it?
W: Sure.
M: I can fix it. It's a piece of cake.
W: A piece of cake? What does that mean?
M: It means it is easy for me.
W: How lucky I am!

남자: 너 화나 보인다.
여자: 사실, 내 자전거가 고장 났어.
남자: 내가 살펴봐도 되니?
여자: 물론이지.
남자: 내가 그것을 고칠 수 있어. 그것은 식은 죽 먹기야.
여자: 식은 죽 먹기라고? 그게 무슨 뜻이니?
남자: 나에게는 쉽다는 뜻이야.
여자: 나는 운이 좋구나!

04 ④ 텐트를 칠 공간을 만들기 위해 소파와 탁자를 옮길 예정이다.
- disappointed 실망한, 낙담한
- indoor 실내의
- set up 설치하다
- space 공간

G: Can we go camping today?
M: Sorry, we can't. It will rain this afternoon.
G: Oh no. I'm so disappointed.
M: How about indoor camping instead?
G: Indoor camping?
M: Yes. We can set up the small tent in the living room.
G: That sounds wonderful!
M: Let's move the sofa and table. We need to make space for the tent.

소녀: 오늘 캠핑 갈 수 있나요?
남자: 미안하지만, 우리는 갈 수 없단다. 오늘 오후에 비가 올 거래.
소녀: 이런. 저 정말 실망했어요.
남자: 대신에 실내 캠핑은 어떠니?
소녀: 실내 캠핑이요?
남자: 응. 우리는 거실에 작은 텐트를 칠 수 있지.
소녀: 멋지게 들려요!
남자: 소파와 탁자를 옮기자. 텐트를 칠 공간이 필요하단다.

05 ⑤ 청구서를 가져다달라는 요청에 "물론이죠. 곧 돌아올게요."라는 응답이 가장 적절하다.
- delicious 맛있는
- leftover 남은 음식
- bill 청구서, 고지서
- hot 뜨거운, 더운

W: Excuse me.
M: How can I help you?
W: All of the food is very delicious. Can I have a box for the leftovers?
M: Sure. Wait a minute please.
W: Thank you. And can you also bring me the bill, please?
M: _____

여자: 실례합니다.
남자: 어떻게 도와드릴까요?
여자: 모든 음식이 매우 맛있었어요. 남은 것을 상자에 가져갈 수 있을까요?
남자: 물론이죠. 잠시만 기다려 주세요.
여자: 고맙습니다. 그리고 청구서도 좀 가져다주시겠어요?
남자: _____

① 그것은 커요. ② 그것은 깨끗하지 않아요. ③ 그것은 태국 음식입니다. ④ 조심해요. 뜨겁습니다. ⑤ 물론이죠. 곧 돌아올게요.

FLY UP

01 A What do you usually do after school? / 너는 방과 후에 보통 무엇을 하니?　**02** A How much does it cost? / 그것은 얼마예요?　**03** A How's it going? / 어떻게 지내니?　**04** B Just a moment, please. / 잠시만 기다리세요.　**05** A How do you like it? / 맛이 어떠세요?　**06** I hope he gets better soon. / 저는 그가 빨리 낫기를 바랍니다.　**07** I like winter sports such as skiing. / 나는 스키 같은 겨울 운동을 좋아해.　**08** Alex is the fastest student in this race. / Alex는 이 경주에서 가장 빠른 학생이다.　**09** Can you tell me more about JJ band? / 너는 JJ 밴드에 대하여 더 말해 줄 수 있니?　**10** Do you want to be a dancer in the future? / 너는 미래에 댄서가 되고 싶니?

SPEAK UP

본문 36쪽

01 What do you usually do on weekends?　**02** How much does it weigh?　**03** How's it going?　**04** I hope he gets better soon.　**05** I like winter sports such as skating.　**06** Can you tell me more about JJ band?　**07** Do you want to be a singer in the future?

Listen & Speak Up 3

WARM UP

본문 37쪽

A　**01** national, 국립의　**02** office, 사무실　**03** feather, 깃털　**04** wall, 벽
　　05 volleyball, 배구　**06** restroom, 화장실　**07** return, (책 등을) 반납하다　**08** pick up, 줍다
　　09 document, 서류　**10** production date, 제조일자

B　**01** National　**02** office　**03** feather　**04** volleyball　**05** pick up　**06** wall
　　07 restroom　**08** return　**09** document　**10** production date

LISTEN UP　**JUMP UP**

LISTEN UP	듣기평가 모의고사 3							본문 38~47쪽	
01 ②	**02** ②	**03** ②	**04** ①	**05** ②	**06** ④	**07** ③	**08** ③	**09** ③	**10** ④
11 ③	**12** ④	**13** ③	**14** ①	**15** ②	**16** ④	**17** ③	**18** ④	**19** ④	**20** ③

정답	JUMP UP 받아쓰기(스크립트)	해석
01 ② 여자아이는 엄마의 부탁으로 지호에게 우산을 가져다 주려고 지호를 찾고 있다.	B: Hi. You're Jiho's sister, right? G: Yes, I am. I am looking for Jiho. Do you <u>know</u> where he is?	소년: 안녕. 네가 지호의 여동생이구나, 맞지? 소녀: 응, 그래. 나는 지호를 찾고 있어. 너는 그가 어디 있는지 아니?

정답	JUMP UP 받아쓰기(스크립트)	해석

- look for ~을 찾다
- by the way 그런데
- umbrella 우산

B: Yes. He is in the computer room. By the way, why are you looking for him?
G: My mom asked me to bring him his umbrella.
B: I see. The computer room is on the first floor.
G: Thank you.

소년: 응. 그는 컴퓨터실에 있어. 그런데, 너는 왜 그를 찾고 있니?
소녀: 우리 엄마가 그의 우산을 그에게 가져다주라고 나에게 부탁하셨어.
소년: 알겠어. 컴퓨터실은 1층에 있어.
소녀: 고마워.

---

02 ② 여자아이는 가족과 함께 공주 국립 박물관에 갔다.
- national 국립의
- lots of 수많은

G: Hi, Michael.
B: Hi, Jiyoon. You were not in class yesterday. Where were you?
G: I went to Gongju with my family.
B: Cool. What did you do there?
G: We went to the Gongju National Museum. I saw lots of things from Baekje.
B: Sounds fun.

소녀: 안녕, Michael.
소년: 안녕, 지윤. 너 어제 수업에 없었지. 어디에 있었니?
소녀: 나는 나의 가족과 공주에 갔어.
소년: 멋지구나. 거기에서 무엇을 했니?
소녀: 우리는 공주 국립 박물관에 갔어. 나는 백제의 물건들을 많이 보았어.
소년: 재미있었겠다.

---

03 ② 두 아이는 밖에 바람이 불어서 연을 날리기로 하였다.
- outside 밖으로, 밖에
- fly a kite 연을 날리다

G: I'm bored. I don't want to read anymore.
B: Then let's go outside.
G: Okay. What do you want to do?
B: How about playing badminton?
G: It's windy outside. How about flying a kite?
B: That's a good idea.

소녀: 난 지루해. 나는 더 이상 읽고 싶지 않아.
소년: 그럼 우리 밖으로 나가자.
소녀: 좋아. 너는 무엇을 하고 싶니?
소년: 배드민턴을 치는 것은 어때?
소녀: 밖에는 바람이 불어. 연을 날리는 것은 어떠니?
소년: 그것 참 좋은 생각이구나.

---

04 ① Star 초등학교에서 캠핑 때, 페이스 페인팅을 할 자원봉사자를 모집하고 있다.
- hold (시합 등을) 하다[열다]
- volunteer 자원봉사자
- interested 관심 있는

W: Star Elementary School will be holding its Family Camping Weekend next month. The school is looking for volunteers. They are going to do face painting. If you are interested, call the teachers' office at 333-5333.

여자: Star 초등학교는 다음 달에 '주말 가족 캠핑' 행사를 할 것입니다. 학교에서는 자원봉사자를 찾고 있습니다. 그들은 페이스 페인팅을 할 것입니다. 만약 여러분이 관심이 있다면, 교무실 333-5333으로 전화 주시기 바랍니다.

---

05 ② 여자아이의 이름은 Becky이고, 생년월일은 2010년 6월 2일이다.
- spell 철자를 말하다[쓰다]
- date of birth 생년월일

G: Hi. I would like to get a library card.
M: Okay. What's your name?
G: My name is Becky Hooper.
M: How do you spell your name?
G: B-E-C-K-Y, H-O-O-P-E-R.
M: What's your date of birth?
G: It's June second, 2010.

소녀: 안녕하세요. 저는 도서관 카드를 갖고 싶어요.
남자: 좋아요. 이름이 무엇이죠?
소녀: 제 이름은 Becky Hooper입니다.
남자: 이름의 철자가 어떻게 되나요?
소녀: B-E-C-K-Y, H-O-O-P-E-R.
남자: 생년월일이 어떻게 되나요?
소녀: 2010년 6월 2일이에요.

---

06 ④ 흰색의 하트 모양이고 세 개의 파란 깃털이 달린 것이다.
- shaped ~모양의
- decorate 장식하다
- feather 깃털
- wall 벽

W: My mother gave me a special gift. It is a dream catcher. It is white, heart-shaped and decorated with three blue feathers. I hung it on the wall. It is so beautiful.

여자: 나의 엄마가 나에게 특별한 선물을 주셨어. 그것은 드림 캐쳐야. 그것은 흰색의 하트 모양이고 3개의 파란 깃털로 장식되어 있어. 나는 그것을 벽에 걸었어. 그것은 매우 예뻐.

---

07 ③ 남자는 새 셔츠를 새

M: I got a brand-new shirt yesterday. I

남자: 나는 어제 새 셔츠를 샀다. 나는 그것을 새로운

정답	JUMP UP 받아쓰기(스크립트)	해석

로운 쇼핑몰에서 샀고 그 쇼핑몰은 크고 깨끗하다.

• brand-new 아주 새로운

bought it at a new shopping mall. It is big and clean. There are lots of stores in the mall. I'll go there again this weekend.

쇼핑몰에서 샀다. 쇼핑몰은 크고 깨끗하다. 그 쇼핑몰에는 많은 가게들이 있다. 나는 이번 주말에 다시 그곳에 갈 것이다.

---

08 ③ 여자는 강아지 Ben을, 남자는 앵무새를 키운다.

• puppy 강아지
• cute 귀여운
• pet 반려동물
• bird 새
• repeat 따라 하다
• interesting 흥미로운

W: Look at this picture. This is my puppy, Ben.
M: He's so cute. How old is he?
W: He is only 7 months old. Do you have a pet?
M: Yes, I have a bird.
W: What kind of bird?
M: A parrot. She can repeat my words.
W: Wow! That sounds interesting.

여자: 이 사진을 봐. 이건 나의 강아지, Ben이야.
남자: 그는 매우 귀엽다. 몇 살이니?
여자: 그는 겨우 7개월이야. 너는 반려동물이 있니?
남자: 응, 나는 새 한 마리가 있어.
여자: 어떤 종류의 새니?
남자: 앵무새야. 그녀는 나의 말을 따라 할 수 있어.
여자: 우와! 그거 흥미롭다.

---

09 ③ 여자아이는 내일 배구 시합을 위해 연습해야 하기 때문에 수영장에 가지 못한다.

• a little 조금
• swimming pool 수영장
• volleyball 배구
• match 시합

G: It's so hot today.
B: Can you swim?
G: Yes, I can swim a little.
B: Then let's go to the swimming pool this afternoon.
G: I'm sorry. I have a volleyball match tomorrow. I have to practice for it.
B: Oh, I see. Maybe some other time.

소녀: 오늘 엄청 덥다.
소년: 너 수영할 수 있니?
소녀: 응, 나는 수영을 조금 할 줄 알아.
소년: 그럼 오늘 오후에 수영장에 가자.
소녀: 미안해. 나는 내일 배구 시합이 있어. 나는 그것을 위해 연습해야 해.
소년: 오, 알겠어. 다음 기회가 있겠지.

---

10 ④ 남자아이는 도서관에서 지난주에 빌린 책들을 오늘 반납할 것이다.

• gym 체육관
• check out (도서관 등에서) 책을 빌리다

B: Where are you going?
G: I am going to the gym. How about you?
B: I'm going to the library.
G: Are you going to check out some books?
B: No, I won't. I checked out some books last week. I am going to return them.
G: Okay. Have a good day.
B: You too. Bye.

소년: 어디 가고 있니?
소녀: 나는 체육관에 가. 너는?
소년: 나는 도서관에 가고 있어.
소녀: 너는 책을 좀 빌릴 거니?
소년: 아니, 그렇지 않아. 나는 지난주에 책을 좀 빌렸어. 나는 그것들을 반납할 거야.
소녀: 알았어. 좋은 하루 보내.
소년: 너도 그러길 바랄게. 안녕.

---

11 ③ 남자아이가 찾고 있는 쇼핑백은 탁자 앞에 있는 의자 위에 있다.

• hurry up 서두르다
• almost 거의
• in front of ~ 앞에

W: Jimmy, hurry up.
B: Wait a minute. I'm almost done.
W: You might be late.
B: Where is the shopping bag?
W: It is on the chair.
B: Which chair?
W: That one. It is in front of the table.
B: Oh, I got it.

여자: Jimmy, 서둘러라.
소년: 잠시만요. 거의 다 해 가요.
여자: 너는 늦을 것 같구나.
소년: 쇼핑백은 어디에 있죠?
여자: 그것은 의자 위에 있단다.
소년: 어떤 의자요?
여자: 저것. 탁자 앞에 있는 것 말이야.
소년: 오, 알겠어요.

---

12 ④ 여자아이는 과학 선생님을 가장 좋아하고, 남자아이는 역사 선생님을 좋아한다고 말하며 좋아하는 선생님에 대하여 이야기 나누고 있다.

• favorite 가장 좋아하는
• most 가장
• interesting 재미있는

B: Who is your favorite teacher?
G: I like our science teacher the most.
B: Why do you like her?
G: She is kind to everyone. How about you?
B: I like our history teacher. He tells us many interesting stories.
G: You're right. I like him, too.

소년: 네가 가장 좋아하는 선생님은 누구시니?
소녀: 나는 우리 과학 선생님을 가장 좋아해.
소년: 왜 그녀를 좋아하니?
소녀: 그녀는 모두에게 친절하셔. 너는 어때?
소년: 나는 우리 역사 선생님이 좋아. 그는 우리에게 많은 재미있는 이야기를 해 주셔.
소녀: 네 말이 맞아. 나도 그를 좋아해.

정답	JUMP UP 받아쓰기(스크립트)	해석

13 ③ 공원에서 남자아이가 쓰레기를 비닐봉지에 담고 있다.
· throw away ~을 버리다
· trash 쓰레기
· pick up ~을 줍다
· climb 오르다

① W: A boy is <u>running</u> with dogs.
② W: A boy is <u>throwing</u> away some trash.
③ W: A boy is <u>picking up</u> some trash.
④ W: A boy is <u>climbing</u> trees.

① 여자: 소년은 개와 함께 뛰고 있다.
② 여자: 소년은 쓰레기를 버리고 있다.
③ 여자: 소년은 쓰레기를 줍고 있다.
④ 여자: 소년은 나무에 오르고 있다.

14 ① 남자아이는 달리기에서 일등을 한 사실을 말하고 있고 엄마는 이에 대해 축하해 주고 있다.
· congratulation 축하
· tea 차
· earphone 이어폰 수신기

① B: I am so happy. I took <u>first place</u> in the race.
   W: Congratulations!
② B: I'm sick. I have a <u>cold</u>.
   W: You should drink some hot tea.
③ B: I'm hungry. Is there anything to eat?
   W: Here are some <u>bananas</u>.
④ B: I am angry. My brother broke my <u>earphones</u>.
   W: I'm sorry to hear that.

① 소년: 저는 아주 행복해요. 저 경주에서 일등 했어요.
   여자: 축하한다!
② 소년: 저는 아파요. 저는 감기에 걸렸어요.
   여자: 너는 뜨거운 차를 마셔야겠구나.
③ 소년: 저는 배가 고파요. 먹을 것이 좀 있나요?
   여자: 여기 바나나가 좀 있단다.
④ 소년: 저는 화가 났어요. 제 남동생이 제 이어폰을 고장 냈어요.
   여자: 안됐구나.

15 ② 바이올린 수업을 얼마나 자주(How often) 하는지 묻고 있으므로 빈도를 이야기하는 것이 자연스럽다.
· finish 끝내다
· date 날짜
· brown 갈색의

① B: How long does it take you to <u>finish</u> your homework?
   G: It takes about 3 hours.
② B: How often do you have a violin lesson?
   G: I am <u>good</u> at violin.
③ B: What's the <u>date</u> today?
   G: It's June sixth.
④ B: What does he look like?
   G: He is tall and has <u>brown</u> hair.

① 소년: 너의 숙제를 끝내는 데 얼마나 걸리니?
   소녀: 3시간쯤 걸려.
② 소년: 너는 바이올린 수업을 얼마나 자주 하니?
   소녀: 나는 바이올린을 잘해.
③ 소년: 오늘 며칠이지?
   소녀: 6월 6일이야.
④ 소년: 그는 어떻게 생겼니??
   소녀: 그는 키가 크고 갈색 머리야.

16 ④ 여자아이는 아빠와 자전거 여행을 다녀왔고, 마지막 날 자신을 자랑스럽게 여겼으며 남자아이는 시골에 계신 조부모님 댁을 방문해서 자연을 즐겼다.
· tour 여행
· hard 힘든
· a little bit 조금
· trip 여행
· country 시골, 전원
· fantastic 환상적인

B: What did you do on summer <u>vacation</u>?
G: I went on a 10-day bike tour with my father.
B: Wow! How was it? Was it <u>hard</u>?
G: A little bit. However, on the last day of the trip, I felt <u>proud</u> of myself.
B: Cool.
G: How about you? What did you do?
B: I visited my grandparents. They live in the country.
G: How was it?
B: It was fantastic. I <u>enjoyed</u> nature a lot.

소년: 너는 여름 방학에는 무엇을 했니?
소녀: 나는 아빠와 함께 10일 동안의 자전거 여행을 다녀왔어.
소년: 우와! 어땠어? 힘들었니?
소녀: 조금 그랬어. 하지만, 여행 마지막 날에는 내가 자랑스럽다고 느꼈어.
소년: 멋지다.
소녀: 너는 어때? 너는 무엇을 했니?
소년: 나는 나의 조부모님 댁을 방문했어. 그들은 시골에 사셔.
소녀: 어땠니?
소년: 환상적이었지. 나는 자연을 매우 즐겼어.

17 ③ 무거운 서류를 들고 있는 여자에게 도와줘도 되는지 묻고 있다.
· busy 바쁜
· office 사무실
· document 서류
· carry 나르다

M: Michelle, you look <u>busy</u>.
W: Yes, I am. I need to move to a new <u>office</u> today.
M: I see. What are those?
W: These are <u>documents</u>. I need to <u>carry</u> them to my new office.
M: They look heavy. Can I help you?

남자: Michelle, 너 바빠 보인다.
여자: 응, 그래. 나는 오늘 새로운 사무실로 이동해야 해.
남자: 그렇구나. 그것들은 뭐니?
여자: 이것들은 서류들이야. 나는 그것들을 나의 새로운 사무실로 가져가야 해.
남자: 그것들이 무거워 보이는구나. 내가 도와줘도 되니?

정답	JUMP UP 받아쓰기(스크립트)	해석
	W: _____	여자: _____ ① 응, 부탁해. ② 넌 정말 친절하구나! ③ 나는 상자를 만들 수 있어. ④ 물론이지. 정말 고마워.
18 ④ 여자가 남자에게 화장실을 가르쳐 주고 안내해 주어 고맙다고 한 말에는 '천만에요.'라는 응답이 알맞다. • fair 박람회 • restroom 화장실 • right 바로, 꼭 • follow 따라오다[가다]	M: Welcome to the book fair. W: Hi. Can I ask you something? M: Sure. What do you need? W: Can you please tell me where the restroom is? M: It's right over there. Just follow me. W: Thank you. M: _____	남자: 도서 박람회에 오신 것을 환영합니다. 여자: 안녕하세요. 뭐 하나 물어봐도 될까요? 남자: 물론이죠. 무엇이 필요한가요? 여자: 화장실이 어디에 있는지 알려 주실 수 있나요? 남자: 바로 저기에 있어요. 절 따라오세요. 여자: 감사합니다. 남자: _____ ① 그것은 더러워요. ② 안개가 꼈어요. ③ 5시예요. ④ 천만에요.
19 ④ 책을 빌려도 되냐는 물음에 '물론이죠. 다음 수업에 그것을 당신에게 가져다줄게요.'라는 응답이 알맞다. • quite 꽤, 상당히 • interesting 흥미로운 • funny 재미있는 • finish 끝내다	M: What are you doing? W: I'm reading a book. M: What book is it? W: It's *Treasure Island*. M: I heard that it is quite interesting. What do you think? W: Yes, it is. It is funny too. M: Sounds good. Can I borrow the book when you finish it? W: _____	남자: 무엇을 하고 있나요? 여자: 책을 읽고 있어요. 남자: 그것은 무슨 책인가요? 여자: '보물섬'이에요. 남자: 나는 그것이 상당히 흥미롭다고 들었어요. 당신의 생각은 어떤가요? 여자: 네, 그래요. 그것은 재미있기도 해요. 남자: 멋지게 들리네요. 당신이 다 읽으면 책을 빌려도 되나요? 여자: _____ ① 마음껏 드세요. ② 10,000원이에요. ③ 나는 그 이야기를 싫어해요. ④ 물론이죠. 다음 수업에 그것을 당신에게 가져다줄게요.
20 ③ 제조일자가 언제로 적혀 있는지 물었으므로 날짜(9월 19일)를 말하는 응답이 알맞다. • favor 부탁, 호의 • production date 제조일자 • made of ~으로 만든	W: Excuse me. May I ask you a favor? M: Sure. What is it? W: I can't find the production date on this label. M: Let me take a look. *[Pause]* Oh. Here it is. W: What is the date? M: _____	여자: 실례합니다. 제가 당신에게 부탁해도 될까요? 남자: 물론이죠. 무엇인가요? 여자: 저는 이 라벨에서 제조일자를 찾을 수 없네요. 남자: 어디 한번 봅시다. *[잠시 후]* 오, 여기 있네요. 여자: 언제인가요? 남자: _____ ① 5달러입니다. ② 그것은 일본에서 만들었어요. ③ 9월 19일이에요. ④ 그것은 오렌지로 만들었어요.

🎧 **LISTEN UP** 실력 높여 보기 　　　　　　　　　　　　　本文 42쪽

01 ⑤　**02** ②　**03** ③　**04** ③　**05** ⑤

정답	스크립트	해석
01 ⑤ 여자는 엄마가 아끼시는 꽃병을 깬 남자에게 정직할 것을 제안하고 있다. • matter 문제	M: Oh no! W: What's the matter? M: I broke this vase. It is my mom's favorite.	남자: 오 이런! 여자: 무슨 일인가요? 남자: 제가 꽃병을 깼어요. 그건 우리 엄마가 가장 좋아하시는 건데요.

정답	스크립트	해석

- vase 꽃병
- favorite 가장 좋아하는 것
- get hurt 다치다
- be worried 걱정하다
- honest 정직한
- happen 일어나다

W: Did you get hurt?
M: No. I'm okay. But I am really worried about it.
W: Why don't you just be honest and tell her what happened?

여자: 당신은 다쳤나요?
남자: 아니에요. 전 괜찮아요. 하지만 저는 그것이 정말 걱정돼요.
여자: 그냥 정직하게 무슨 일이 일어났는지 그녀에게 말하는 것이 어때요?

---

02 ② 지도교사의 이름은 Evans, 뮤지컬 제목은 'My Cats', 노래와 춤을 연습하고 연습 시간은 매주 화요일, 금요일 오후 3시부터 5시까지이다.
- semester 학기
- performance 공연
- meet 만나다

W: Hello, I'm Ms. Evans. I am the school drama club teacher. At the end of the semester, we will have a school festival. On that day, we are going to have a musical performance. The title is "My Cats." We need to practice singing and dancing for it. We will meet every Tuesday and Friday from three to five in the afternoon.

W: 안녕하세요, 저는 Evans 선생님입니다. 저는 연극 동아리 교사예요. 한 학기가 끝났을 때, 우리는 학교 축제를 할 것입니다. 그날, 우리는 뮤지컬 공연을 할 거예요. 제목은 'My Cats'입니다. 우리는 그것을 위해 노래와 춤을 연습해야 합니다. 우리는 매주 화요일과 금요일 오후 3시부터 5시까지 만날 것입니다.

---

03 ③ 저장하지 않은 상태로 컴퓨터가 멈춰서 당황했지만 남자의 도움으로 정보의 대부분이 있는 파일을 찾아 안도하고 있다.
- upset 속상한, 당황한
- document 문서, 서류
- suddenly 갑자기
- shut down (기계가) 멈추다[정지하다]
- latest 최신의
- version 버전, 판
- information 정보

M: Hey, Pam. Is something wrong?
W: Yes. I'm so upset.
M: Why?
W: I didn't save my document, and my computer suddenly shut down.
M: Okay, let me check something. *[Pause]* Is this your file?
W: Yes. It's not the latest version, but it has most of my information. Thanks so much.

남자: 안녕, Pam. 무슨 일 있나요?
여자: 네. 난 너무 속상해요.
남자: 왜요?
여자: 내가 내 문서를 저장하지 않았어요. 그리고 내 컴퓨터가 갑자기 멈췄어요.
남자: 알겠어요. 내가 뭔가를 좀 확인해 볼게요. *[잠시 후]* 이게 당신의 파일인가요?
여자: 네. 그것이 최신 버전은 아니지만, 내 정보의 대부분이 있어요. 정말 고마워요.

---

04 ③ 여자는 로즈마리 씨앗을 심을 화분을 가져오려고 하고 있다.
- rosemary 로즈마리
- smell 냄새[향기]가 나다
- seed 씨앗
- pot 화분

W: What is this?
M: It's rosemary.
W: Wow, it smells so good.
M: Do you want to grow some? I have some seeds.
W: Oh, I'd love to.
M: Do you have a pot? I can give you the seeds now.
W: Could you wait for a second? I will go get it right now.

여자: 이것이 무엇이죠?
남자: 그건 로즈마리예요.
여자: 우와, 향기가 아주 좋아요.
남자: 당신도 좀 키우고 싶은가요? 나에게 씨앗이 좀 있어요.
여자: 오, 그러고 싶어요.
남자: 화분 있나요? 내가 씨앗을 지금 줄 수 있어요.
여자: 잠시만 기다릴 수 있나요? 내가 지금 그것을 가져올게요.

---

05 ⑤ 남자가 필요한 다른 것이 있는지 묻고 있으므로 '그것이 다예요.'로 시작되는 응답이 적절하다.
- be out of ~이 다 떨어지다
- fruit 과일
- anything else 그 밖에 다른
- enough 충분한

W: We are out of milk.
M: Oh no. Let's go to the supermarket.
W: Okay. I want some fruit too.
M: Anything else? Do we have enough sugar?
W: No. We need some more.
M: All right. Anything else?
W: _____

여자: 우리 우유가 떨어졌어요.
남자: 오 이런. 슈퍼마켓에 갑시다.
여자: 좋아요. 가서 과일도 좀 사고 싶어요.
남자: 다른 것은요? 우리 설탕은 충분히 있나요?
여자: 아뇨. 우리 좀 더 필요해요.
남자: 좋아요. 다른 것은요?
여자: _____
① 그것은 저렴해요. ② 그것은 너무 비싸요. ③ 나는

요리를 매우 잘할 수 있어요. ④ 이 과일 샐러드는 매우 맛있어요. ⑤ 그것이 다예요. 쇼핑백을 가져오세요.

FLY UP

본문 48~49쪽

01 A How do you spell your name? / 당신의 이름은 철자가 어떻게 되나요? **02** A What's your date of birth? / 당신의 생년월일이 어떻게 되나요? **03** A What kind of bird is it? / 그것은 어떤 종류의 새니? **04** A How long does it take you to finish your homework? / 네가 너의 숙제를 끝내는 데 얼마나 걸리니? **05** A What does he look like? / 그는 어떻게 생겼니? **06** How about playing badminton? / 배드민턴을 치는 것은 어때? **07** I checked out some books last week. / 나는 지난주에 책을 좀 빌렸어. **08** I felt proud of myself. / 나는 내가 자랑스럽다고 느꼈어. **09** They look heavy. / 그것들은 무거워 보이는구나. **10** Excuse me, may I ask you a favor? / 실례합니다만, 제가 당신에게 부탁해도 될까요?

SPEAK UP

본문 50쪽

01 How do you spell your name? **02** What's your date of birth? **03** How long does it take you to finish your project? **04** They look expensive. **05** How about playing tennis? **06** I felt proud of myself. **07** Excuse me, may I ask you a favor?

Listen & Speak Up 4

WARM UP

본문 51쪽

A **01** a few, 약간의 **02** volunteer work, 봉사 활동 **03** offer, 제공하다 **04** last, 지속되다 **05** neither, (부정문에서) ~도 그렇다[마찬가지다] **06** rent, 빌리다 **07** rug, 깔개 **08** strike, (시계가) 치다 **09** hoop, 고리, 테 **10** believe, 믿다

B **01** strike **02** hoop **03** rug **04** rent **05** offer **06** neither **07** volunteer work **08** a few **09** last **10** believe

LISTEN UP　JUMP UP

LISTEN UP　듣기평가 모의고사 4

본문 52~61쪽

| 01 ③ | 02 ③ | 03 ④ | 04 ④ | 05 ④ | 06 ③ | 07 ② | 08 ③ | 09 ④ | 10 ④ |
| 11 ③ | 12 ③ | 13 ④ | 14 ① | 15 ③ | 16 ① | 17 ① | 18 ④ | 19 ④ | 20 ① |

정답	JUMP UP 받아쓰기(스크립트)	해석

01 ③ 남자는 기차표를 사기 위해 여자의 노트북을 빌리고 있다.
- train 기차
- holiday 휴일
- a few 약간의
- here you go 여기 (있어)

W: Hi, Jinho. Did you buy a <u>train</u> <u>ticket</u> for the holiday?
M: Not yet. Why?
W: There are only <u>a few</u> tickets left. You shouldn't wait much longer.
M: Oh. Can I buy a ticket <u>online</u>?
W: Yeah.
M: Then I'll do it right now. Can I use your laptop?
W: Sure. Here you go.

여자: 안녕, 진호. 당신은 휴일을 위해 기차표를 샀나요?
남자: 아직 안 샀어요. 왜요?
여자: 표가 겨우 약간만 남아 있어요. 더 이상 오래 기다리지 말아야 해요.
남자: 오. 내가 티켓을 온라인으로 살 수 있나요?
여자: 네.
남자: 그럼 내가 지금 바로 그것을 할게요. 내가 당신의 노트북을 사용해도 될까요?
여자: 물론이죠. 여기 있어요.

02 ③ 여자아이가 어제 한 일은 아이들에게 봉사 활동으로 그림책을 읽어 준 것이다.
- yesterday 어제
- library 도서관
- check out (도서관 등에서) 대출하다
- volunteer work 봉사 활동

B: What did you do <u>yesterday</u>?
G: I went to the <u>library</u>.
B: Did you <u>check</u> <u>out</u> some books?
G: No, I didn't. I did some <u>volunteer</u> work.
B: What did you do?
G: I read picture books to children.
B: That sounds great.

소년: 너는 어제 뭐 했니?
소녀: 나는 도서관에 갔었어.
소년: 너는 책을 좀 대출했니?
소녀: 아니, 그러지 않았어. 나는 봉사 활동을 했어.
소년: 무엇을 했니?
소녀: 나는 아이들에게 그림책을 읽어 줬어.
소년: 멋지구나.

03 ④ 여자아이는 캠핑에 필요한 준비물 목록을 만들기 위해 연필과 종이를 가져오려고 한다.
- awesome 굉장한, 아주 멋진
- prepare 준비하다
- sleeping bag 침낭
- flashlight 손전등
- list 목록

M: We are going camping next week.
G: That sounds <u>awesome</u>! What do we need to prepare, Dad?
M: Well, we need sleeping bags, a flashlight, rain jackets, and some other <u>things</u>.
G: How about making a <u>list</u>?
M: Good idea. Could you <u>bring</u> me a pencil and paper?
G: Okay. Wait a minute.

남자: 우리는 다음 주에 캠핑 갈 예정이야.
소녀: 정말 멋져요! 그러기 위해서는 우리는 무엇을 준비해야 하죠, 아빠?
남자: 음. 우리는 침낭, 손전등, 비옷, 그리고 몇 가지 다른 것들이 필요하지.
소녀: 목록을 만들어 보는 것이 어때요?
남자: 좋은 생각이구나. 연필과 종이를 가져다주겠니?
소녀: 좋아요. 잠시만 기다리세요.

04 ④ 온라인 사이트에서 주방용품을 크게 할인하여 제공한다고 안내하고 있다.
- check out (흥미로운 것을) 살펴보다
- offer 제공하다
- discount 할인
- sale 할인 판매, 판매
- last 계속되다, 지속되다

W: Do you need some kitchen <u>items</u>? If you need to buy some, check out cookncook.com. Right now, this site is <u>offering</u> a big <u>discount</u> on kitchen items. You can save up to 50%. This sale <u>lasts</u> from May 1st to May 10th.

여자: 당신은 주방 용품이 필요한가요? 당신이 물건을 사야 한다면, 지금 cookncook.com을 살펴보세요. 바로 지금, 이 사이트에서는 주방용품을 크게 할인하여 제공하고 있습니다. 당신은 50%까지 절약할 수 있어요. 이 할인 판매는 5월 1일부터 5월 10일까지 계속됩니다.

05 ④ 남자는 여자에게 Mark 보고 자신에게 전화해 달라는 메모를 전해 줄 것을 부탁하고 있다.
- company 회사
- office 사무실
- already 이미, 벌써

[Telephone rings.]
W: Hello. This is Westbridge Company. How can I help you?
M: Hi. Can I speak to Mark?
W: He is not in the <u>office</u> right now. He will be back in 30 minutes.
M: Oh, I see. My <u>name</u> is Tom Enders. Can you tell him to call me back?

[전화벨이 울린다.]
여자: 안녕하세요. Westbridge 회사입니다. 어떻게 도와드릴까요?
남자: 안녕하세요. Mark와 통화할 수 있을까요?
여자: 그는 지금 사무실에 있지 않습니다. 그는 30분 후에 돌아올 것입니다.
남자: 아, 알겠습니다. 제 이름은 Tom Enders입니다. 그에게 저한테 다시 전화해 달라고 전해 주

정답	JUMP UP 받아쓰기(스크립트)	해석

	W: Sure. What's your phone number? M: He already has my phone number. W: Oh, I see. I will <u>tell</u> him your <u>message</u>.	시겠어요? 여자: 물론이죠. 당신의 전화번호는 무엇입니까? 남자: 그는 제 전화번호를 이미 알고 있어요. 여자: 아, 알겠어요. 제가 그에게 당신의 메시지를 전할게요.
06 ③ 남자의 남동생은 가운데 큰 노란색 별이 있는 파란색 셔츠를 골랐다. • striped 줄무늬가 있는 • middle 가운데	M: Today is my <u>younger</u> brother's birthday. I went to a store with him to buy him a T-shirt. I <u>recommended</u> a blue and white <u>striped</u> shirt for him. However, he chose a blue shirt with a big yellow star in the middle. He likes it very much. I am <u>happy</u>.	남자: 오늘은 내 남동생의 생일이다. 나는 그에게 티셔츠를 사 주기 위해 그와 함께 가게에 갔다. 나는 그에게 파란색과 하얀색이 있는 줄무늬 셔츠를 추천했다. 그러나, 그는 가운데에 큰 노란색 별이 있는 파란색 셔츠를 골랐다. 그는 그것을 매우 좋아했다. 나는 행복하다.
07 ② 여자아이의 가족은 어제 모두 분홍색 셔츠를 입고, 가족사진을 찍었다. • yesterday 어제 • wore 입다(wear)의 과거형 • funny 재미있는 • Tuesday 화요일	B: What did you do yesterday? G: My <u>family</u> took a family picture. We all wore the same pink shirts. B: That's <u>funny</u>! How many people are there in your family? G: Four. My father, mother, my older brother, and me. B: Can you <u>show</u> me the picture? I <u>really</u> want to see it. G: I don't have it. We will get it next Tuesday.	소년: 너는 어제 무엇을 했니? 소녀: 나의 가족은 가족사진을 찍었어. 우리는 모두 똑같은 분홍색 셔츠를 입었어. 소년: 그것 참 재미있구나! 너의 가족은 몇 명이니? 소녀: 4명이야. 나의 아버지, 어머니, 오빠 그리고 나. 소년: 사진을 좀 보여 줄 수 있니? 정말 그것을 보고 싶어. 소녀: 나는 그것을 갖고 있지 않아. 우리는 다음 주 화요일에 그것을 받게 될 거야.
08 ③ 여자가 딸기잼을 고른 이유는 할인 판매 중이어서 블루베리잼보다 훨씬 더 저렴하기 때문이다. • on sale 할인 판매 중인 • free 무료의	W: How much is this blueberry jam? M: It's 4 dollars. W: Is it <u>on sale</u>? M: No, it isn't. But strawberry jam is on sale. W: How <u>much</u> is it? M: It's 5 dollars. But you can get one free if you buy one. W: Oh, then it's much <u>cheaper</u> than blueberry jam. I'll <u>take</u> it.	여자: 이 블루베리 잼은 얼마예요? 남자: 4달러입니다. 여자: 할인 판매 중인가요? 남자: 아니요, 할인하지 않습니다. 그렇지만 딸기잼은 할인 판매 중입니다. 여자: 그것은 얼마예요? 남자: 5달러입니다. 그런데 하나를 사면 하나를 무료로 받을 수 있습니다. 여자: 오, 그러면 블루베리잼보다 훨씬 더 저렴하네요. 저는 그것을 살게요.
09 ④ 남자아이는 닭고기 샌드위치와 포도 주스를 골랐다. • kind 종류 • prefer 더 좋아하다	B: Good morning, Mom. What are you doing? W: I'm making a sandwich for your lunch. B: Thank you. What <u>kind</u> of sandwich? W: What do you want? Chicken or egg? B: I would like chicken. W: Okay. What <u>would</u> you <u>like</u> with it? Orange juice or grape juice? B: I <u>prefer</u> grape juice.	소년: 좋은 아침이에요, 엄마. 무엇을 하고 계세요? 여자: 너의 점심으로 샌드위치를 만들고 있단다. 소년: 고마워요. 어떤 종류의 샌드위치인가요? 여자: 무엇을 원하니? 닭고기 아니면 달걀? 소년: 저는 닭고기가 좋아요. 여자: 좋아. 그것과 같이 무엇을 줄까? 오렌지 주스 아니면 포도 주스? 소년: 저는 포도 주스가 더 좋아요.
10 ④ High Street에서 오른쪽으로 돌면 나오는 장소이자	B: Excuse me, ma'am. Can I ask you something?	소년: 실례합니다, 부인. 뭔가 좀 여쭤봐도 될까요? 여자: 물론이지. 무엇이니?

정답	JUMP UP 받아쓰기(스크립트)	해석
학교 맞은편에 있는 장소이다. • ma'am 부인 • train 기차 • station 역 • across from ~의 맞은편에	W: Sure. What is it? B: I want to get to the train station. Do you know how I can get there? W: Yes. You should take the bus number 5. It comes every 15 minutes. B: Okay. Where is the bus stop? W: Go straight down to High Street and turn right. It's on your right. B: Turn right at High Street? W: Yes. It's across from the school.	소년: 저는 기차역에 가고 싶어요. 제가 어떻게 거기에 갈 수 있는지 아세요? 여자: 그래. 너는 5번 버스를 타야 한단다. 그건 15분마다 온단다. 소년: 좋아요. 버스 정류장은 어디예요? 여자: High Street까지 곧장 내려가다가 오른쪽으로 돌아라. 그것은 너의 오른쪽에 있어. 소년: High Street에서 오른쪽으로 돌면 되나요? 여자: 그래. 학교 맞은편에 있단다.
11 ③ 남자아이는 자전거 가게에서 자전거를 대여할 것이다. • neither (부정문에서) ~도 그렇다[마찬가지다] • rent 빌리다 • ride 타다 • cost (비용이) 들다	G: Hey, do you have any plans after school? B: No. How about you? G: Me, neither. Let's ride a bike along the Han River. B: I'd love to. But I don't have a bike. G: You can rent a bike at a bike store. It costs about 5 dollars for two hours. B: Great. I will rent a bike.	소녀: 안녕, 너는 방과 후에 어떤 계획이 있니? 소년: 없어. 너는 어때? 소녀: 나도 그래. 우리 한강을 따라서 자전거를 타자. 소년: 그렇게 하고 싶다. 그런데 나는 자전거가 없어. 소녀: 너는 자전거 가게에서 자전거를 빌릴 수 있어. 두 시간 동안 5달러 정도 해. 소년: 좋아. 나는 자전거를 빌릴 거야.
12 ③ 텔레비전은 소파 앞이 아니라 소파 옆에 있다. • couch 소파 • rug 깔개 • hang 걸다, 매달다 • lamp 전기 스탠드, 램프 • beside 옆에	① W: There is a green couch on the rug. ② W: There is a clock hanging on the wall. ③ W: There is a television in front of the couch. ④ W: There is an orange lamp beside the couch.	① 여자: 초록색 소파가 깔개 위에 있다. ② 여자: 시계가 벽에 걸려 있다. ③ 여자: 텔레비전이 소파 앞에 있다. ④ 여자: 주황색 전기 스탠드가 소파 옆에 있다.
13 ④ 두 아이는 우리나라와 스페인에서 새해 첫날 먹는 음식에 대하여 이야기하고 있다. • New Year's Day 새해 첫날, 1월 1일 • soup 국 • grape 포도 • bell 종 • strike (시계가) 치다, 알리다	G: What do Koreans eat on New Year's Day? B: We eat tteokguk. It's traditional Korean rice-cake soup. How about you? G: In Spain, we eat twelve grapes at midnight on December 31st. B: Twelve grapes? G: Yes. We eat twelve grapes, one for every clock bell strike. B: Sounds interesting.	소녀: 한국인들은 새해 첫날에 무엇을 먹니? 소년: 우리는 떡국을 먹어. 그것은 떡으로 만든 한국의 전통 국이야. 너는 어때? 소녀: 스페인에서 우리는 12월 31일 자정에 12개의 포도알을 먹어. 소년: 12개의 포도알? 소녀: 응. 우리는 시계 종이 울릴 때마다 하나씩, 12개의 포도알을 먹어. 소년: 흥미롭구나.

14 ① 그림의 장소는 카페로 여자가 메뉴판을 가리키며 남자에게 주문을 하고 있고, 남자는 여자의 주문을 받고 있다.
• one glass of 한 잔의
• lunar calendar 음력
• stomachache 복통
	① M: May I take your order?
	   W: Yes. One glass of orange juice, please.
	② M: What are these?
	   W: They are boxes of oranges. My mom sent me them yesterday.
	③ M: Do you know anything about the lunar calendar?
	   W: No, I don't.
	④ M: What's the matter?
		① 남자: 제가 주문을 받아도 될까요?
		   여자: 네. 오렌지 주스 한 잔 주세요.
		② 남자: 이것들은 무엇입니까?
		   여자: 그것들은 오렌지 상자예요. 우리 엄마가 어제 그것들을 제게 보내셨어요.
		③ 남자: 당신은 음력에 대해서 아는 거 있어요?
		   여자: 아뇨, 몰라요.
		④ 남자: 무슨 일이에요?
		   여자: 나는 배가 아파요.

정답	JUMP UP 받아쓰기(스크립트)	해석

W: I have a stomachache.

15 ③ 주방에 무엇이 있냐는 물음에 '주방에는 냉장고가 있어.' 등과 같은 대답이 자연스럽다.
• nurse 간호사
• get up 일어나다
• try 해[먹어] 보다
• Help yourself. (음식 등을) 마음껏 드세요.

① W: Who is she?
   M: She is my sister. She is a nurse.
② W: What time do you get up?
   M: I get up at 7:30.
③ W: What's in the kitchen?
   M: It is next to the kitchen.
④ W: May I try a chocolate cake?
   M: Sure. Help yourself.

① 여자: 그녀는 누구니?
   남자: 그녀는 나의 누나야. 그녀는 간호사야.
② 여자: 너는 몇 시에 일어나니?
   남자: 나는 7시 30분에 일어나.
③ 여자: 주방에 무엇이 있니?
   남자: 그것은 주방 옆에 있어.
④ 여자: 내가 초콜릿케이크를 맛봐도 될까?
   남자: 물론이지. 마음껏 먹어.

---

16 ① 졸업식 날 남자아이는 기쁘고 자랑스럽고 여자에게서 많은 것을 배웠다고 하며 고마워하고 있으므로 이들의 관계는 학생과 교사이다.
• elementary 초등의
• congratulation 축하
• graduation 졸업

B: Today is the last day of elementary school.
W: Right. How do you feel?
B: I am very happy and proud of myself.
W: I am proud of you, too. Congratulations on your graduation!
B: Thank you, Ms. Miller. I learned a lot from you.
W: I know that you always did your best. I'll miss you.
B: Can I take a picture with you?

소년: 오늘이 초등학교의 마지막 날이네요.
여자: 그래. 너는 기분이 어떠니?
소년: 저는 매우 기쁘고 제 자신이 자랑스러워요.
여자: 나도 네가 자랑스럽단다. 너의 졸업을 축하한다!
소년: 감사합니다, Miller 선생님. 저는 선생님께 많은 것을 배웠어요.
여자: 나는 네가 항상 최선을 다했다는 것을 알고 있단다. 네가 그리울 거야.
소년: 제가 선생님과 함께 사진을 찍어도 될까요?

---

17 ① '응. 그것의 주인은 나야.'라는 대답은 '그 물건이 누구의 것이니?'라고 소유를 묻는 질문에 대한 응답으로 알맞다.
• wooden 나무의, 나무로 만든
• hoop (금속, 나무 등으로 만든) 고리[테]
• believe 믿다
• owner 주인, 소유자

G: What's this wooden hoop?
B: It is a dream catcher. My mom made it for me.
G: A dream catcher?
B: Yeah. We believe that it protects sleepers from bad dreams.
G: Sounds interesting.
B: Do you want to know more about it?
G: _____

소녀: 이 나무로 만든 고리는 뭐야?
소년: 그건 드림 캐쳐야. 우리 엄마가 나를 위해 그것을 만들어 주셨어.
소녀: 드림 캐쳐라고?
소년: 응. 우리는 그것이 잠자는 사람을 나쁜 꿈으로부터 보호한다고 믿고 있어.
소녀: 흥미롭구나.
소년: 너는 그것에 대하여 더 알고 싶니?
소녀: _____

① 응. 그것의 주인은 나야. ② 물론이지. 내게 더 말해 줘. ③ 응, 그래. 나는 매우 흥미 있어. ④ 그러고 싶지만, 나는 지금 가 봐야 해.

---

18 ④ 꽃이 언제 피는지 물었으므로 '대략 2주 후야.'라는 응답이 알맞다.
• water 물을 주다
• twice 두 번
• bloom 꽃이 피다
• smell 냄새[향기]가 나다
• later ~ 후에

B: What are those?
G: These are mini roses. I grow them.
B: How often do you water them?
G: Once or twice a week.
B: When will the flowers bloom?
G: _____

소년: 저것들은 무엇이니?
소녀: 이것들은 미니 장미야. 내가 그것들을 기르고 있어.
소년: 너는 얼마나 자주 그것들에 물을 주니?
소녀: 일주일에 한두 번.
소년: 꽃은 언제 필까?
소녀: _____

① 그것들은 분홍색이야. ② 그것들은 좋은 냄새가 나. ③ 그것들은 아주 작아. ④ 대략 2주 후야.

---

19 ④ 내일 남자아이에게 인터뷰를 요청하는 질문이므로 '그

B: What are you doing?
G: I am making questions for a survey.

소년: 너는 무엇을 하고 있니?
소녀: 나는 설문 조사를 위해 문제를 만들고 있어.

정답	JUMP UP 받아쓰기(스크립트)	해석
래. 우리는 몇 시에 만날까?'라는 응답이 알맞다. • question 질문 • survey 조사 • interview 인터뷰하다	B: What is it about? G: It's about a dream job. B: Sounds <u>interesting</u>. G: And I need to interview someone, too. Can I <u>interview</u> you <u>tomorrow</u>? B: _____	소년: 무엇에 관한 거니? 소년: 꿈의 직업에 관한 것이야. 소년: 흥미롭구나. 소녀: 그리고 나는 누군가를 인터뷰하는 것 역시 필요해. 내가 내일 너를 인터뷰해도 되니? 소년: _____ ① 그녀는 요리사였어. ② 나는 어제 꿈을 꾸었어. ③ 그 인터뷰는 매우 지루했어. ④ 그래. 우리는 몇 시에 만날까?
20 ① 여자의 클래식 기타 콘서트가 언제인지 남자가 묻고 있으므로 '10월 2일이에요.'라는 응답이 알맞다. • free time 여가[자유] 시간 • walk one's dog 개를 산책시키다 • calming 진정시키는, 차분한	W: What do you do in your free time? M: I <u>usually</u> walk my dog in the park. How about you? W: I <u>play</u> classical guitar. It's really <u>calming</u>. M: Great. W: Actually, I have a concert next month. Would you like to come? M: Sure. I'd love to. <u>When</u> is it? W: _____	여자: 당신은 여가 시간에 무엇을 하세요? 남자: 저는 주로 공원에서 제 개를 산책시켜요. 당신은 어떤가요? 여자: 저는 클래식 기타를 연주합니다. 그것은 매우 진정돼요. 남자: 훌륭하네요. 여자: 사실, 다음 달에 콘서트가 있어요. 당신은 오고 싶으세요? 남자: 물론이죠. 가고 싶어요. 언제예요? 여자: _____ ① 10월 2일이에요. ② 그것은 내가 제일 좋아하는 노래예요. ③ N 콘서트 홀에서 열릴 거예요. ④ 그 기타는 정말 비싸요.

LISTEN UP 실력 높여 보기

본문 56쪽

01 ⑤　　**02** ⑤　　**03** ①　　**04** ⑤　　**05** ①

정답	스크립트	해석
01 ⑤ 수영장이나 바닷가에서 볼 수 있고 수영을 매우 잘하며 위험에 빠진 사람을 구하는 직업은 수상 안전 요원이다. • save 구하다 • in danger 위험에 처한 • swimmer 수영하는 사람 • be proud of ~을 자랑스럽게 여기다	W: My job is to save people who are in danger. You can see me at swimming pools and beaches. I swim very well, and I got a lot of training to get this job. I always watch swimmers. My job is not easy, but I like helping people. I am proud of myself. Who am I?	여자: 나의 직업은 위험에 처한 사람들을 구하는 것입니다. 여러분은 나를 수영장이나 바닷가에서 볼 수 있습니다. 나는 수영을 매우 잘하고, 나는 이 직업을 갖기 위해 수업이 많은 훈련을 했습니다. 나는 항상 수영하는 사람들을 보고 있습니다. 나의 일은 쉽지 않지만, 나는 사람들을 돕는 것을 좋아합니다. 나는 내가 자랑스럽습니다. 내가 누구일까요?
02 ⑤ 독감의 증상으로 열, 목 따가움, 콧물과 두통이 언급되었지만 기침은 언급되지 않았다. • flu 독감 • go around (질병 등이) 유행하다 • fever 열 • sore 따가운 • runny nose 콧물	M: The flu is going around these days. If you get the flu, you'll probably have a fever. Your throat may be sore too. You can also have a runny nose or a headache. You might feel very tired, too. Take care not to catch the flu.	남자: 요즘 독감이 유행입니다. 여러분이 독감에 걸리면 여러분은 아마 열이 날 겁니다. 여러분의 목도 아마 따가울 것입니다. 여러분은 콧물이 나거나 두통이 있을 수 있습니다. 여러분은 또한 매우 피곤하다고 느낄 수도 있습니다. 독감에 걸리지 않도록 조심하세요.

정답	스크립트	해석

03 ① 어머니 날 아들에게 꽃과 카드를 받은 엄마는 매우 행복해하고 계신다.
- Mother's Day (미국·캐나다의) 어머니 날
- close (눈을) 감다
- carnation 카네이션
- pleased 기쁜

M: Mom, I am home. Close your eyes, please.
W: Okay.
M: One, two, three! Now you can open your eyes. *[Pause]* Ta-da!
W: Wow!
M: Happy Mother's Day!
W: Thank you. These carnations are so pretty!
M: And here is a card I made for you.
W: Oh, I am so pleased with the flowers and the card. Thank you so much.

남자: 엄마, 저 집이에요. 눈을 감아 보세요.
여자: 그래.
남자: 하나, 둘, 셋! 이제 눈을 뜨셔도 돼요. *[잠시 후]* 짜잔!
여자: 와우!
남자: 어머니 날 축하드려요!
여자: 고맙다. 이 카네이션들 매우 예쁘구나!
남자: 그리고 여기 제가 엄마를 위해 만든 카드도 있어요.
여자: 오, 꽃과 카드에 정말 마음에 드는구나. 정말 고마워.

04 ⑤ 여자아이가 남자아이에게 모형 집의 부서진 지붕을 단추로 장식할 것을 제안했고 남자아이는 동의했다.
- seem ~해 보이다, ~인 것 같다
- upset 화난
- roof 지붕
- submit 제출하다
- decorate 장식하다
- button 단추
- cover 덮다

G: What happened? You seem upset.
B: My model house broke.
G: How?
B: My younger brother hit it and broke the roof.
G: Sorry to hear that.
B: It is my homework. I need to submit it by the end of this week.
G: I have an idea. You can decorate the roof with this button.
B: That's a good idea. Then, I can cover the broken part.

소녀: 무슨 일이야? 너 화나 보인다.
소년: 나의 모형 집이 부서졌어.
소녀: 어떻게?
소년: 나의 남동생이 그것을 쳤고 지붕을 부쉈어.
소녀: 그것 참 안됐구나.
소년: 그것은 나의 숙제야. 나는 이번 주말까지 그것을 제출해야 해.
소녀: 나에게 생각이 있어. 너는 이 단추로 지붕을 장식할 수 있어.
소년: 그거 좋은 생각이다. 그러면 나는 부서진 부분을 덮을 수 있겠네.

05 ① 전화번호를 물었으므로 자신의 번호를 말하는 답이 가장 적절하다.
- lost 잃어버리다(lose)의 과거
- wallet 지갑
- leather 가죽

[Telephone rings.]
W: Hello, how may I help you?
M: Hi. I lost my wallet. I think it may be there.
W: Okay. What does it look like?
M: It's a black leather.
W: Let me see. *[Pause]* There is no black leather wallet here.
M: Then, can you call me if you get one?
W: Sure. Can I have your phone number?
M: _____

[전화벨이 울린다.]
여자: 안녕하세요, 어떻게 도와드릴까요?
남자: 안녕하세요, 저는 제 지갑을 잃어버렸어요. 제 생각에 그것이 거기에 있는 것 같아요.
여자: 좋아요. 그것이 어떻게 생겼죠?
남자: 그것은 검은색 가죽이에요.
여자: 볼게요. *[잠시 후]* 여기에는 검은색 가죽 지갑은 없어요.
남자: 그럼 혹시 그런 것이 들어오면 저에게 전화해 주실 수 있나요?
여자: 물론이죠. 전화번호가 어떻게 되죠?
남자: _____

① 555-5555이에요. ② 그녀는 여기에 없어요.
③ Kevin이에요. ④ 네, 그것이 제 지갑이에요.
⑤ 그에게 당신께 전화하라고 말할게요.

FLY UP

본문 62~63쪽

01 A A: Can I use your laptop? / 내가 당신의 노트북을 사용해도 될까요? please. / 네. 오렌지 주스 한 잔 주세요. **03** B I have a stomachache. / 나는 복통이 있어. **04** B I get up at 7:30. / 나는 7시 30분에 일어나. **05** B Sure. Help yourself. / 물론이죠. 마음껏 드세요. **02** B Yes. One glass of orange juice, **06** I want to get to the

train station. / 나는 기차역에 가고 싶어요.　　**07** Can I buy a ticket online? / 내가 표를 온라인으로 살 수 있나요?
08 I am making a sandwich for your lunch. / 너의 점심으로 샌드위치를 만들고 있단다.　　**09** Can I take a picture with you? / 제가 당신과 함께 사진을 찍어도 될까요?　　**10** Do you want to know more about it? / 너는 그 것에 대해 더 알고 싶니?

SPEAK UP

본문 64쪽

01 Can I use your laptop?　　**02** May I take your order?　　**03** May I try a pancake?
04 I want to get to the city hall.　　**05** I am making a cake for your birthday.
06 Can I take a picture with you?　　**07** Do you want to know more about it?

Listen & Speak Up 5

WARM UP

본문 65쪽

A　**01** introduce, 소개하다　　**02** on foot, 도보로　　**03** heavy rain, 많은 비　　**04** stadium, 경기장
　　05 in line, 줄을 서서　　**06** scenery, 풍경　　**07** competition, 경연 대회　　**08** couch, 소파
　　09 slippery, 미끄러운　　**10** flea market, 벼룩시장

B　**01** introduce　　**02** stadium　　**03** scenery　　**04** couch　　**05** competition
　　06 on foot　　**07** heavy rain　　**08** in line　　**09** slippery　　**10** flea market

LISTEN UP　JUMP UP

LISTEN UP　듣기평가 모의고사 5

본문 66~75쪽

01 ③	02 ②	03 ④	04 ②	05 ②	06 ④	07 ③	08 ②	09 ②	10 ③
11 ④	12 ③	13 ②	14 ③	15 ④	16 ③	17 ②	18 ①	19 ④	20 ②

정답	JUMP UP 받아쓰기(스크립트)	해석
01 ③ 남자아이는 Jake에게 숙제에 대해 묻고 싶어 한다. • ask 묻다 • homework 숙제 • back (이전의 상태 등으로) 다시, 돌아와서	B: Mom, where is Jake? W: He went to the <u>supermarket</u>. Why? B: I want to <u>ask</u> him about my <u>homework</u>. W: He will be <u>back</u> in ten minutes. B: Oh, I see.	소년: 엄마, Jake는 어디에 있나요? 여자: 그는 슈퍼마켓에 갔어. 왜? 소년: 제가 그에게 제 숙제에 대해 묻고 싶어서요. 여자: 그는 10분 후에 돌아올 거야. 소년: 오, 알겠어요.
02 ② 여자아이가 잃어버린 개는 하얗고 곱슬거리는 털에	G: Oh no! I cannot <u>find</u> my dog. B: What does he look like?	소녀: 오 이런! 나는 나의 개를 찾을 수 없어. 소년: 그는 어떻게 생겼니?

정답	JUMP UP 받아쓰기(스크립트)	해석

갈색 눈을 가졌다.
- curly 곱슬거리는
- try 해 보다, 시도하다

G: He has white curly hair.
B: What else?
G: He has brown eyes.
B: Okay. I will go and try to find him.

소녀: 그는 하얗고 곱슬거리는 털을 가졌어.
소년: 다른 것은?
소녀: 그는 갈색 눈을 가지고 있어.
소년: 좋아. 내가 가서 그를 찾아볼게.

---

03 ④ 남자는 여름 방학에 자전거 여행을 갈 것이다.
- vacation 방학
- tour 여행
- sounds like ~처럼 들리다, ~인 것 같다

W: The summer vacation is coming.
M: What will you do this summer vacation?
W: I will take some fun classes.
M: What classes?
W: One is a yoga class, and the other is a cooking class. How about you?
M: I will go on a bike tour.
W: Sounds like fun!

여자: 여름 방학이 다가오고 있어.
남자: 너는 이번 여름 방학에 무엇을 할 거니?
여자: 나는 재미있는 수업을 들을 거야.
남자: 어떤 수업?
여자: 하나는 요가 수업이고, 다른 하나는 요리 수업이야. 너는 어떠니?
남자: 나는 자전거 여행을 갈 거야.
여자: 재미있을 것 같다!

---

04 ② 영어 선생님을 소개하는 내용이다.
- introduce 소개하다
- three times 세 번
- favorite 가장 좋아하는

G: I want to introduce my English teacher. His name is Chris. He is from Canada. He teaches us English three times a week. We play lots of fun games in his class. He is my favorite teacher.

소녀: 나는 나의 영어 선생님을 소개하고 싶어. 그의 이름은 Chris야. 그는 캐나다에서 오셨어. 그는 일주일에 세 번 우리에게 영어를 가르치셔. 우리는 그의 수업 시간에 많은 재미있는 게임을 해. 그는 내가 가장 좋아하는 선생님이셔.

---

05 ② 빵집은 두 블록 앞으로 쭉 가서 모퉁이에서 오른쪽으로 돌면 오른편에 있다.
- bakery 빵집
- minute 분
- on foot 도보로

W: Excuse me. Is there a bakery near here?
M: Yes. It takes fifteen minutes on foot.
W: Great. Can you tell me how to get there?
M: Sure. Go straight down two blocks and turn right at the corner.
W: Turn right at the corner?
M: Yes. It will be on your right.

여자: 실례합니다. 여기에서 가까운 빵집이 있나요?
남자: 네. 도보로 15분 걸려요.
여자: 좋아요. 어떻게 그곳에 갈 수 있는지 제게 알려 주실 수 있나요?
남자: 물론이죠. 두 블록 앞으로 쭉 가서 모퉁이에서 오른쪽으로 도세요.
여자: 모퉁이에서 오른쪽이요?
남자: 네. 그것은 당신의 오른쪽에 있을 거예요.

---

06 ④ 내일부터는 많은 비가 내릴 예정이다.
- weekend 주말
- weather report 일기 예보
- heavy rain 많은 비

M: This is your weekend weather report. This morning, there will be blue skies with no clouds. However, it will be cloudy and windy in the afternoon. From tomorrow, there will be heavy rain. Don't forget to take your umbrella.

남자: 여러분의 주말 일기 예보입니다. 오늘 아침, 구름 없는 파란 하늘을 보실 수 있습니다. 그러나 오후에는 흐리고 바람이 불겠습니다. 내일부터는 많은 비가 내릴 예정입니다. 우산 챙기는 것을 잊지 마세요.

---

07 ③ 두 아이는 반려동물에 관하여 이야기하고 있다.
- pet 반려동물
- hamster 햄스터
- cute 귀여운

B: Do you have a pet?
G: Yes, I have a dog. His name is Happy.
B: How old is he?
G: He is two years old. Do you have a pet?
B: Yes, I have a hamster. She is so small and cute.

소년: 너는 반려동물이 있니?
소녀: 응, 나는 개가 한 마리 있어. 그의 이름은 '해피'야.
소년: 그는 몇 살이니?
소녀: 그는 두 살이야. 너는 반려동물이 있니?
소년: 응, 나는 햄스터가 있어. 그녀는 아주 작고 귀여워.

---

08 ② 여러 아이들이 극장에서 영화를 보고 있는 그림이다.
- stadium 경기장
- theater 극장
- in line 줄을 서서

① M: Boys and girls are playing soccer at the stadium.
② M: Boys and girls are watching a movie in the theater.
③ M: Boys and girls are standing in line for a musical concert.

① 남자: 남자아이들과 여자아이들은 경기장에서 축구를 하고 있다.
② 남자: 남자아이들과 여자아이들은 극장에서 영화를 보고 있다.
③ 남자: 남자아이들과 여자아이들은 뮤지컬 공연을 위해 줄을 서 있다.

정답	JUMP UP 받아쓰기(스크립트)	해석

④ M: Boys and girls are playing board games.

④ 남자: 남자아이들과 여자아이들은 보드게임을 하고 있다.

09 ② 남자아이는 화가가 되기를 원한다.
· paint (물감으로) 그리다
· scenery 풍경
· like ~와 같은; 좋아하다

G: Wow, that's a beautiful picture. Who painted it?
B: I painted it. I like to paint beautiful sceneries.
G: Looks cool.
B: Thank you.
G: Do you want to be a painter?
B: Yes. I want to be a painter like my father.

소녀: 우와, 저것은 아름다운 그림이구나. 누가 그것을 그렸지?
소년: 내가 그것을 그렸어. 나는 아름다운 풍경을 그리는 것을 좋아해.
소녀: 멋져 보인다.
소년: 고마워.
소녀: 너는 화가가 되기를 원하니?
소년: 응. 나는 나의 아버지와 같은 화가가 되기를 원해.

10 ③ 남자아이는 다음 달 피아노 경연 대회를 위하여 피아노 연습을 해야 한다.
· competition 경연
· practice 연습하다

B: Good morning.
G: Good morning. Are you free tomorrow? If you are, let's go to see a movie.
B: I'd love to, but I can't. I have a piano competition next month. I have to practice for it.
G: Do you practice every day?
B: Yes, I do. The contest is really important to me.

소년: 좋은 아침.
소녀: 좋은 아침이야. 너 내일 한가하니? 만약 그렇다면, 내일 영화 보러 가자.
소년: 나는 그러고 싶지만, 갈 수 없어. 나는 다음 달에 피아노 경연 대회가 있어. 나는 그것을 위해 연습해야 해.
소녀: 너는 매일 연습하니?
소년: 응, 난 그래. 그 경연은 나에게 매우 중요해.

11 ④ 남자아이의 휴대전화는 소파 뒤에 있다.
· couch 소파

B: Can you bring me my cellphone?
G: Sure. Where is it?
B: It's on the table in front of the couch.
G: Are you sure? There is nothing on the table.
B: Really? Can you look around there?
G: Oh, I found it. It is behind the couch.

소년: 나에게 내 휴대전화를 가져다줄 수 있어?
소녀: 물론이지. 그것은 어디에 있니?
소년: 그것은 소파 앞에 있는 탁자 위에 있어.
소녀: 확실하니? 탁자 위에는 아무것도 없어.
소년: 정말? 거기 주위를 살펴봐 줄 수 있니?
소녀: 오, 내가 그것을 찾았어. 그것은 소파 뒤에 있어.

12 ③ 남자와 여자가 만나기로 한 시각은 오후 6시이다.
· musical concert 음악회
· take a bus 버스를 타다
· too early 너무 이른

M: I'm going to the musical concert tomorrow. How about you?
W: Me too. How will you get there?
M: I will take the bus. Would you like to go together?
W: Sure. Let's meet at the bus stop. What time does the concert start?
M: It starts at 7 p.m. So how about meeting at five thirty?
W: That's too early. How about six?
M: Good. See you there at six.

남자: 나는 내일 음악회에 갈 거야. 너는 어때?
여자: 나도 그래. 거기까지 어떻게 갈 거니?
남자: 나는 버스를 타고 갈 거야. 같이 갈까?
여자: 물론이지. 우리 버스 정류장에서 보자. 콘서트는 언제 시작하지?
남자: 오후 7시에 시작할 거야. 그러니까 5시 30분에 만나는 것이 어때?
여자: 그것은 너무 일러. 6시는 어때?
남자: 좋아. 거기에서 6시에 보자.

13 ② 주아는 드럼을 연주하고 6학년이다.
· singer 가수
· member 구성원
· guitarist 기타 연주자

B: Hi, I'm Jaeho, the singer and leader of my school band. There are four members in the band. Jua and I are in the sixth grade. She plays the drums in the band. Subin and Jia are in the fifth grade. They are the guitarists.

소년: 안녕. 나는 학교 밴드의 가수이자 리더인, 재호야. 이 밴드는 4명의 구성원이 있어. 주아와 나는 6학년이야. 그녀는 밴드에서 드럼을 연주해. 수빈이와 지아는 5학년이야. 그들은 기타리스트야.

14 ③ 사진을 찍어 달라는

① G: How smart of you!

① 소녀: 정말 영리하구나!

정답	JUMP UP 받아쓰기(스크립트)	해석

여자아이의 부탁에 남자아이가 흔쾌히 응하는 상황이다.
- road 길
- slippery 미끄러운
- take a picture 사진을 찍다

B: Thank you.
② G: Be careful. This road is slippery.
B: Okay. I will.
③ G: Can you take a picture of us?
B: Sure. No problem.
④ G: Don't take a picture in this room.
B: I'm sorry. I won't.

소년: 고마워.
② 소녀: 조심해. 이 길이 미끄러워.
소년: 응. 그렇게.
③ 소녀: 우리의 사진을 찍어 줄 수 있니?
소년: 물론이지. 문제없어.
④ 소녀: 이 방에서 사진을 찍지 마.
소년: 미안해. 안 그럴게.

---

15 ④ 어디에서 왔느냐는 질문에는 출신지를 말하는 응답이 알맞다.
- faster 더 빠른
- Statue of Liberty 자유의 여신상

① B: Have a seat here.
W: Thank you. You are very kind.
② B: How often do you go to the library?
W: Twice a month.
③ B: Who is faster, you or Jack?
W: Jack is much faster than me.
④ B: Where are you from?
W: The Statue of Liberty is in New York City.

① 소년: 여기 앉으세요.
여자: 고마워. 너는 매우 친절하구나.
② 소년: 당신은 얼마나 자주 도서관에 가세요?
여자: 한 달에 두 번 간단다.
③ 소년: 당신과 Jack 중 누가 더 빨라요?
여자: Jack이 나보다 훨씬 더 빠르단다.
④ 소년: 당신은 어디에서 오셨나요?
여자: 자유의 여신상은 뉴욕시에 있어.

---

16 ③ 여자아이가 찾고 있는 것은 재킷 아래에 있는 빨간 목도리이다.
- look for ~을 찾다

B: What are you doing?
G: I'm looking for my scarf.
B: Here is a yellow scarf. Is this yours?
G: No, that's not mine. My scarf is red.
B: Then, whose scarf is this?
G: It is Jinho's.
B: Oh. There is a red scarf under this jacket. Is this yours?
G: Yes, it is. Thank you.

소년: 너는 무엇을 하고 있니?
소녀: 나는 나의 목도리를 찾고 있어.
소년: 여기 노란 목도리가 있어. 이것은 너의 것이니?
소녀: 아니, 그것은 내 것이 아니야. 나의 목도리는 빨간색이야.
소년: 그럼, 이 목도리는 누구의 것이니?
소녀: 그것은 진호의 것이야.
소년: 아. 이 재킷 아래에 빨간 목도리가 있어. 이것이 너의 것이니?
소녀: 응, 그래. 고마워.

---

17 ② '너도 우리와 같이 할래?'라는 제안에 어울리지 않는 응답은 '그들은 건강해.'이다.
- tired 피곤한
- exercise 운동하다
- jog 조깅하다, 달리다
- join 합류하다, 가입하다

M: You look tired today.
W: I think I need to get more exercise.
M: How often do you exercise?
W: Once or twice a week. How about you?
M: I jog with my brother every morning. It's very fun. Would you like to join us?
W: _____

남자: 너는 오늘 피곤해 보인다.
여자: 나는 운동을 더 할 필요가 있는 거 같아.
남자: 너는 얼마나 자주 운동을 하니?
여자: 일주일에 한 번 또는 두 번. 너는 어떠니?
남자: 나는 내 남동생과 매일 아침 조깅을 해. 그건 매우 재밌어. 너도 우리와 같이 할래?
여자: _____
① 물론이지. 나도 하고 싶어. ② 그들은 건강해. ③ 미안해. 나는 일찍 일어날 수 없어. ④ 고마워. 너는 몇 시에 조깅하러 가니?

---

18 ① '신발을 신어 봐도 될까요?'라는 물음에 '물론이죠, 가능해요.'라는 응답이 알맞다.
- exchange 교환하다
- either 둘 중 어느 하나의

M: May I help you?
W: Yes, I'd like to exchange these shoes. They are too small for me.
M: Okay. What size do you want?
W: I need either a 235 or 240.
M: All right. These are 240.
W: Can I try them on?
M: _____

남자: 도와드릴까요?
여자: 네, 저는 이 신발들을 교환하고 싶어요. 그것들은 저에게 너무 작아요.
남자: 좋아요. 어떤 크기를 원하시죠?
여자: 저는 235나 240이 필요해요.
남자: 좋아요. 이것들은 240이에요.
여자: 제가 그것들을 신어 봐도 될까요?
남자: _____

정답	JUMP UP 받아쓰기(스크립트)	해석

① 물론이죠, 가능해요. ② 좋아요, 제가 그것들을 살게요. ③ 네. 그것들은 가장 작은 크기예요. ④ 신발 가게는 바로 저기에 있어요.

19 ④ 의사에게 가 보라는 남자의 제안에 여자의 응답으로 '그렇게 하겠다'가 알맞다.
• runny nose 콧물
• have a sore throat 목이 아프다[인후통이 있다]

M: Are you feeling okay? You have a runny nose.
W: I don't feel good. I have a sore throat too.
M: Did you see a doctor?
W: No, I didn't.
M: Why don't you see a doctor right now?
W: _____

남자: 괜찮니? 너 콧물이 흐르고 있어.
여자: 나는 기분이 별로 안 좋아. 나는 목도 따끔거려.
남자: 의사를 만나 봤니?
여자: 아니, 안 그랬어.
남자: 지금 바로 의사에게 가 보는 것이 어때?
여자: _____

① 나의 엄마는 의사가 아니야. ② 너는 쉬는 것이 좋겠어. ③ 나는 장래에 의사가 되고 싶어. ④ 좋아. 그렇게 할게. 여기에서 가장 가까운 병원이 어딘지 아니?

20 ② 벼룩시장이 열린 장소를 묻고 있으므로 알맞은 응답은 'ABC 거리에서 열려.'이다.
• flea market 벼룩시장
• vintage 구형의

B: Good afternoon.
G: Good afternoon. Where are you going?
B: I am going to the flea market.
G: Is there something you want to buy?
B: Yes. I want to buy a pair of vintage jeans.
G: Oh, sounds good. Where is the flea market?
B: _____

소년: 좋은 오후야.
소녀: 좋은 오후야. 너는 어디에 가고 있니?
소년: 나는 벼룩시장에 가고 있어.
소녀: 거기에서 사고 싶은 것이 있니?
소년: 응. 나는 구제 청바지를 사고 싶어.
소녀: 오, 좋다. 어디에서 벼룩시장이 열리니?
소년: _____

① 월요일에 열려. ② ABC 거리에서 열려. ③ 그곳엔 많은 청바지가 있을 거야. ④ 그렇게 비싸지는 않아.

🎵 LISTEN UP   실력 높여 보기

본문 70쪽

01 ③   **02** ③   **03** ①   **04** ④   **05** ①

정답	스크립트	해석

01 ③ 강가에 살며 두껍고 무거운 비늘이 온몸을 덮고 있는 것은 악어이다.
• cover 덮다
• thick 두꺼운
• scale 비늘
• jaw 턱

W: I have four short legs. I live near a river. My body is covered in thick heavy scales. I have powerful jaws and my teeth are sharp. I eat other animals. Who am I?

여자: 나는 네 개의 짧은 다리를 가지고 있어요. 나는 강 가까이에 살고 있어요. 나의 몸은 두껍고 무거운 비늘이 덮고 있어요. 나는 강한 턱을 가지고 있고 나의 이빨은 날카로워요. 나는 다른 동물들을 먹어요. 나는 누구일까요?

02 ③ 운동회의 날짜, 장소, 프로그램 종류, 준비물은 언급되었지만, 그날의 날씨는 언급되지 않았다.
• balloon 풍선
• towel 수건

M: Sports Day is coming up. It is on May 6th at King Stadium. It will start at 9 a.m. There will be soccer, badminton, and balloon games on that day. Don't forget to bring water and a towel.

남자: 운동회가 다가오고 있어요. 그것은 King 경기장에서 5월 6일에 열려요. 그것은 오전 9시에 시작할 거예요. 그날 축구, 배드민턴, 그리고 풍선 게임이 있을 거예요. 물과 수건을 가져오는 것을 잊지 마세요.

03 ① 여자의 남동생이 삼촌

M: What are you going to do this weekend?

남자: 이번 주말에 무엇을 할 예정이니?

정답	스크립트	해석

의 결혼식에서 결혼반지를 가져다주는 역할을 맡아 여자는 무척 기대하고 있다.
• wedding 결혼
• carry 가져가다
• wedding ring 결혼반지
• can't wait 기다릴 수 없다, 기대되다

W: I will go to my uncle's wedding. It will be a very special day for me.
M: Why?
W: Because my little brother is going to carry the wedding rings.
M: Wow, sounds wonderful.
W: I can't wait for it.

여자: 나는 나의 삼촌 결혼식에 갈 거야. 그것은 나에게 매우 특별한 날이 될 거야.
남자: 왜?
여자: 왜냐하면 내 남동생이 결혼반지를 가지고 가기로 했거든.
남자: 와, 멋진 것 같다.
여자: 난 그것이 너무 기대돼.

04 ④ 여자가 바로 하겠다고 한 일은 식료품점에 가는 일이다.
• grocery store 식료품점
• vegetable 채소

W: What will you do after school?
M: I have a violin lesson. How about you?
W: I'll cook for dinner. I'll make some pasta and fruit salad.
M: Sounds good.
W: Will you come to my house for dinner?
M: Okay. I'll be there by six.
W: Great. I will go to the grocery store to get some vegetables and fruit right now. See you at six.

여자: 너는 방과 후에 무엇을 할 거니?
남자: 나는 바이올린 수업이 있어. 너는 어떠니?
여자: 나는 저녁을 위해 요리를 할 거야. 나는 파스타와 과일 샐러드를 만들 거야.
남자: 좋은데.
여자: 저녁 먹으러 우리 집에 올래?
남자: 좋아. 6시까지 그곳에 갈게.
여자: 훌륭해. 나는 지금 바로 채소와 과일을 좀 사러 식료품점에 갈 거야. 6시에 보자.

05 ① 마실 것을 원하는지 묻는 질문에는 탄산음료를 요청하는 응답이 가장 적절하다.
• sauce 소스
• recommend 추천하다

W: May I take your order?
M: Yes. I want a combination pizza.
W: All right. What size do you want?
M: A medium please.
W: And what kind of sauce do you want?
M: Hmm. What do you recommend?
W: Garlic tomato sauce is really good on that pizza.
M: Okay. I will take that.
W: Do you want something to drink?
M: _____

여자: 주문하시겠어요?
남자: 네. 저는 콤비네이션 피자를 원해요.
여자: 좋아요. 어떤 사이즈를 원하세요?
남자: 중간 사이즈로 주세요.
여자: 어떤 종류의 소스를 원하세요?
남자: 음. 당신은 어떤 것을 추천하나요?
여자: 마늘 토마토소스가 그 피자와 아주 잘 어울려요.
남자: 좋아요. 저는 그것으로 할게요.
여자: 마실 것을 원하세요?
남자: _____

① 네, 탄산음료 주세요. ② 그게 너무 맛있어요. ③ 피자는 이탈리아 음식이에요. ④ 저는 마늘 피자를 좋아하지 않아요. ⑤ 당신의 피자가 제 것보다 더 커요.

 **FLY UP**

본문 76~77쪽

01 B Jack is much faster than me. / Jack은 나보다 훨씬 더 빨라. **02** B I'm looking for my scarf. / 나는 내 목도리를 찾고 있어. **03** A Whose scarf is this? / 이것은 누구의 목도리니? **04** B Sure. No problem. / 물론이지. 문제없어. **05** A May I help you? / 제가 도와드릴까요? **06** I want to introduce my English teacher. / 나는 나의 영어 선생님을 소개하고 싶어. **07** It will be cloudy and windy in the afternoon. / 오후에는 흐리고 바람이 불 것입니다. **08** Is there a bakery near here? / 여기 근처에 빵집이 있나요? **09** Your pizza is bigger than mine. / 당신의 피자가 제 것보다 더 커요. **10** You have a runny nose. / 너는 콧물이 흐르고 있어.

SPEAK UP

01 Jack is much older than me. **02** I'm looking for my jacket. **03** Whose wallet is this?
04 I want to introduce my English teacher. **05** It will be sunny in the morning. **06** Your pizza is bigger than mine. **07** You have a runny nose.

Listen & Speak Up 6

WARM UP

A **01** borrow, 빌리다 **02** surprise, 놀람 **03** straight, 똑바로, 곧은 **04** be late for, ~에 늦다
05 minute, 분 **06** time, 번, 회 **07** terrible, 지독한, 끔찍한 **08** make sure, 반드시 ~하다
09 dangerous, 위험한 **10** headache, 두통

B **01** surprise **02** straight **03** minute **04** time **05** terrible
06 borrow **07** late **08** sure **09** dangerous **10** headache

LISTEN UP JUMP UP

LISTEN UP 듣기평가 모의고사 6

| 01 ② | 02 ③ | 03 ④ | 04 ② | 05 ④ | 06 ① | 07 ② | 08 ① | 09 ④ | 10 ④ |
| 11 ② | 12 ① | 13 ④ | 14 ② | 15 ③ | 16 ④ | 17 ① | 18 ① | 19 ① | 20 ③ |

정답	JUMP UP 받아쓰기(스크립트)	해석
01 ② 남자아이는 자신의 책을 돌려받기 위하여 Jack을 찾고 있다. • same 똑같은 • borrow 빌리다 • textbook 교과서 • return 돌려주다 • bring 가지고 오다	B: Hi, Hana. Did you see Jack today? G: Yes. We are in the <u>same</u> class. B: That's right. I have something to tell him. G: What is it? B: He <u>borrowed</u> my history textbook, but he didn't return it to me. G: Oh, maybe he <u>forgot</u> about it. B: I think so. Can you tell him to <u>bring</u> me my book? G: Okay, I will.	소년: 안녕, 하나야. 너 오늘 Jack을 봤니? 소녀: 응. 우리 같은 반이잖아. 소년: 맞아. 내가 그에게 할 말이 있어서. 소녀: 그게 뭔데? 소년: 그가 나의 역사 교과서를 빌렸는데, 나에게 그것을 돌려주지 않았어. 소녀: 어, 아마 그는 그것에 대해 잊었나 봐. 소년: 그런 거 같아. 네가 그에게 나한테 내 책을 가져오라고 말해 줄 수 있어? 소녀: 알았어, 그럴게.
02 ③ 엄마의 생신을 위해 특별한 케이크를 주문하기로 했고 제일 먼저 케이크 그림을 그려 디자인한다.	G: You know what? This Saturday is Mom's birthday. B: You're right. What should we do for her? G: How about throwing a <u>surprise</u> party?	소녀: 그거 알아? 이번 토요일이 엄마 생신이야. 소년: 맞아. 우리가 그녀를 위해 뭘 해야 하지? 소녀: 깜짝 파티를 여는 게 어때? 소년: 좋아. 그것에 대해 아이디어가 있어?

정답	JUMP UP 받아쓰기(스크립트)	해석

| | B: Sounds good. Do you have any ideas for it?
G: We can design a special cake and order it at the bakery.
B: That's a great idea! Let's draw a picture of the cake.
G: Okay. Let's put "We love you, Mom." on the cake.
B: Perfect! | 소녀: 우리가 특별한 케이크를 디자인하여 빵집에 주문할 수 있어.
소년: 그거 멋진 생각이야! 그 케이크 그림을 그리자.
소녀: 좋아. 케이크 위에 '엄마 사랑해요'를 넣자.
소년: 완벽해! |

- How about -ing ~? ~하는 게 어때?
- throw (파티를) 열어 주다, 던지다
- surprise 놀람
- design 디자인하다
- order 주문하다

---

03 ④ 여자아이가 댄스 연습에 갈 수 없는 이유는 내일 오후에 할아버지 가게에서 그를 도와드려야 하기 때문이다.

- practice 연습
- gym 체육관
- be able to ~할 수 있다
- early 일찍
- need to ~해야 하다, ~할 필요가 있다

[Cellphone rings.]
G: Hi, Tony.
B: Hi, Amy. What's up?
G: I'm calling to ask you about our dance practice tomorrow. When is it?
B: It's at 4 in the gym.
G: Oh, I'm sorry I won't be able to go to the practice.
B: Why not?
G: I have to go home early. I need to help my grandfather at his store.

[휴대전화가 울린다.]
소녀: 안녕, Tony.
소년: 안녕, Amy. 무슨 일이니?
소녀: 내일 우리 댄스 연습에 관해 물어보려고 전화한 거야. 언제니?
소년: 그건 체육관에서 4시에 있어.
소녀: 어, 미안한데 내가 연습에 갈 수 없을 거 같아.
소년: 왜 안 되는데?
소녀: 내가 집에 일찍 가야 해. 나는 할아버지 가게에서 그를 도와드려야 해.

---

04 ② 원과 삼각형을 이용하여 고양이의 얼굴, 눈, 코, 귀를 그리는 법을 설명하고 있다.

- draw 그리다
- circle 원
- center 가운데, 중심
- triangle 삼각형
- side 옆

M: Let me show you how to draw a cat. First, draw a big circle. Then, draw two circles for the eyes. Draw a small circle in the center. That's the nose. Draw a mouth under the nose. After that, draw two small triangles on the sides of the big circle. Those are the cat's ears.

남자: 내가 고양이를 그리는 방법을 알려 줄게. 먼저, 큰 원을 그려. 그러고 나서, 눈을 위한 두 개의 원을 그려. 가운데에 작은 원을 하나 그려. 그것은 코야. 그 코 밑에 입을 그려. 그 후에, 큰 원 양쪽 옆에 두 개의 작은 삼각형을 그려. 그것들은 고양이의 귀야.

---

05 ④ 여자가 찾는 약국은 모퉁이에서 오른쪽으로 꺾으면 우체국 옆에 있다.

- pharmacy 약국
- straight 똑바로, 곧장
- corner 모퉁이
- correct 맞는
- next to ~ 옆에

W: Excuse me, is there a pharmacy near here?
M: Yes. There is one on Main Street.
W: Can you please tell me how to get there?
M: Of course. Walk straight and turn right at the corner.
W: Walk straight and turn right. Is that correct?
M: Yes. It's next to the post office.
W: Okay. Thank you.

여자: 실례합니다만, 여기 근처에 약국이 있을까요?
남자: 네. Main Street에 하나 있어요.
여자: 거기에 어떻게 가는지 말씀해 주실 수 있나요?
남자: 물론입니다. 곧장 걸어가서 모퉁이에서 오른쪽으로 꺾으세요.
여자: 곧장 걸어가서 오른쪽으로 꺾으시오. 그게 맞나요?
남자: 맞아요. 그것은 우체국 옆에 있어요.
여자: 알겠어요. 고맙습니다.

---

06 ① 선생님은 오늘 검은색 정장을 입고 파란색 넥타이를 매고 있으며 짧고 곧은 머리카락을 가지고 있다.

- suit 정장
- necktie 넥타이

B: It's my teacher's birthday today. He's wearing a black suit. Also, he's wearing a blue necktie. He has short straight hair. He looks cool and handsome today.

소년: 오늘은 나의 선생님의 생신이다. 그는 검은색 정장을 입고 있다. 또한 그는 파란색 넥타이를 매고 있다. 그는 짧고 곧은 머리카락을 가지고 있다. 그는 오늘 멋지고 잘생겨 보인다.

• cool 멋진
• handsome 잘생긴

---

07 ② 두 사람이 볼 영화는 6시에 시작하고 20분이 남았으므로 현재 시각은 5시 40분이다.
• theater 극장
• be late for ~에 늦다
• sure 확실한
• check 확인하다
• minute (시간 단위) 분
• soda 탄산수

W: We got to the theater early. We won't be late for the movie!
M: What time does it start?
W: It starts at 6 o'clock.
M: Are you sure? Please check your ticket again.
W: I'm right. The movie starts at 6.
M: Great. Then, we have 20 minutes. Let's buy some popcorn and drinks.
W: Good. I'll get soda.

여자: 우리가 극장에 일찍 도착했어. 우린 영화에 늦지 않겠어!
남자: 그게 몇 시에 시작하지?
여자: 그것은 6시에 시작해.
남자: 확실해? 표를 다시 확인해 봐.
여자: 내가 맞아. 영화는 6시에 시작해.
남자: 좋아. 그럼, 우리에게는 20분이 있어. 팝콘과 음료를 사자.
여자: 좋아. 난 탄산수로 할래.

---

08 ① 남자아이는 농구를 하고 싶어 하지만 비가 올 것이어서 농구를 포기하고 집에서 영화를 보기로 했다.
• a little 좀, 약간
• probably 아마도
• soon 곧
• heard 듣다(hear)의 과거형

W: You look a little down. What's wrong?
B: I want to play basketball this afternoon, but I can't.
W: Why can't you?
B: Look at those clouds! It'll probably rain soon.
W: Oh, you're right. I heard it's going to rain today.
B: I think I will watch a movie at home.
W: That's good!

여자: 좀 침울해 보이는데. 무슨 일 있니?
소년: 오늘 오후에 농구를 하고 싶은데 할 수 없어요.
여자: 왜 할 수 없지?
소년: 저 구름을 보세요! 아마 곧 비가 올 거예요.
여자: 어, 네 말이 맞아. 오늘 비가 올 거라고 들었어.
소년: 집에서 영화를 봐야겠어요.
여자: 그거 좋네!

---

09 ④ Emma Peterson은 제빵사이고 오전 4시에 일어나며 7시에 빵이 나오고 하루에 세 번 빵을 굽는다.
• baker 제빵사
• a.m. 오전
• come out 나오다
• time 번, 회
• p.m. 오후

W: Hi, I'm Emma Peterson. I am a baker. I get up at 4 a.m. and make bread and cookies. My bread usually comes out at 7 every day. I bake bread three times a day. I finish my work at 4 p.m.

여자: 안녕, 나는 Emma Peterson이야. 나는 제빵사야. 나는 오전 4시에 일어나서 빵과 과자를 만들어. 나의 빵은 주로 매일 7시에 나와. 나는 하루에 세 번 빵을 구워. 난 오후 4시에 나의 일을 마쳐.

---

10 ④ 놀이 기구를 타고 있는 상황으로 여자아이는 신이 나 있고 남자아이는 힘들어하고 있다.
• excited 신난
• ride 놀이 기구
• upside down 뒤집힌, 거꾸로 된
• terrible 최악인, 아주 안 좋은
• almost 거의

G: Wow! This is great! I'm so excited.
B: I don't like this!
G: This ride is really fast!
B: Uh.... We're upside down!
G: Oh, I really love this part!
B: I feel terrible. I'm going to be sick.
G: Oh, that's too bad. It's almost done.

소녀: 우와! 이거 대단해! 난 너무 신나.
소년: 난 이거 좋아하지 않아!
소녀: 이 놀이 기구는 정말 빠르잖아!
소년: 어…. 우리 뒤집힌다!
소녀: 오, 난 정말 이 구간을 좋아해!
소년: 난 죽겠어. 토할 거 같아.
소녀: 어, 이런. 거의 다 됐어.

---

11 ② 여자아이가 전화를 걸어 휴대전화를 찾았고 마지막 말에서 소파 아래에 있다고 말하고 있다.

B: Lucy, can you bring me my cellphone? I'm working on my science project.
G: Okay. Where is it?
B: I think I put it on the kitchen table.

소년: Lucy, 내 휴대전화를 가져올 수 있어? 내가 과학 프로젝트 작업 중이거든.
소녀: 알겠어. 그것은 어디에 있는데?
소년: 내가 주방 식탁 위에 놓은 거 같아.

정답	JUMP UP 받아쓰기(스크립트)	해석
• bring 가져오다 • project 프로젝트, 과제 • put 놓다 • (not) ~ either 또한, 역시 　(~ 아니다) • ring 울리다	G: No, there's <u>nothing</u> on the table. B: <u>How</u> about on the sofa? G: It's not there, either. Wait! I'll call you. B: Good idea! *[Cellphone rings.]* G: Oh, I found it. It's <u>under</u> the sofa.	소녀: 아니, 식탁 위에는 아무것도 없어. 소년: 소파 위에는 어때? 소녀: 거기에도 없어. 기다려 봐! 내가 전화를 걸게. 소년: 좋은 생각이네! *[휴대전화가 울린다.]* 소녀: 어, 찾았어. 소파 아래에 있어.
12 ① 여자아이는 유명한 여성들에 관한 기사를 읽고 있으며 그중 한 인물에 대해 이야기하고 있다. • article 기사 • famous 유명한 • women 여성(woman)의 복수형 • poor 가난한 • spend 시간 -ing ~하는 데 (시간을) 보내다	B: Tricia, what are you reading? G: I'm reading an article about famous women. They made the world <u>better</u>. B: Oh, who are they? G: There are a lot of them. Hmm, do you know Mother Teresa? B: Of course. She's one of the <u>greatest</u> women. G: That's right. She helped <u>poor</u> people in India. B: Yeah. She <u>spent</u> most of her life helping them.	소년: Tricia, 너는 무엇을 읽고 있어? 소녀: 난 유명한 여성들에 관한 기사를 읽고 있어. 그들은 세상을 더 좋게 만들었지. 소년: 오, 그들이 누구야? 소녀: 그들은 많이 있어. 음, 테레사 수녀님을 알아? 소년: 물론이지. 그녀는 가장 위대한 여성 중 한 명이잖아. 소녀: 맞아. 그녀는 인도에서 가난한 사람들을 도와주었지. 소년: 그래. 그녀는 그들을 돕는 데 그녀 인생의 대부분을 보냈지.
13 ④ 소년들은 야구장에서 야구 경기를 보고 있다. • baseball 야구, 야구공 • ballpark 야구장 • watch 관람하다, 지켜보다	① W: Boys are <u>buying</u> baseballs in the store. ② W: Boys are <u>playing</u> baseball in the ballpark. ③ W: Boys are <u>going</u> to the ballpark to play baseball. ④ W: Boys are watching a baseball <u>game</u> in the ballpark.	① 여자: 소년들이 가게에서 야구공을 사고 있다. ② 여자: 소년들이 야구장에서 야구를 하고 있다. ③ 여자: 소년들이 야구를 하기 위하여 야구장으로 가고 있다. ④ 여자: 소년들이 야구장에서 야구 경기를 보고 있다.
14 ② 음식점 거리에서 여자의 질문에 남자아이는 손으로 한식집을 가리키고 볶음밥을 생각하고 있는 것으로 보아 먹을 음식을 정하고 있다. • How do you like ~? ~는 어떠니?(의견을 묻는 말) • delicious 맛있는 • a great cook 요리를 잘하는 사람 • Maybe next time. 아마도 다음에.(거절하는 표현)	① W: How do you like the *gimchi* fried rice? 　B: It's so delicious. You are a great <u>cook</u>. ② W: What do you want to eat <u>for</u> <u>lunch</u>? 　B: How about eating fried rice? ③ W: There are so many restaurants here. 　B: But there's <u>no</u> Italian restaurant here. ④ W: Let's make some fried rice together. 　B: Maybe <u>next</u> <u>time</u>.	① 여자: 김치볶음밥 어떠니? 　소년: 정말 맛있어요. 요리를 진짜 잘하시네요. ② 여자: 점심으로 뭘 먹고 싶니? 　소년: 볶음밥을 먹는 게 어때요? ③ 여자: 여기 음식점이 아주 많네. 　소년: 하지만 여기에는 이탈리아 음식점이 없어요. ④ 여자: 함께 볶음밥을 만들자. 　소년: 아마도 다음에요.
15 ③ How often ~?은 '얼마나 자주 ~?'라는 의미로 Once a month.(한 달에 한 번.)처럼 빈도를 표현하는 말로 응답해야 한다. • near ~ 근처에, ~ 가까이에 • mountain 산	① M: Do you live <u>near</u> any mountains? 　W: Yes. Bukhansan is near my house. ② M: Who is that girl in the <u>orange</u> T-shirt? 　W: That's Rebecca. ③ M: <u>How</u> often do you go shopping? 　W: For about two hours. ④ M: Would you <u>like</u> ice cream or	① 남자: 산 근처에 사나요? 　여자: 네. 북한산이 저의 집 근처에 있어요. ② 남자: 오렌지색 티셔츠를 입는 저 여자아이는 누구예요? 　여자: 걔는 Rebecca입니다. ③ 남자: 당신은 얼마나 자주 쇼핑 가나요? 　여자: 약 두 시간 동안이요.

정답	JUMP UP 받아쓰기(스크립트)	해석

- how often 얼마나 자주
- go shopping 쇼핑 가다
- strawberry 딸기

strawberry juice?
W: I'll have ice cream.

④ 남자: 아이스크림 드실래요, 딸기 주스 드실래요?
여자: 저는 아이스크림을 먹을게요.

16 ④ flour(밀가루)와 flower(꽃)의 발음이 같아서 오해가 생긴 대화로 여자는 밀가루를 사러 슈퍼마켓에 간다.
- flour 밀가루
- powder 가루
- meant 뜻하다(mean)의 과거형
- flower-shaped 꽃 모양의

B: Where are you going?
W: I'm going to the supermarket. I need to <u>buy</u> some flour.
B: You can't buy flowers at the supermarket. You <u>need to</u> go to a flower shop.
W: Haha. I need some flour to <u>make</u> cookies. You know, the white powder?
B: Oh, my goodness! I thought you meant flowers <u>like</u> roses and tulips.
W: Today I will make flower-shaped cookies.

소년: 어디 가시는 거예요?
여자: 슈퍼마켓에 갈 거야. 밀가루를 좀 살 필요가 있어서.
소년: 슈퍼마켓에서 꽃을 살 수 없어요. 꽃가게에 가야 하잖아요.
여자: 하하, 과자를 만들 밀가루가 필요하단다. 하얀 가루 알지?
소년: 오, 이런! 저는 장미나 튤립과 같은 꽃을 뜻한다고 생각했어요.
여자: 오늘 꽃 모양의 과자를 만들어야겠다.

17 ① 여자는 남자에게 운동을 추천해 달라고 요청하고 있다.
- plan 계획
- think of ~에 대해 생각하다
- these days 요즘, 최근에
- be good for ~에 좋다
- recommend 추천하다

W: What will you do this winter?
M: I will learn <u>how to</u> play the guitar.
W: Sounds cool.
M: Do you have any <u>plans</u>?
W: I'm thinking of starting to do some exercise. I feel so <u>tired</u> these days.
M: Exercise is good for your <u>health</u>. So, what kind of exercise do you want to do?
W: I have no idea. Can you recommend something?
M: _____

여자: 이번 겨울에 무엇을 할 거예요?
남자: 저는 기타 치는 법을 배울 거예요.
여자: 멋지네요.
남자: 당신은 계획이 있으신가요?
여자: 저는 운동을 좀 시작할 생각입니다. 요즘 너무 피곤해서요.
남자: 운동은 건강에 좋지요. 그래서 어떤 종류의 운동을 하고 싶으세요?
여자: 모르겠어요. 뭔가를 추천해 주실 수 있나요?
남자: _____
① 그거 좋은 생각이네요. ② 요가를 해 보는 건 어때요? ③ 죄송하지만, 할 수 없어요. 저도 운동 안 해요. ④ 매일 줄넘기를 하는 걸 추천해요.

18 ① 자전거를 타러 가는 남자아이에게 선크림을 발라야 한다고 말한 뒤에 헬멧을 꼭 쓸 것을 당부하므로 '네, 그럴게요.'라는 응답이 알맞다.
- outside 밖에
- a little 조금
- put on ~을 바르다
- sunscreen 선크림
- already 이미, 벌써
- make sure 반드시 ~하다

B: How's the <u>weather</u> outside?
W: It's a little <u>hot</u>. Why do you ask?
B: I am going to ride a bike in the park with Jun.
W: Okay. You should <u>put on</u> sunscreen.
B: I already put it on.
W: That's good. And make sure you <u>wear</u> your helmet.
B: _____

소년: 밖에 날씨가 어때요?
여자: 좀 더워. 왜 물어보니?
소년: 준과 함께 공원에서 자전거 탈 거예요.
여자: 알겠어. 선크림을 발라야 해.
소년: 이미 발랐어요.
여자: 잘했어. 그리고 반드시 헬멧을 써야 해.
소년: _____
① 네, 그럴게요. ② 물론이죠. 그냥 그것을 하세요. ③ 그는 새 헬멧을 샀어요. ④ 오, 저는 헬멧을 쓰지 않았어요.

19 ① How much ~?는 가격을 묻는 말이므로 가격을 알려주는 응답이 알맞다.
- look for ~을 찾다
- backpack 배낭
- over here 이쪽에

M: May I help you?
W: Sure. I'm <u>looking for</u> a backpack.
M: We have a lot of backpacks. They're over here.
W: Oh, can I <u>try on</u> that blue one?
M: Sure. Here you are. It's <u>on sale</u> now.

남자: 도와드릴까요?
여자: 네. 배낭을 찾고 있어요.
남자: 저희에게 배낭이 많이 있어요. 이쪽에 있습니다.
여자: 어, 저 파란 것을 메어 봐도 될까요?
남자: 물론이죠. 여기 있어요. 그것은 지금 할인 중이에요.

정답	JUMP UP 받아쓰기(스크립트)	해석

• try on 메어 보다
• Here you are. 여기 있어요.
 (물건을 건네줄 때 쓰는 표현)
• on sale 할인 중인

W: That's great! How much is it now?
M: _____

여자: 잘됐네요. 지금 그것은 얼마인가요?
남자: _____

① 35달러입니다. ② 좋아요. 그것으로 살게요. ③ 제게 더 큰 것을 보여 주세요. ④ 초록색인 것이 더 인기 있어요.

20 ③ 강아지가 아기 같다고 하면서 나이를 묻고 있으므로 2개월이라는 응답이 알맞다.
• puppy 강아지
• member 구성원
• like ～처럼
• all day long 종일, 온종일

G: What a cute puppy!
B: Thanks. She's the newest member of my family.
G: When did you get her?
B: Last Sunday. My uncle gave her to us.
G: She's so small like a baby.
B: Right. She sleeps all day long.
G: How old is she?
B: _____

소녀: 정말 귀여운 강아지구나!
소년: 고마워. 그녀는 우리 가족의 가장 최근 구성원이야.
소녀: 언제 그녀가 생겼어?
소년: 지난 일요일에. 나의 삼촌이 우리에게 주셨어.
소녀: 아기처럼 너무나 작다.
소년: 맞아. 하루 종일 자.
소녀: 몇 살이야?
소년: _____

① 그녀는 까만 털을 가지고 있어. ② 그녀는 우유를 마시는 것을 좋아해. ③ 그녀는 고작 2개월이야. ④ 그녀는 내 손만큼 커.

🎵 LISTEN UP   실력 높여 보기

01 ②	**02** ③	**03** ①	**04** ④	**05** ⑤

정답	스크립트	해석

01 ② 남자는 충치 치료를 하면서 뭔가를 먹은 뒤에는 꼭 양치할 것을 권고하고 있다.
• teeth 이(tooth)의 복수형
• rotten 썩은
• terrible 지독한, 심각한
• toothache 치통
• ease 완화시키다
• pain 통증

M: Open your mouth and say 'Ahh,' Emily.
G: Ahh.
M: Oh. Two of your teeth are rotten.
G: I have such a terrible toothache.
M: Well, I will do something to ease your pain.
G: Thank you.
M: And be sure to always brush your teeth after eating something.

남자: 입을 벌리고 '아'라고 말해 보렴, Emily.
소녀: 아.
남자: 오, 너의 이가 두 개 썩었어.
소녀: 그래서 지독한 치통이 생겼군요.
남자: 그래, 너의 통증을 완화시키도록 해 줄게.
소녀: 고맙습니다.
남자: 그리고 뭔가를 먹은 후에는 항상 이를 꼭 닦도록 해.

02 ③ 책 제목은 '프랑켄슈타인'이고 주인공 이름과 작가, 장르는 소개되었지만 괴물의 이름은 나오지 않았다.
• scientist 과학자
• create 창조하다
• monster 괴물
• scientific 과학의
• experiment 실험
• horror 공포

B: I read a book yesterday. The name of it is "Frankenstein." It is the story about a young scientist, Victor Frankenstein. He created a monster in a scientific experiment. Mary Shelley wrote the book. She started writing this horror story when she was 18.

소년: 나는 어제 책을 한 권 읽었다. 그것의 이름은 '프랑켄슈타인'이다. 그것은 젊은 과학자 Victor Frankenstein에 관한 이야기이다. 그는 과학 실험에서 괴물을 하나 탄생시켰다. Mary Shelley가 그 책을 썼다. 그녀는 18살 때 이 공포 이야기를 쓰기 시작했다.

03 ① 콘서트에 가고 싶은데

G: Can I go to the TX concert next

소녀: 다음 토요일에 있는 TX 콘서트에 가도 될까요,

정답	스크립트	해석

계속해서 반대하는 아빠에게 이해해 주지 않는다고 화내고 있다.
- too ~ to ... …하기에 너무 ~한
- not ~ any more 더 이상 ~가 아닌
- crowded 붐비는
- dangerous 위험한
- fair 공평한

Saturday, Dad?
M: You're too young to go to the concert.
G: But I'm not a child any more.
M: You're not old enough. Concerts are really crowded and dangerous.
G: Oh, it's not fair. All my friends are going.
M: Sorry, honey.
G: Oh, no! You never understand me.

아빠?
남자: 너는 콘서트에 가기에 너무 어리단다.
소녀: 하지만 저는 더 이상 아이가 아니에요.
남자: 네 나이가 충분하지는 않아. 콘서트는 정말로 붐비고 위험해.
소녀: 아, 불공평해요. 제 친구들 모두 갈 거예요.
남자: 미안하단다, 얘야.
소녀: 오, 이런! 저를 전혀 이해하지 못하시는군요.

04 ④ 여자아이는 추워하고 머리와 목이 아프며 고열이 나지만 콧물에 대한 언급은 없다.
- cold 추운; 감기
- headache 두통
- sore 아픈
- throat 목
- temperature 체온
- fever 열
- right now 당장

M: What's wrong?
G: I'm cold, Dad. And I think I have a cold.
M: Do you have a headache?
G: Yes. Also, I have a sore throat.
M: Okay. I'll check your temperature.
G: All right.
M: Yeah. You have a high fever. We should go see a doctor right now.
G: Okay.

남자: 어디가 안 좋아?
소녀: 추워요, 아빠. 그리고 감기에 걸린 거 같아요.
남자: 머리가 아프니?
소녀: 네. 또 목도 아파요.
남자: 알겠다. 네 체온을 재 볼게.
소녀: 좋아요.
남자: 그래. 열이 높구나. 당장 의사를 만나 보는 게 좋겠어.
소녀: 알겠어요.

05 ⑤ 여자가 가족 여행에서 조부모님과 함께 머물 장소를 묻고 있으므로 한옥 호텔에서 머물 것이라는 응답이 가장 적절하다.
- travel 여행하다
- join 합류하다, 함께 하다
- where 어디에
- stay 머무르다

M: What are you going to do this weekend?
W: I'm going to travel to Jeonju.
M: Great! Are you going there with your family?
W: Yes. My grandparents will join us, too.
M: Where do they live?
W: They live in Gwangju. We will meet them in Jeonju and travel together.
M: Sounds fun. Where are you going to stay?
W: _____

남자: 이번 주말에 무엇을 할 예정이니?
여자: 나는 전주로 여행 갈 거야.
남자: 멋지다! 너의 가족과 함께 거기에 가는 거야?
여자: 응. 나의 조부모님도 우리와 합류하실 거야.
남자: 그분들은 어디에 사시는데?
여자: 그분들은 광주에 사셔. 우리는 전주에서 그분들을 만나 같이 여행할 거야.
남자: 재미있겠다. 어디에서 머물 예정이니?
여자: _____

① 이틀 밤 동안이야. ② 우리는 거기에 기차로 갈 거야. ③ 여섯 명이 거기에 갈 거야. ④ 거기에 도착하는 데 세 시간이 걸릴 거야. ⑤ 우리는 한옥 호텔에 머물 예정이야.

FLY UP

본문 90~91쪽

01 A How about throwing a surprise party? / 깜짝 파티를 여는 게 어때? **02** B Go straight and turn right at the corner. / 곧장 가서 모퉁이에서 오른쪽으로 꺾으세요. **03** A What time does it start? / 그것은 몇 시에 시작하니? **04** B I am cold. I think I have a cold. / 나는 추워. 감기에 걸린 거 같아. **05** A What are you going to do this weekend? / 너는 이번 주말에 무엇을 할 예정이니? **06** Can you bring me my cellphone? / 너는 나의 휴대전화를 나에게 가져올 수 있니? **07** How often do you go shopping? / 너는 얼마나 자주 쇼핑 가니? **08** I need to help my grandfather at his store. / 나는 나의 할아버지 가게에서 그를 도와드려야 해. **09** We won't be late for the movie. / 우리는 영화에 늦지 않을 거야. **10** What kind of exercise do you want to do? / 너는 어떤 종류의 운동을 하고 싶니?

SPEAK UP

01 We are going to play badminton in the gym at 10.　**02** The bakery is next to the post office.

03 I heard it's going to snow today.　**04** My father plays tennis three times a week.　**05** Who is that girl in the blue skirt?　**06** I have a terrible headache.　**07** We should go see a doctor right now.

Listen & Speak Up 7

WARM UP

A　**01** careful, 조심스러운　**02** stomachache, 복통　**03** healthy, 건강한　**04** recipe, 조리법
05 fall asleep, 잠들다　**06** happen, 일어나다, 발생하다　**07** total, 합계, 총액
08 popular, 인기 있는　**09** miss, 놓치다　**10** become interested in, ~에 관심을 갖게 되다

B　**01** careful　**02** stomachache　**03** healthy　**04** recipe　**05** popular
06 asleep　**07** happen　**08** total　**09** miss　**10** interested

LISTEN UP ┃ JUMP UP

🎵 **LISTEN UP**	듣기평가 모의고사 7							본문 94~103쪽

01 ④	**02** ②	**03** ③	**04** ②	**05** ③	**06** ①	**07** ②	**08** ③	**09** ②	**10** ③
11 ②	**12** ②	**13** ①	**14** ④	**15** ④	**16** ③	**17** ①	**18** ①	**19** ②	**20** ①

정답	JUMP UP 받아쓰기(스크립트)	해석
01 ④ 두 아이는 Edward Jo의 그림을 검색하기 위해 먼저 카페의 와이파이에 연결하려고 한다. • famous 유명한 • painter 화가 • painting 그림 • search for ~을 검색하다 • connect 연결하다 • free 무료의	B: I heard Edward Jo is coming to Korea. G: Who is he? B: He is a famous <u>painter</u>. His painting "Space" is really great. G: Oh, really? I want to <u>see</u> it. I would like to see his other paintings, too. B: Me, too. Let's <u>search</u> for them on the Internet. G: All right. But we need to get Wi-Fi first. B: Okay. I'll connect to the <u>free</u> Wi-Fi at this cafe.	소년: Edward Jo가 한국에 온다고 들었어. 소녀: 그가 누구인데? 소년: 그는 유명한 화가야. 그의 그림 '우주'는 정말 대단해. 소녀: 어, 정말? 난 그거 보고 싶다. 그의 다른 그림들도 보고 싶어. 소년: 나도 그래. 그것들을 인터넷으로 찾아보자. 소녀: 좋아. 하지만 우리는 먼저 와이파이를 연결해야 해. 소년: 좋아. 내가 이 카페의 무료 와이파이를 연결할게.
02 ② 남자아이는 오늘 오후에 사진반 동아리 모임에 가서	B: Mom, can I take Max for a <u>walk</u> now? W: Yeah. But you normally walk him in the	소년: 엄마, 제가 Max를 지금 산책시켜도 될까요? 여자: 응, 근데 너는 보통 오후에 그를 산책시키잖아.

정답	JUMP UP 받아쓰기(스크립트)	해석

축제 계획을 세울 예정이다.
- take ~ for a walk ~을 산책시키다
- normally 보통
- photo 사진
- make a plan 계획을 세우다
- festival 축제

afternoon.
B: I know. But I have a club meeting this afternoon.
W: The photo club, right?
B: Yeah.
W: Are you going to take some pictures?
B: Not today. We're going to make a plan for the festival.
W: Ah. I see.

소년: 알아요. 하지만 오늘 오후에 동아리 모임이 있어요.
여자: 사진반, 맞지?
소년: 네.
여자: 너는 사진 찍으러 갈 예정이니?
소년: 오늘은 아니에요. 우리는 축제 계획을 세울 거예요.
여자: 아. 알겠어.

---

03 ③ 학교 인근에서 특별히 운전에 주의를 기울여야 한다고 설명하고 있다.
- extra 특별히 더, 추가로
- careful 조심하는
- get out of ~을 빠져나가다
- suddenly 갑자기
- pay attention to ~에 주의를 기울이다
- surroundings 주위, 환경

M: Do you drive? Then, you should be extra careful near schools. You should not drive fast. Children can't get out of the way quickly. Also, children sometimes run into the road suddenly. So you should pay special attention to your surroundings.

남자: 당신은 운전하시나요? 그러면, 학교 근처에서는 특별히 더 조심해야 합니다. 빠르게 운전해서는 안 됩니다. 아이들은 빠르게 길을 빠져나가지 못합니다. 또한, 아이들은 가끔 갑자기 도로로 뛰어듭니다. 그래서 주위에 특별한 주의를 기울여야 합니다.

---

04 ② 남자아이는 선생님께 역사 숙제를 제출하기 위해 선생님을 만나러 왔다.
- soon 곧
- I have no idea. 모르겠다.
- message 메시지, 전할 말
- hand in ~을 제출하다

B: Excuse me, can I see Ms. Seo?
W: Sorry, she's not here now.
B: Is she coming back soon?
W: I have no idea. Can I take a message?
B: Sure. My name is Yujin Jo. I have to hand in my history homework to her.
W: Okay. I'll give it to her.
B: Thank you.

소년: 실례합니다만, 서 선생님을 만나 뵐 수 있을까요?
여자: 미안하지만, 지금 여기 안 계셔.
소년: 곧 돌아오실까요?
여자: 모르겠구나. 전할 말이 있니?
소년: 네. 제 이름은 조유진이에요. 제가 그녀에게 역사 숙제를 제출해야 해서요.
여자: 알겠어. 내가 그녀에게 그것을 드릴게.
소년: 고맙습니다.

---

05 ③ 남자아이는 배 아픈 모습이고 선생님은 아이를 자리에 앉히고 있다.
- moment 잠깐, 순간
- stomachache 복통
- take a seat 자리에 앉다

① B: I'm so hungry now.
   W: Wait a moment, please.
② B: I'd like to go home.
   W: Where do you live?
③ B: I have a stomachache.
   W: Take a seat here.
④ B: I think you should see a doctor.
   W: Okay, I will.

① 소년: 지금 너무 배고파요.
   여자: 잠깐 기다리렴.
② 소년: 집에 가고 싶어요.
   여자: 너는 어디에 사니?
③ 소년: 배가 아파요.
   여자: 여기 앉아.
④ 소년: 진찰을 받으셔야겠어요.
   여자: 알겠어, 그럴게.

---

06 ① 여자아이의 삼촌은 농장을 가지고 있고 채소나 과일을 재배하고 소를 키운다.
- village 마을
- countryside 시골
- farm 농장
- grow 재배하다
- some day 언젠가

B: What did you do last weekend?
G: I went to my uncle's house.
B: Where does he live?
G: He lives in a small village in the countryside. He lives on a farm.
B: Does he grow vegetables or fruits?
G: Yes, he does. Also, he has many cows.
B: Cool! I want to go there some day.

소년: 너는 지난 주말에 무엇을 했니?
소녀: 나는 삼촌 댁에 갔어.
소년: 그는 어디 사시는데?
소녀: 그는 시골에 있는 작은 마을에 살아. 그는 농장에서 생활하셔.
소년: 그는 채소나 과일을 재배하시니?
소녀: 응, 그러셔. 또한, 소도 많아.
소년: 멋지다! 나도 언젠가 거기 가 보고 싶다.

정답	JUMP UP 받아쓰기(스크립트)	해석

07 ② 여자는 이틀 전에 아들을 위해 산 모자를 다른 색으로 교환하려고 왔다.
- bought 사다(buy)의 과거형
- ago ~ 전에
- remember 기억하다

M: May I help you?
W: Yes. I bought this cap two days ago.
M: Oh, I remember. You bought it for your son.
W: Right. But he doesn't like the color.
M: Okay. What color does he like?
W: He would like a blue one.
M: Okay. Here you are.

남자: 도와드릴까요?
여자: 네. 제가 이틀 전에 이 모자를 샀어요.
남자: 아, 기억나요. 아들을 위해 그것을 사셨죠.
여자: 맞아요. 하지만 그는 색이 맘에 안 든대요.
남자: 알겠어요. 그는 어떤 색을 좋아하나요?
여자: 그는 파란 걸 원해요.
남자: 알겠어요. 여기 있어요.

08 ③ 남자아이의 공개 수업이 5월 10일, 오후 1시 30분에 있다고 했다.
- open class 공개 수업
- won't ~하지 않을 것이다 (will not의 줄임말)
- be late for ~에 늦다

W: Jihun, I heard you're going to have an open class. When is it?
B: It's on May 10th. Can you come to it, Grandma?
W: Sure. I want to go with your mom.
B: Great! The open class is for my science class.
W: What time does it start?
B: After lunch. It starts at 1:30 p.m.
W: Okay. I won't be late for it.

여자: 지훈아, 나는 네가 공개 수업이 있을 거라고 들었어. 그것이 언제니?
소년: 그건 5월 10일이에요. 그것에 오실 수 있으세요, 할머니?
여자: 물론이지. 네 엄마와 같이 가고 싶어.
소년: 좋아요! 공개 수업은 제 과학 수업이에요.
여자: 그것은 몇 시에 시작하니?
소년: 점심 식사 후에요. 오후 1시 30분에 시작해요.
여자: 알겠다. 그것에 늦지 않을게.

09 ② 여자아이는 사진을 찍고 있으므로 A girl is taking a picture of a bird.가 그림의 상황과 어울린다.
- doll 인형
- take a picture 사진을 찍다
- feed 먹이를 주다

① W: A girl is making a bird doll.
② W: A girl is taking a picture of a bird.
③ W: A girl is drawing a picture of a bird.
④ W: A girl is feeding a bird in the street.

① 여자: 여자아이는 새 인형을 만들고 있다.
② 여자: 여자아이는 새의 사진을 찍고 있다.
③ 여자: 여자아이는 새의 그림을 그리고 있다.
④ 여자: 여자아이는 거리에서 새에게 먹이를 주고 있다.

10 ③ 남자아이는 공포 영화를 보면 스트레스를 받아서 시원시원한 액션 영화를 보고 싶어 한다.
- kind 종류
- horror 공포
- stressed 스트레스를 받는
- scary 무서운
- action movie 액션 영화
- cool 시원시원한

B: Do you want to go see a movie this Friday?
G: Sure. Sounds fun.
B: What kind of movies do you like?
G: I love horror movies.
B: But I feel stressed when I see scary movies.
G: Okay. Then, what kind of movie do you want to see?
B: How about seeing an action movie? They're really cool.
G: Haha. Sounds good.

소년: 너는 이번 금요일에 영화 보러 가고 싶니?
소녀: 물론이지. 재미있겠다.
소년: 너는 어떤 종류의 영화를 좋아해?
소녀: 나는 공포 영화가 좋아.
소년: 하지만 나는 무서운 영화를 볼 때 스트레스를 받아.
소녀: 알겠어. 그럼 너는 어떤 종류의 영화가 보고 싶어?
소년: 액션 영화를 보는 게 어떠니? 그것들은 정말 시원시원해.
소녀: 하하. 좋아.

11 ② 여자아이의 할아버지는 89세로 6시에 일어나셔서 개와 함께 산책하신다.
- healthy 건강한
- get up 일어나다
- rice cake 떡
- minute (시간 단위) 분

G: My grandfather is 89 years old. He'll be 90 next year but he is very healthy. He always gets up at 6 and takes a walk with our dog, Dubu. At 7, he eats salad and rice cakes for breakfast. After lunch, he sleeps for 30 minutes.

소녀: 나의 할아버지는 89세이시다. 그는 내년에 90세가 되는데 매우 건강하시다. 그는 항상 6시에 일어나셔서 우리 개 두부와 함께 산책하신다. 7시에 아침 식사로 샐러드와 떡을 드신다. 점심 드신 후에 그는 30분 동안 주무신다.

정답	JUMP UP 받아쓰기(스크립트)	해석

12 ② 남자가 찾고 있는 아이스크림 가게는 길을 똑바로 걸어가서 서점 옆에 있다.
- along ~을 따라서
- straight 똑바로
- corner 모퉁이
- next to ~ 옆에

M: Excuse me, is there an ice cream shop near here?
W: Yes, there is. Just walk along this road.
M: Walk straight along this way?
W: Yeah. You will see a bookstore on the corner.
M: Okay.
W: The ice cream shop is next to the bookstore.
M: Oh, I see. Thanks a lot.

남자: 실례합니다만, 여기 근처에 아이스크림 가게가 있나요?
여자: 네, 있어요. 이 길 따라 그냥 걸어가세요.
남자: 이 길 따라 똑바로 걸어가라고요?
여자: 네. 모퉁이에 서점이 보일 거예요.
남자: 알겠어요.
여자: 아이스크림 가게는 서점 옆에 있어요.
남자: 아, 알겠어요. 대단히 고맙습니다.

---

13 ① 두 아이는 조리법을 써야 하는 영어 숙제에 대해 이야기하고 있다.
- recipe 조리법
- fried rice 볶음밥
- spicy 매운
- easy 쉬운

G: What are you doing?
B: I'm thinking about my English homework.
G: Oh, we need to write a recipe for something.
B: Right. What food are you going to write a recipe for?
G: I'll make a recipe for fried rice. How about you?
B: I'll write a recipe for spicy ramyeon. I think it's easy.
G: Good!

소녀: 너 뭐 하고 있니?
소년: 난 내 영어 숙제에 대해 생각 중이야.
소녀: 아, 우리는 뭔가에 대한 조리법을 써야 하지.
소년: 맞아. 너는 어떤 음식에 대한 조리법을 쓸 예정이야?
소녀: 난 볶음밥 조리법을 만들 거야. 너는 어때?
소년: 난 매운 라면에 대한 조리법을 쓸 거야. 그게 쉬울 거 같아.
소녀: 좋구나!

---

14 ④ 몇 시인지 묻는 말에는 현재 시각을 나타내는 말이 온다. For ~.는 기간을 나타내는 말이다.
- weather 날씨
- favorite 가장 좋아하는
- subject 과목

① B: What day is it today?
  G: It's Monday.
② B: What's the weather like?
  G: It's cloudy and windy.
③ B: What's your favorite subject?
  G: I like math best.
④ B: What time is it now?
  G: For 10 minutes.

① 소년: 오늘은 무슨 요일이니?
  소녀: 월요일이야.
② 소년: 날씨가 어때?
  소녀: 흐리고 바람이 불어.
③ 소년: 네가 가장 좋아하는 과목은 뭐니?
  소녀: 난 수학을 가장 좋아해.
④ 소년: 지금 몇 시니?
  소녀: 10분 동안이야.

---

15 ④ 여자아이가 아빠에게 받은 목걸이는 큰 하트가 달려 있고 그 안에 J, A 두 철자가 들어 있는 것이다.
- special 특별한
- necklace 목걸이
- letter 철자, 글자

G: Today is my birthday. I got a special necklace from my father. It has a big heart. There are two letters in the heart, J and A. They're the first two letters of my name. I really love the necklace.

소녀: 오늘은 나의 생일이다. 나는 아빠로부터 특별한 목걸이를 받았다. 그것은 큰 하트를 가지고 있다. 그 하트 안에는 두 철자 J와 A가 있다. 그것들은 나의 이름의 첫 두 글자이다. 나는 정말 그 목걸이가 맘에 든다.

---

16 ③ 남자아이는 학교에 지각했는데 개가 아파서 잠을 이루지 못했다가 늦게 일어났다.
- be late for ~에 늦다
- fall asleep 잠들다
- be worried about ~을 걱정하다
- vet 수의사

W: Jiho, you were late for school again.
B: I'm so sorry. I got up late.
W: Did you go to bed late last night?
B: No, I went to bed early, but I couldn't fall asleep.
W: Why?
B: I was worried about my dog. He is sick.
W: Oh, that's too bad. Is he okay now?
B: No. My mother will take him to the vet.

여자: 지호야, 학교에 또 지각했구나.
소년: 정말 죄송해요. 늦게 일어났어요.
여자: 너는 어젯밤에 늦게 잠자리에 들었니?
소년: 아뇨, 저는 일찍 잠자리에 들었는데 잠이 들지 않았어요.
여자: 왜?
소년: 저의 개가 걱정이 되어서요. 그가 아프거든요.
여자: 어, 안됐구나. 이제 괜찮니?
소년: 아뇨. 엄마가 그를 수의사에게 데려갈 거예요.

정답	JUMP UP 받아쓰기(스크립트)	해석

17 ① 창문을 닫아 달라는 엄마의 요청에 승낙의 말이 오는 것이 알맞다.
- have to ~해야 한다
- be back 돌아오다
- around ~쯤에, ~경에
- p.m. 오후

[Cellphone rings.]
B: Mom, where are you?
W: I'm at your aunt's restaurant. I have to help her.
B: Okay. When will you be back home?
W: Around 8 p.m.
B: All right.
W: Jun, it's going to start raining soon. Can you close the windows?
B: _____

[휴대전화가 울린다.]
소년: 엄마, 어디에 계세요?
여자: 너의 이모 음식점에 있어. 그녀를 도와줘야 해서.
소년: 알겠어요. 언제 집에 돌아오실 거예요?
여자: 오후 8시쯤.
소년: 알았어요.
여자: 준아, 곧 비가 내리기 시작할 거야. 창문을 닫아 줄 수 있니?
소년: _____
① 물론이죠. 문제없어요. ② 우산을 가져가세요.
③ 늦어서 죄송해요. ④ 그 말을 들으니 기쁘네요.

18 ① 언제 만나는지 묻는 말에는 만날 시간을 제안하는 말이 오는 것이 알맞다.
- plan 계획
- market 시장
- backpack 배낭

B: Hi, Sera. What's up?
G: Hi, Brian. What are you going to do tomorrow?
B: I don't have any plans.
G: Then, can you go to the Do-re-mi Market with me?
B: Yeah. Do you want to buy something there?
G: I want to buy a new backpack.
B: Okay. When should we meet?
G: _____

소년: 안녕, 세라야. 무슨 일이야?
소녀: 안녕, Brian. 너 내일 뭐 할 예정이야?
소년: 난 아무 계획이 없는데.
소녀: 그럼 나와 함께 도레미 시장에 갈 수 있어?
소년: 응. 거기서 무언가를 사고 싶니?
소녀: 나는 새 배낭을 사고 싶어서.
소년: 알았어. 우리 언제 만날까?
소녀: _____
① 11시에 어때? ② 난 좋아. ③ 미안하지만, 난 안 돼.
④ 시장 앞에서 만나자.

19 ② 주문한 음식의 총액이 18달러라고 말하고 있으므로 그 금액을 지불하는 말이 오는 것이 알맞다.
- be ready to ~할 준비가 되다
- order 주문하다; 주문
- fried 튀긴
- sauce 소스
- total 총액, 합계

M: Are you ready to order?
W: Yes. I'd like an order of fried chicken.
M: All right. Do you want any sauce?
W: Yes. I would like chili sauce.
M: Okay. Do you want a drink?
W: A cola, please.
M: All right. Your total is 18 dollars.
W: _____

남자: 주문할 준비가 되셨나요?
여자: 네. 저는 프라이드치킨 주문하고 싶어요.
남자: 알겠어요. 소스 원하세요?
여자: 네. 칠리소스로 주세요.
남자: 좋아요. 음료수를 원하시나요?
여자: 콜라 주세요.
남자: 알겠습니다. 총액은 18달러입니다.
여자: _____
① 고맙습니다. ② 알겠어요. 여기 18달러입니다.
③ 그것은 정말 맛있지요, 그렇지 않나요? ④ 치킨은 제가 가장 좋아하는 음식입니다.

20 ① 자전거를 도둑을 맞은 여자아이에게 자전거를 타라고 권하는 것은 어울리지 않는다.
- upset 화난, 짜증 난
- stole 훔치다(steal)의 과거형
- happen 일어나다, 발생하다
- how long 얼마나 오랫동안
- a few 몇몇의
- gone 사라진, 없어진

B: Lucy, you look upset.
G: Somebody stole my bike.
B: What happened?
G: I rode it to the supermarket and bought a drink.
B: How long were you there?
G: Just a few minutes. When I went outside, my bike was gone!
B: _____

소년: Lucy, 너 화나 보이는데.
소녀: 누군가가 내 자전거를 훔쳐 갔어.
소년: 무슨 일이 일어났니?
소녀: 내가 슈퍼마켓까지 그것을 탔고 음료를 샀어.
소년: 거기에서 얼마나 오래 있었어?
소녀: 단 몇 분이야. 내가 밖에 나왔을 때 나의 자전거는 사라졌어!
소년: _____
① 자전거를 타는 게 어때? ② 그거 정말 유감이다.
③ 그것을 경찰에 신고하는 게 어때? ④ 어, CCTV 카메라 확인을 요청하자.

01 ②   02 ②   03 ⑤   04 ④   05 ①

정답	스크립트	해석
01 ② 남자는 사진 찍는 가게에 처음 왔고 찍은 사진을 정말 좋아하는 것으로 보아 신이 나 있다. • place 장소 • picture-taking 사진을 찍는 • popular 인기 있는 • get ready for ~을 준비하다 • screen 화면 • wait for ~을 기다리다	M: Oh, this is my first time coming to one of these places. G: Ha-ha. Picture-taking stores are really popular, Dad. M: Right. What will we do first? G: First, let's get ready for the picture. Now look at the screen and say *gimchi*! M: All right! *Gimchi*! G: Now, let's wait for our pictures. Here they are. M: Oh, we're so cute! I love these pictures.	남자: 오, 이런 곳들 중 한 곳에 온 게 이번이 처음이야. 소녀: 하하. 사진 찍는 가게가 정말 유행이에요, 아빠. 남자: 맞아. 우리 맨 먼저 뭘 할 거니? 소녀: 먼저, 사진을 찍을 준비를 해요. 이제 화면을 보고 김치라고 말해요! 남자: 알겠어! 김치! 소녀: 이제, 우리 사진을 기다려요. 여기 나왔어요. 남자: 오, 우리 정말 귀엽다! 이 사진 정말 좋아.
02 ② 여자아이는 쉬운 골을 놓치고 경기에 져 기분이 안 좋은 남자아이를 위로하고 있다. • lost 지다(lose)의 과거형 • miss 놓치다 • goal 골, 골인	G: Hey, Jake. Where are you going? B: I'm going home. G: Did you have a soccer game today? B: Yeah, my team lost. G: I'm sorry to hear that. B: I missed two easy goals, so I feel really bad. G: Oh, you'll do better next time.	소녀: 안녕, Jake. 너는 어디에 가고 있어? 소년: 난 집에 가고 있어. 소녀: 오늘 축구 경기가 있었니? 소년: 응, 우리 팀이 졌어. 소녀: 유감이구나. 소년: 내가 두 개의 쉬운 골을 놓쳐서 정말 기분이 안 좋아. 소녀: 어, 다음번에는 더 잘할 거야.
03 ⑤ 새로 문을 연 샌드위치 가게의 이름, 위치, 영업시간, 메뉴는 소개했고 메뉴 가격은 소개하지 않았다. • channel 채널, 방송 • yummy 맛있는 • introduce 소개하다 • from ~ to ... ~부터 …까지 • delicious 맛있는	W: Welcome back to my channel, "Yummy Yummy." Today I'll introduce a new sandwich store. The name is Sandwich B535. It's near Doran Park. It's open from 11 a.m. to 8 p.m. They have delicious sandwiches like ham and cheese, and chicken.	여자: 저의 방송 'Yummy Yummy'에 돌아오신 걸 환영합니다. 오늘 저는 새로운 샌드위치 가게를 소개할 것입니다. 그 이름은 샌드위치 B535입니다. 그것은 도란 공원 근처에 있습니다. 그것은 오전 11시부터 오후 8시까지 문을 엽니다. 거기에는 햄과 치즈, 치킨과 같은 맛있는 샌드위치가 있습니다.
04 ④ 남자는 사진작가로 이름은 Jimmy이고 10년 전인 21살 때 사진작가가 되었다. 현재는 31살이다. • reporter 기자 • amazing 놀라운 • photographer 사진사, 사진작가 • become interested in ~에 관심을 갖게 되다 • gift 선물	W: Hi, I'm Jessy Lee. I'm a reporter for EBN News. M: Hi, Jessy. Nice to meet you. W: You are such an amazing photographer, Jimmy. M: Thank you. W: When did you become a photographer? M: Ten years ago. I was 21, then. W: Great! How did you become interested in your work? M: My father gave me a camera for a birthday gift.	여자: 안녕하세요, 저는 Jessy Lee입니다. 저는 EBN 뉴스의 기자입니다. 남자: 안녕하세요, Jessy. 만나서 반갑습니다. 여자: 당신은 정말 놀라운 사진작가예요, Jimmy. 남자: 고맙습니다. 여자: 언제 사진작가가 되셨나요? 남자: 10년 전에요. 그때 저는 21살이었어요. 여자: 대단해요! 어떻게 당신의 일에 관심을 갖게 되셨나요? 남자: 저의 아버지께서 저에게 생일 선물로 카메라를 주셨어요.

정답	스크립트	해석
05 ① 대왕고래의 혀만으로도 코끼리 무게만큼 나간다는 말에는 놀람을 표현하는 응답이 자연스럽다. • a lot 많이 • heaviest 가장 무거운 (heavy의 최상급) • blue whale 대왕고래, 흰긴수염고래 • tongue 혀	G: Kevin, let me give you an animal quiz. B: Okay. I know a lot about animals. G: Good! What is the heaviest animal? B: It's the elephant, right? G: No, it's the blue whale. A blue whale is much heavier than an elephant. B: I didn't know that. G: Its tongue alone can weigh as much as an elephant. B: _____	소녀: Kevin, 내가 너에게 동물 퀴즈를 낼게. 소년: 좋아. 나는 동물에 대해 많이 알아. 소녀: 잘됐다! 가장 무거운 동물이 뭐야? 소년: 그건 코끼리야, 맞지? 소녀: 아니, 그것은 대왕고래야. 대왕고래는 코끼리보다 훨씬 더 무거워. 소년: 그것은 몰랐어. 소녀: 그것의 혀만으로도 코끼리만큼 무게가 나갈 수 있어. 소년: _____ ① 그거 놀랍구나! ② 넌 너무 친절하구나! ③ 대왕고래는 어류가 아니야. ④ 우리는 대왕고래를 보호해야 해. ⑤ 코끼리는 가장 무거운 동물이야.

FLY UP

본문 104~105쪽

01 A Can I take a message? / 전할 말 있니? **02** A Do you want to go see a movie this Friday? / 너는 이번 금요일에 영화 보러 가고 싶니? **03** A What day is it today? / 오늘 무슨 요일이니? **04** A What's your favorite subject? / 네가 가장 좋아하는 과목은 무엇이니? **05** A When will you be back home? / 당신은 언제 집에 돌아오실 거예요? **06** Are you ready to order? / 당신은 주문할 준비가 되셨나요? **07** How long were you there? / 너는 거기에 얼마나 오래 있었니? **08** You'll do better next time. / 너는 다음번에는 더 잘할 거야. **09** Wait a moment, please. / 잠시 기다리렴. **10** What time is it now? / 지금 몇 시니?

SPEAK UP

본문 106쪽

01 What kind of sports do you like? **02** Is there a bike shop near here? **03** When did you become a teacher? **04** An elephant is heavier than a cow. **05** We're going to make a plan for the party. **06** A girl is taking a picture of flowers. **07** Why don't you ride a bike this afternoon?

Listen & Speak Up 8

WARM UP

본문 107쪽

A **01** usually, 대개, 주로 **02** favorite, 가장 좋아하는 **03** prepare, 준비하다 **04** throw away, ~을 버리다 **05** upset, 화난 **06** reason, 이유 **07** nervous, 긴장한 **08** from ~ to ..., ~부터 …까지 **09** serious, 심각한 **10** disappear, 사라지다

B **01** favorite **02** prepare **03** reason **04** from **05** serious **06** usually **07** throw **08** upset **09** nervous **10** disappear

LISTEN UP 듣기평가 모의고사 8

01 ①	02 ②	03 ②	04 ③	05 ②	06 ③	07 ④	08 ③	09 ④	10 ①
11 ①	12 ①	13 ②	14 ④	15 ④	16 ①	17 ①	18 ②	19 ④	20 ①

정답	JUMP UP 받아쓰기(스크립트)	해석

01 ① 여자는 오늘 아침에 지하철에 두고 내린 우산을 찾기 위하여 분실물 센터에 전화를 하고 있다.
- lost-and-found 분실물 센터
- question 질문
- left 두고 오다(leave)의 과거형

[Telephone rings.]
M: Hello. This is the subway lost-and-found. How may I help you?
W: Hi. I'm calling to ask you a question.
M: Okay. What is it?
W: I left my umbrella on the subway.
M: When did you leave it?
W: This morning.
M: Sorry, we didn't get any umbrellas today.
W: Oh, I see.

[전화벨이 울린다.]
남자: 여보세요. 지하철 분실물 센터입니다. 어떻게 도와드릴까요?
여자: 안녕하세요. 저는 질문이 있어서 전화드렸어요.
남자: 알겠어요. 그게 무엇일까요?
여자: 제가 지하철에 우산을 두고 내렸어요.
남자: 언제 그것을 두고 내리셨나요?
여자: 오늘 아침에요.
남자: 죄송합니다만, 오늘 우산이 들어오지 않았어요.
여자: 아, 알겠어요.

02 ② 숨을 참거나 혀를 내밀거나 찬물을 많이 마시는 것은 딸꾹질을 멈추는 방법이다.
- hiccup 딸꾹질
- hold 참다
- breath 숨, 호흡
- stick out 내밀다
- work 효과가 있다

M: What do you do when you have hiccups? There are many ways to stop hiccups. For me, I usually hold my breath. Sometimes, I stick out my tongue. When those things don't work, I drink a lot of cold water. That always works.

남자: 여러분은 딸꾹질할 때 무엇을 하나요? 딸꾹질을 멈추는 많은 방법이 있습니다. 저의 경우는 주로 숨을 참습니다. 가끔 저는 혀를 내밉니다. 그런 것들이 효과가 없을 때, 저는 찬물을 많이 마십니다. 그것은 항상 효과가 있습니다.

03 ② 남자아이는 이틀 후에 있을 시합을 위해 축구 연습이 있다고 했다.
- practice 연습; 연습하다
- need to ~해야 하다, ~할 필요가 있다
- before ~ 전에

G: Hey, Brian.
B: Hi, Grace. Are you going home?
G: Yeah. Aren't you?
B: No. I have soccer practice.
G: Oh, do you have a game?
B: Yeah, I have a game this Friday.
G: Oh, in two days.
B: Yeah. So our team needs to practice before the game.

소녀: 야, Brian.
소년: 안녕, Grace. 집에 가니?
소녀: 응. 너는 아나?
소년: 아니야. 나는 축구 연습이 있어.
소녀: 어, 시합이 있니?
소년: 그래. 나는 이번 금요일에 시합이 있어.
소녀: 아, 이틀 후구나.
소년: 응. 그래서 우리 팀은 시합 전에 연습해야 해.

04 ③ 여자는 남자아이에게 지하철 타는 법을 가르쳐 주기 위해 먼저 지하철 지도를 읽는 법을 알려 주려고 한다.
- how to ~하는 방법
- be able to ~할 수 있다
- point 점, 요점
- alone 혼자서
- over there 저쪽에

W: Now we are at the subway station. I'll show you how to take the subway.
B: Okay, Mom. Do I get a ticket first?
W: No, you don't.
B: Then, what do I do first?
W: First, you need to be able to read the subway map.
B: Oh, that's a good point. If I can read the map, I can take the subway alone.

여자: 우리 이제 지하철역에 왔다. 내가 너에게 지하철을 어떻게 타는지 보여 줄게.
소년: 알겠어요, 엄마. 먼저 표를 끊나요?
여자: 아니야, 그렇지 않아.
소년: 그럼, 무엇을 먼저 하나요?
여자: 먼저, 지하철 지도를 읽을 수 있어야 해.
소년: 아, 그거 중요한 점이군요. 제가 지도를 읽을 수 있으면, 지하철을 혼자 탈 수 있겠어요.
여자: 맞아. 저쪽에 지도가 있네. 가자.

정답	JUMP UP 받아쓰기(스크립트)	해석

W: Right. There's a map over there. Let's go.

05 ② 남자가 여자에게 사진관의 위치를 묻고 있으며 사진관은 4층에 있다.
- floor 층, 바닥
- passport 여권
- photo shop 사진관

M: Excuse me. Is there a bookstore in this building?
W: Yes. It's on the third floor.
M: Great. Where is the elevator?
W: It's right over there.
M: Thank you. Also, I need to get a picture for my passport.
W: Oh, there's a photo shop here, too.
M: Great. Where is it?
W: _____

남자: 실례합니다. 이 건물에 서점이 있나요?
여자: 네. 3층에 있어요.
남자: 잘됐군요. 엘리베이터는 어디에 있나요?
여자: 바로 저쪽에 있어요.
남자: 고마워요. 또, 제가 여권용 사진을 찍어야 하는데요.
여자: 오, 여기에 사진관도 있어요.
남자: 잘됐어요. 그게 어디에 있나요?
여자: _____
① 그것은 빵집 옆에 있어요. ② 그것은 4층에 있어요. ③ 여기에는 엘리베이터가 없어요. ④ 당신은 의사의 진찰을 받아야 해요.

06 ③ 남자아이는 컵을 만들었고 해바라기를 그리는 것이 쉽지 않아서 한 송이만 컵에 그렸다.
- sunflower 해바라기
- favorite 가장 좋아하는
- painter 화가
- because ~ 때문에

B: I made a cup in art class. Our art teacher told us to draw a picture on the cup. I drew a sunflower on the cup. My favorite painter is Vincent van Gogh, so I wanted to draw sunflowers like him. But I drew just one sunflower because drawing sunflowers was not easy.

소년: 나는 미술 시간에 컵을 만들었다. 우리 미술 선생님은 컵에 그림을 그리라고 말씀하셨다. 나는 컵에 해바라기를 하나 그렸다. 내가 가장 좋아하는 화가는 Vincent van Gogh여서 나는 그처럼 해바라기들을 그리고 싶었다. 하지만 해바라기를 그리는 것은 쉽지 않았기 때문에 나는 한 송이의 해바라기만을 그렸다.

07 ④ 공항으로 가는 여자에게 가장 빠른 길로 가겠다는 것으로 보아 두 사람은 택시 안에 있다.
- airport 공항
- how long 얼마나 오래
- traffic 교통, 교통량
- fastest 가장 빠른(fast의 최상급)

M: Where are you going?
W: I'm going to the airport.
M: Okay.
W: How long will it take?
M: About 1 hour. There's a lot of traffic at this time.
W: Oh, so it takes longer.
M: Right. I'll take the fastest way to the airport.

남자: 어디로 가시나요?
여자: 저는 공항으로 가요.
남자: 알겠어요.
여자: 얼마나 걸릴까요?
남자: 약 1시간요. 이 시간에는 교통량이 많아요.
여자: 어, 그럼 더 오래 걸리겠네요.
남자: 맞아요. 공항까지 가장 빠른 길로 가 볼게요.

08 ③ 여자아이의 반은 선생님을 위한 스승의 날 특별한 행사로 풍선을 불었고 그것에 메시지를 썼다.
- prepare 준비하다
- event 행사
- each 각자
- blow up 불다
- balloon 풍선
- decorate 장식하다
- else 그 외의
- message 메시지

M: It's Teacher's Day today. Did you have a good time at school?
G: Yeah. My class prepared a special event for our teacher.
M: Great! What did you do?
G: Each of us blew up a balloon, and we decorated the blackboard with the balloons.
M: Oh, that sounds fun!
G: And we did something else.
M: Really? What did you do?
G: We wrote messages on the balloons.

남자: 오늘은 스승의 날이구나. 학교에서 즐거운 시간을 보냈니?
소녀: 네. 저희 반에서 선생님을 위해 특별한 행사를 준비했어요.
남자: 대단하구나! 무엇을 했는데?
소녀: 우리 각자 풍선을 하나씩 불어서 우리는 그 풍선들로 칠판을 장식했어요.
남자: 어, 재미있었겠구나!
소녀: 그리고 우리는 그 외 뭔가를 했어요.
남자: 그래? 무엇을 했는데?
소녀: 우리는 풍선에 메시지를 썼어요.

09 ④ 점심을 먹은 후에 잔

G: We went on a field trip today. We took a

소녀: 우리는 오늘 소풍을 갔다. 우리는 9시에 학교에

정답	JUMP UP 받아쓰기(스크립트)	해석

디밭에서 게임을 하고 사진을 찍었다.
- field trip 소풍, 현장 학습
- arrive at ~에 도착하다
- around ~경에
- grass 잔디, 풀

bus at school at 9:00. We arrived at Olympic Park at 9:40. First, we visited a history museum. Then, we had lunch around noon. After lunch, we played games and took pictures on the grass.

서 버스를 탔다. 우리는 9시 40분에 올림픽 공원에 도착했다. 먼저 우리는 역사박물관을 방문했다. 그리고 나서, 정오경에 점심을 먹었다. 점심 후에, 우리는 잔디밭에서 게임을 하고 사진을 찍었다.

---

10 ① 남자는 라켓을 가져온다고 했고 여자에게 물을 가져오라고 한다.
- later 나중에
- bring 가지고오다
- racket 라켓

M: Can you play badminton with me later?
W: Sure. Sounds fun.
M: Cool. Then, let's meet at the park at 4.
W: All right. What should I bring?
M: I have rackets. So just bring water.
W: Okay. I will.

남자: 나중에 나랑 배드민턴 칠래?
여자: 물론이지. 재미있겠다.
남자: 좋아. 그럼 4시에 공원에서 만나자.
여자: 좋아. 내가 뭘 가져가야 해?
남자: 나에게 라켓들이 있어. 그러니 그냥 물만 가져와.
여자: 알겠어. 그럴게.

---

11 ① 남자가 찾는 화병은 창문가에 있는 작은 탁자에 있다.
- vase 화병
- check 확인하다

M: Happy birthday! These roses are for you.
W: Oh, thank you! They're so beautiful.
M: I will put them in the vase. Where is the vase?
W: Maybe on the kitchen table?
M: No, it is not there.
W: Then, check the small table by the window.
M: Okay. [Pause] Oh, you're right. I found it.

남자: 생일 축하해! 이 장미는 당신을 위한 거야.
여자: 오, 고마워! 그것들은 정말 아름답다.
남자: 내가 그것들을 화병에 꽂을게. 화병이 어디 있지?
여자: 아마도 부엌 탁자 위?
남자: 아니, 그것은 거기 없는데.
여자: 그럼, 창문가에 있는 작은 탁자를 확인해 봐.
남자: 알겠어. [잠시 후] 오, 당신 말이 맞아. 그것을 찾았어.

---

12 ① 남자아이는 이면지를 재활용하여 종이를 낭비하지 말 것을 권하고 있다.
- throw away ~을 버리다
- piece 조각, 장
- side 면
- solve 풀다
- waste 낭비하다

B: Jimin, did you throw away this piece of paper?
G: Yes. Is there something wrong?
B: Yes. You used only one side of it.
G: Oh. What can I do on the other side?
B: You can solve math problems on it.
G: Oh, that's a good idea!
B: We shouldn't waste paper.
G: Okay, I won't.

소년: 지민아, 이 종이를 버렸니?
소녀: 응. 뭐가 잘못된 게 있어?
소년: 응. 너는 그것의 한쪽 면만 사용했잖아.
소녀: 아. 다른 면으로 내가 무엇을 할 수 있어?
소년: 넌 그것 위에 수학 문제를 풀 수 있어.
소녀: 어, 그거 좋은 생각이다!
소년: 우리는 종이를 낭비해서는 안 돼.
소녀: 알겠어, 그러지 않을게.

---

13 ② 음식과 음료를 가지고 오지 말라는 표지가 있다.
- don't forget to ~하는 것을 잊지 마라

① W: You can't buy food and drinks here.
② W: You should not bring food and drinks here.
③ W: You should not eat so much fast food.
④ W: Don't forget to bring your food and drinks.

① 여자: 여기에서 음식과 음료를 살 수 없습니다.
② 여자: 여기에 음식과 음료를 가지고 와서는 안 됩니다.
③ 여자: 너무 많은 패스트푸드를 먹어서는 안 됩니다.
④ 여자: 여러분의 음식과 음료를 가지고 오는 것을 잊지 마세요.

---

14 ④ 박물관에서 그림 사진을 찍으려는 남자아이에게 하지 말라고 하고 있다.
- painter 화가
- musician 음악가
- touch 만지다, 건드리다

① W: Your picture is great.
   B: Thank you so much.
② W: Do you want to be a painter?
   B: No, I don't. I want to be a musician.
③ W: Do not touch the paintings in the museum.

① 여자: 너의 사진은 훌륭해.
   소년: 대단히 고맙습니다.
② 여자: 너는 화가가 되고 싶니?
   소년: 아뇨, 그렇지 않아요. 저는 음악가가 되고 싶어요.
③ 여자: 박물관에서 그림을 만지지 마세요.

정답	JUMP UP 받아쓰기(스크립트)	해석
• painting 그림	B: Don't worry! I won't. ④ W: Do not take pictures of the paintings in the museum. B: Okay, I won't.	소년: 걱정 마세요! 안 그럴게요. ④ 여자: 박물관에서 그림 사진을 찍지 마세요. 소년: 알겠어요, 하지 않을게요.
15 ④ 길을 건너지 말라는 말에는 알겠다는 표현이 오는 것이 자연스럽다. • Speaking. 접니다 • cross 건너다 • Why don't we ~? ~하는 게 어때?	① M: I'm sorry for being late. W: That's all right. ② M: Thank you for helping me. W: You're welcome. ③ M: May I speak to Suji? W: Speaking. ④ M: You should not cross the street here. W: Why don't we take a taxi?	① 남자: 늦어서 미안해. 여자: 괜찮아요. ② 남자: 저를 도와주셔서 감사합니다. 여자: 뭘요. ③ 남자: 수지와 통화할 수 있나요? 여자: 접니다. ④ 남자: 여기서 길을 건너서는 안 됩니다. 여자: 택시를 타는 게 어때요?
16 ① 여자아이가 휴대전화를 너무 많이 사용해서 아빠가 화를 내셨고 그 이유로 슬프다고 말하고 있다. • seem ~인 것 같다 • upset 화난 • same 같은 • reason 이유	B: You seem upset, Joan. What's wrong? G: I feel sad. My dad was angry with me this morning. B: Why? G: Because I use my cellphone too much. B: Oh, my mom got angry at me for the same reason yesterday. G: Really? We have the same problem.	소년: Joan, 너 화난 듯한데. 무슨 일이니? 소녀: 난 슬퍼. 나의 아빠가 오늘 아침에 나에게 화가 나셨어. 소년: 왜? 소녀: 내가 휴대전화를 너무 많이 쓰기 때문이야. 소년: 아, 나의 엄마도 어제 같은 이유로 나에게 화냈어. 소녀: 정말? 우린 같은 문제를 갖고 있구나.
17 ① 남자가 여름을 더 좋아하는 이유가 오는 것이 알맞다. • like 좋아하다; ~ 같은 • better 더 좋은	M: What do you like better, summer or winter? W: I like winter better. M: Why? W: I love winter sports like skiing and skating. M: I like summer better. W: Why do you like summer better? M: _____	남자: 너는 여름과 겨울 중에 무엇이 더 좋아? 여자: 난 겨울이 더 좋아. 남자: 왜? 여자: 나는 스키와 스케이트 같은 겨울 스포츠를 좋아해서. 남자: 난 여름이 더 좋은데. 여자: 너는 왜 여름이 더 좋아? 남자: _____ ① 난 봄이 더 좋아. ② 난 여름 과일을 좋아해. ③ 난 추운 날씨가 싫어. ④ 난 여름 휴가 동안에 여행할 수 있어서.
18 ② 치과 예약을 하면서 이름을 묻는 말에 이어질 응답은 자신의 이름을 말하는 것이다. • dental clinic 치과 • toothache 치통 • dentist 치과의사 • wait 기다리다	[Telephone rings.] M: Hello. White Dental Clinic. What can I do for you? W: Hi. I have a toothache. Can I see a dentist today? M: Wait a minute, please. W: Okay. M: Thank you for waiting. Can you come at 4? W: That's fine. M: Okay. Can I have your name? W: _____	[전화벨이 울린다.] 남자: 여보세요. 하얀 치과입니다. 무엇을 도와드릴까요? 여자: 안녕하세요. 저는 치통이 있어요. 오늘 진찰을 받을 수 있을까요? 남자: 잠시 기다려 주세요. 여자: 알겠어요. 남자: 기다려 주셔서 감사합니다. 4시에 오실 수 있으신가요? 여자: 좋아요. 남자: 알겠습니다. 성함을 말해 주시겠어요? 여자: _____ ① 죄송합니다만, 저는 할 수 없어요. ② 물론이죠. Kate Green입니다. ③ 아, 당신의 이름이 뭐죠?

정답	JUMP UP 받아쓰기(스크립트)	해석

④ 저는 4시 30분에 거기에 가고 싶어요.

19 ④ 여자는 영화관 자리가 어딘지 묻고 있으므로 자리를 알려 주는 응답이 알맞다.
· seat 자리, 좌석

W: Did you get the movie tickets?
M: Sure. I got two tickets.
W: What time does the movie start?
M: In five minutes. Let's go find our seats.
W: Okay. Where are our seats?
M: _____

여자: 네가 영화표를 가지고 있지?
남자: 물론이야. 표 두 장 가지고 있어.
여자: 영화가 몇 시 시작이지?
남자: 5분 지나서야. 가서 우리 자리 찾자.
여자: 알겠어. 우리 자리가 어디니?
남자: _____

① 그것은 5시 20분에 시작해. ② 세 시간 동안이야.
③ 그것들은 25달러야. ④ 그것들은 M5와 M6야.

20 ① 남자는 자전거를 탈 줄 모르는 여자에게 인라인스케이트를 타러 가자고 제안하고 있다.
· how about ~하는 게 어때?
· go for a bike ride 자전거 타러 가다

M: Hi, Jiyun. What will you do in the afternoon?
W: I will just stay home.
M: How about going for a bike ride?
W: Sorry, I don't know how to ride a bike.
M: Oh. Then, why don't we go inline skating?
W: _____

남자: 안녕, 지윤아. 너는 오후에 뭐 할 거니?
여자: 난 그저 집에 있을 건데.
남자: 자전거 타러 가는 게 어때?
여자: 미안하지만, 난 자전거 탈 줄 몰라.
남자: 아. 그럼, 인라인스케이트 타러 가는 것은 어때?
여자: _____

① 좋아. ② 그건 내 잘못이야. ③ 내가 운동을 좋아하기 때문이야. ④ 그 말을 들으니 유감이다.

LISTEN UP 실력 높여 보기

본문 112쪽

01 ②   02 ⑤   03 ③   04 ②   05 ①

정답	스크립트	해석

01 ② 시험공부하고 있는 여자아이는 모든 것을 기억하기 어렵다고 하면서 긴장하고 있다.
· be good at ~을 잘하다
· nervous 긴장한
· remember 기억하다
· hard 어려운

B: Hi, Yuna. What are you doing here?
G: I'm studying for the science test.
B: Oh, you are good at science.
G: But I'm nervous. Remembering everything for the test is hard.
B: I know how you feel. But you will do well.
G: Thanks a lot.

소년: 안녕, 유나야. 여기서 뭐 하고 있어?
소녀: 난 과학 시험공부하고 있어.
소년: 어, 넌 과학을 잘하잖아.
소녀: 하지만 긴장돼. 시험을 위해 모든 것을 기억하는 것은 어렵거든.
소년: 어떤 기분인지 알아. 하지만 넌 잘할 거야.
소녀: 정말 고마워.

02 ⑤ 토론토가 캐나다의 수도라는 여자의 말을 남자가 오타와가 수도라고 수정하고 있다.
· capital city 수도
· actually 사실

M: Hi. My name is Jack.
W: Hi, I'm Jimin.
M: Where are you from?
W: I'm from Korea. Where are you from?
M: I'm from Toronto, Canada.
W: Toronto? It's the capital city of Canada, right?
M: Actually, it's not. Ottawa is the capital city.

남자: 안녕하세요. 제 이름은 Jack입니다.
여자: 안녕하세요, 저는 지민입니다.
남자: 어디에서 오셨죠?
여자: 저는 한국에서 왔어요. 당신은 어디 출신이시죠?
남자: 저는 캐나다 토론토 출신이에요.
여자: 토론토? 그곳은 캐나다 수도죠, 맞죠?
남자: 사실, 아니에요. 오타와가 수도예요.

03 ③ 남자아이는 스포츠 주간의 우승 상품에 대해서는 언

B: Mom, the school sports week is from June 7th to June 12th.

소년: 엄마, 학교 스포츠 주간이 6월 7일부터 6월 12일까지예요.

정답	스크립트	해석

급하지 않았다.
- from ~ to ... ~부터 …까지
- during ~ 동안에
- against ~에 대항하여
- grader 학년 학생
- sure 확신하는

W: Sports week? What do you do during the week?
B: We play sports against other classes.
W: Oh, sounds interesting. What sport will you play?
B: Sixth graders will play soccer.
W: Do fifth graders play sports?
B: Yes. They play volleyball.
W: Great! I'm sure you will have a fun time.

여자: 스포츠 주간? 그 주 동안에 뭘 하니?
소년: 우리는 다른 반에 대항하여 스포츠를 해요.
여자: 오, 재미있겠는데. 너는 어떤 스포츠를 하는데?
소년: 6학년생들은 축구를 할 거예요.
여자: 5학년생들도 스포츠를 하니?
소년: 네. 그들은 배구를 해요.
여자: 좋구나! 나는 네가 재미있는 시간을 보낼 거라고 확신해.

04 ② 여자가 주문한 커피는 4달러, 딸기 마카롱은 2달러로 합계 6달러인데 10달러를 냈으므로 거스름돈은 4달러이다.
- order 주문
- macaron 마카롱
- Here's ~. 여기 ~이 있다.

M: May I take your order?
W: Yes. I'd like an iced coffee.
M: Okay. Anything else?
W: I also want a strawberry macaron.
M: Okay. The coffee is 4 dollars, and the strawberry macaron is 2 dollars.
W: Okay. Here's 10 dollars.

남자: 주문하시겠어요?
여자: 네. 냉커피 주세요.
남자: 알겠어요. 그 밖에 다른 것은요?
여자: 딸기 마카롱도 주세요.
남자: 알겠습니다. 커피는 4달러이고, 딸기 마카롱은 2달러입니다.
여자: 알겠어요. 여기 10달러 있어요.

05 ① 기후 문제로 많은 사람이 섬에 있는 자신의 집을 떠나야 한다는 말에는 유감을 나타내는 응답이 적절하다.
- the North Pole 북극
- melt 녹다
- serious 심각한
- island 섬
- disappear 사라지다
- have to ~해야 한다

M: Did you hear the news?
W: What news?
M: The ice at the North Pole is melting.
W: I heard about it. It is a serious problem.
M: That's right. A lot of islands will disappear.
W: It's so sad. Many people will have to leave their homes on the islands.
M: _____

남자: 뉴스 들었니?
여자: 무슨 뉴스?
남자: 북극의 얼음이 녹고 있어.
여자: 그것에 대해서 들었어. 그것은 심각한 문제야.
남자: 맞아. 많은 섬들이 사라질 거야.
여자: 너무 슬퍼. 많은 사람이 섬에 있는 자신의 집을 떠나야 할 거야.
남자: _____
① 유감이야. ② 너무 따뜻해. ③ 물론이지. 왜 안 되겠어? ④ 그거 좋은 생각이야. ⑤ 그들은 좋은 시간을 보냈다.

FLY UP 본문 118~119쪽

01 B Yes. It's on the third floor. / 네. 그것은 3층에 있어요. **02** A How long will it take? / 얼마나 걸리나요?

03 A What should I bring? / 내가 무엇을 가져와야 할까? **04** A I'm sorry for being late. / 늦어서 미안해.

05 A May I speak to Suji? / 수지와 통화할 수 있을까요? **06** There's a lot of traffic at this time. / 이 시간에는 교통량이 많아요. **07** We went on a field trip today. / 우리는 오늘 소풍을 갔어. **08** We shouldn't waste paper. / 우리는 종이를 낭비해서는 안 돼. **09** My mom got angry at me. / 나의 엄마는 나에게 화가 났어.

10 Why don't we go inline skating? / 우리 인라인스케이트 타러 가는 게 어때?

SPEAK UP 본문 120쪽

01 I'll show you how to take the subway. **02** Do you want to be a singer? **03** Do not touch the paintings in the museum. **04** We should not cross the street here. **05** What do you like better, math or science? **06** How about going for a walk? **07** I'm sure you will have a fun time.

Listen & Speak Up 9

WARM UP

A
01 ago, ~ 전에   02 meal, 식사   03 in front of, ~ 앞에서   04 sign, 표시
05 in the middle of, ~의 가운데에   06 famous, 유명한   07 light, 가벼운
08 behind, ~ 뒤에   09 take part in, ~에 참여하다   10 earthquake, 지진

B
01 ago   02 front   03 middle   04 famous   05 behind   06 meal
07 sign   08 light   09 part   10 earthquake

LISTEN UP   JUMP UP

LISTEN UP   듣기평가 모의고사 9

| 01 ③ | 02 ③ | 03 ① | 04 ② | 05 ② | 06 ④ | 07 ③ | 08 ④ | 09 ① | 10 ④ |
| 11 ③ | 12 ④ | 13 ② | 14 ① | 15 ① | 16 ③ | 17 ② | 18 ① | 19 ② | 20 ④ |

정답	JUMP UP 받아쓰기(스크립트)	해석
01 ③ 남자아이는 친구들과 점심을 먹고 싶은데 돈이 없어서 엄마에게 돈을 좀 요청하려고 엄마를 찾고 있다. • a few 몇몇의 • ago ~ 전에 • about 대략 • ask 요청하다	B: Jane, where's Mom? G: She went out a few minutes <u>ago</u>. B: Where did she go? G: She went to the bank. She'll come back about one <u>hour</u> later. B: Ahh. I need to <u>ask</u> her for some money. G: Why do you need money? B: I want to have <u>lunch</u> with my friends. But I have no money.	소년: Jane, 엄마 어디 계셔? 소녀: 몇 분 전에 나가셨는데. 소년: 어디 가셨어? 소녀: 은행에 가셨어. 대략 한 시간 후에 돌아오실 거야. 소년: 아아. 엄마에게 돈을 좀 요청해야 하는데. 소녀: 너는 왜 돈이 필요하니? 소년: 난 친구들과 점심 먹고 싶어서. 그런데 돈이 없어.
02 ③ 여자가 남자아이에게 숟가락과 포크를 꺼내서 식탁을 차려 달라고 부탁하고 있다. • arrive 도착하다 • meal 식사, 끼니 • set the table 식탁을 차리다 • put out 꺼내다	W: Chris, your grandfather will <u>arrive</u> here soon. B: I hope he will like this special <u>meal</u>. W: I hope so, too. Can you help me? B: Sure. What can I do? W: Can you <u>set</u> the table? Please <u>put</u> out spoons and forks. B: Sure. No problem.	여자: Chris, 너의 할아버지가 곧 여기에 도착하실 거야. 소년: 저는 그가 이 특별한 식사를 좋아하시길 바라요. 여자: 나도 그러길 바라. 나를 도와줄 수 있어? 소년: 물론이에요. 제가 무엇을 할까요? 여자: 식탁 좀 차려 줄래? 숟가락과 포크를 꺼내 주렴. 소년: 물론이죠. 문제없어요.
03 ① 여자는 오늘 저녁 아빠의 생일 파티에서 앨범을 드릴 것이다. • be busy -ing ~하느라 바쁘다 • album 앨범 • this evening 오늘 저녁에	W: Sorry! I'm late again. M: That's okay. W: I was <u>busy</u> making a photo album for my dad. It took a <u>long</u> time. M: That's okay. <u>What</u> is the album for? W: It's for my dad's 50th birthday. I will give it to him at his birthday party this	여자: 미안해! 또 늦었어. 남자: 괜찮아. 여자: 내가 아빠 드릴 사진 앨범을 만드느라 바빴어. 긴 시간이 걸렸어. 남자: 괜찮아. 앨범은 무엇 때문이야? 여자: 나의 아빠 50번째 생신을 위해서야. 내가 오늘 저녁 그의 생일 파티에서 그것을 그에게 드릴 거야.

정답	JUMP UP 받아쓰기(스크립트)	해석

evening.

M: Cool! Your dad will really <u>like</u> it.

남자: 멋지구나! 너의 아빠가 그것을 정말 좋아하시겠어.

04 ② 아마존강에 대해 알고 있는지 물으면서 아마존강에 대해 소개하고 있다.
- longest 가장 긴(long의 최상급)
- through ~을 통과하여
- including ~을 포함하여
- rainforest 열대우림

M: Do you know about the Amazon River? It's one of the <u>longest</u> rivers in the world. It <u>runs</u> through seven countries, including Peru, Columbia, and Brazil. It has the world's biggest rainforest. Also, it is <u>home</u> to some very big snakes and <u>fish</u>.

남자: 아마존강에 대해 알고 있나요? 그것은 세계에서 가장 긴 강 중의 하나입니다. 그것은 페루, 콜롬비아, 브라질을 포함하여 일곱 개의 나라를 통과하여 흐릅니다. 그것은 세계에서 가장 큰 열대우림을 가지고 있습니다. 또한 그곳은 몇몇 매우 큰 뱀과 물고기의 서식지입니다.
① 남아메리카의 나라들 ② 아마존강: 위대한 강 ③ 강의 중요성 ④ 세계에서 가장 긴 강

05 ② 두 사람이 가고자 하는 초밥집은 곧장 길을 따라 걸어가면 꽃집과 은행 사이에 있다.
- sushi 초밥
- along ~을 따라
- between ~ and ... ~와 … 사이에

M: What do you want to eat <u>for</u> lunch?
W: How about sushi? A new Japanese restaurant <u>opened</u> last Friday.
M: Really? Where is it?
W: It's near here. Just <u>walk along</u> this street, and it's right there.
M: Just walk along this street?
W: Yeah. It's <u>between</u> the flower shop and the bank.
M: Oh, let's go there.

남자: 너는 점심으로 무엇을 먹고 싶니?
여자: 초밥 어때? 새로운 일식집이 지난 금요일에 문을 열었어.
남자: 정말? 그것은 어디에 있어?
여자: 그것은 이 근처에 있어. 그냥 이 길을 따라 걸어가, 그럼 바로 저쪽에 있어.
남자: 이 길을 그냥 따라 걸으라고?
여자: 응. 그것은 꽃집과 은행 사이에 있어.
남자: 아, 거기 가자.

06 ④ 여자아이의 친구 세라는 나를 안고 있는 아이이다.
- in front of ~ 앞에서
- haunted house 유령의 집
- sign 표시
- hug 안다
- in the middle of ~ 가운데에

G: I took a picture with my friends in <u>front</u> of a haunted house. Jina is standing next to me. She is making the 'V' <u>sign</u>. Juyeon is making a <u>heart</u> with her arms. Sera is hugging me. I'm smiling in the <u>middle of</u> them.

소녀: 나는 유령의 집 앞에서 친구들과 사진을 찍었다. 지나는 나의 옆에 서 있다. 그녀는 V 표시를 하고 있다. 주연이는 자기 팔로 하트를 만들고 있다. 세라는 나를 안고 있다. 나는 그들 가운데에서 웃고 있다.

07 ③ 여자는 발이 아파서 걸을 수 있는지 확신을 못하고 있고 남자는 의사의 진찰을 받을 것을 충고하고 있다.
- sore 아픈
- sure 확신하는
- see a doctor 의사의 진찰을 받다

M: What's wrong, Sujin?
W: I have a <u>sore foot</u>.
M: Which foot?
W: The <u>right</u> one.
M: Can you <u>walk</u>?
W: I'm not sure.
M: I think you should <u>see</u> a doctor.

남자: 무슨 일이야, 수진아?
여자: 난 발이 아파.
남자: 어느 발?
여자: 오른쪽 거.
남자: 걸을 수 있어?
여자: 잘 모르겠어.
남자: 내 생각에 너는 의사의 진찰을 받아야 할 거 같아.

08 ④ 남자아이는 부산에 가서 바다 수영을 했고 여자아이는 과학 박물관에 가서 종이 로봇을 만들었다.
- activity 활동
- like ~와 같은

G: What did you do last summer?
B: I <u>went</u> to my uncle's house in Busan.
G: What did you do there?
B: I <u>swam</u> in the sea. What did you do?
G: I went to the <u>science</u> museum.
B: Science museum?
G: Yeah. I did many activities like <u>making</u> paper robots.

소녀: 너는 지난여름에 뭐 했니?
소년: 나는 부산에 있는 삼촌 댁에 갔어.
소녀: 거기에서 뭐 했어?
소년: 나는 바다에서 수영했어. 너는 무엇을 했어?
소녀: 나는 과학 박물관에 갔어.
소년: 과학 박물관?
소녀: 응. 나는 종이 로봇 만들기와 같은 많은 활동을 했어.

정답	JUMP UP 받아쓰기(스크립트)	해석

09 ① 남자가 운영하는 방송 채널은 *Healthy Tips*로 건강을 유지하는 방법을 방송하고 있다.
- tip 조언, 충고
- useful 유용한
- these days 요즘
- not ~ either 또한 ~도 아닌
- air purifier 공기청정기

M: Hi, this is Chan Seung from *Healthy Tips*. Today, I'd like to tell you about something useful. These days, the air outside is not clean. So we should wear a mask outside. How about the air inside our house? It may not be clean, either. Why don't you use an air purifier?

남자: 안녕하세요, 저는 '건강한 조언'의 찬승입니다. 저는 여러분께 유용한 것에 대해 말해드리고 싶어요. 요즘 바깥 공기는 깨끗하지 않아요. 그래서 우리는 밖에서 마스크를 써야 합니다. 우리 집 안의 공기는 어떨까요? 그것도 깨끗하지 않을지도 모릅니다. 공기청정기를 사용해 보시는 게 어떠실까요?

---

10 ④ 여자아이가 도서관에서 두 권의 책을 대출하고 있다.
- check out (책 등을) 대출하다
- library card 도서관증
- return 반납하다

G: Can I check out these two books?
M: Sure. Do you have a library card?
G: No, I didn't bring it.
M: Okay. Can I have your name?
G: Yes. My name is Sarah Jo.
M: Okay. You should return them in two weeks.
G: All right. Thanks.

소녀: 이 두 권의 책을 대출할 수 있을까요?
남자: 물론이에요. 도서관증 있어요?
소녀: 아뇨, 그것을 가져오지 않았어요.
남자: 알겠어요. 이름을 알려 주실래요?
소녀: 네. 저의 이름은 Sarah Jo예요.
남자: 알겠어요. 당신은 2주 안에 책을 반납해야 해요.
소녀: 알겠어요. 고맙습니다.

---

11 ③ 여자아이가 벤치 위에 둔 공이 굴러떨어져서 여자아이의 가방 안으로 들어가 있다.
- bench 벤치
- maybe 아마도
- roll down 굴러떨어지다

G: Oh, I lost my ball.
B: Where did you have it?
G: I put it on the bench.
B: Maybe it rolled down. Let's check under the bench.
G: I did, but I couldn't find it.
B: Hmm, did you check your backpack?
G: No. [Pause] Oh, my! Here it is.

소녀: 어, 내 공을 잃어버렸어.
소년: 그것을 어디에서 가지고 있었는데?
소녀: 난 그것을 벤치 위에 놓았어.
소년: 아마도 그것이 굴러떨어졌나 봐. 벤치 아래를 확인해 보자.
소녀: 내가 해 봤지만 그것을 찾을 수 없었어.
소년: 흠, 너의 배낭을 확인했어?
소녀: 아니. [잠시 후] 어, 이런! 그것이 여기 있네.

---

12 ④ 두 아이는 다음 주에 그들의 도시에서 있을 축제에 관해 이야기하고 있다.
- look forward to ~을 기대하다
- parade 행진, 퍼레이드
- famous 유명한
- band 밴드
- fantastic 환상적인

B: There will be a festival in our town next week.
G: Right. I'm really looking forward to it.
B: Me, too. Did you go there last year?
G: Yeah. There was a parade. It was really great.
B: I heard a famous band will give a concert this year.
G: Oh, that'll be fantastic.

소년: 다음 주에 우리 도시에서 축제가 있을 거야.
소녀: 맞아. 난 정말 그것을 기대하고 있어.
소년: 나도 그래. 작년에 그곳에 갔었어?
소녀: 응. 행진이 있었어. 그건 정말 대단했지.
소년: 난 올해에는 유명한 밴드가 콘서트를 할 거라고 들었어.
소녀: 아, 그거 환상적이겠는데.

---

13 ② 10월은 31일까지 있고 학교 축제는 10월 24일, 토요일은 다섯 번 있다.
- October 10월

① W: October has 30 days.
② W: The club meeting is on October 7th.
③ W: The school festival is on October 25th.
④ W: There are four Saturdays in October.

① 여자: 10월에는 30일이 있다.
② 여자: 동아리 모임은 10월 7일에 있다.
③ 여자: 학교 축제는 10월 25일에 있다.
④ 여자: 10월에는 네 번의 토요일이 있다.

---

14 ① 여자는 버스 터미널을 생각하면서 길을 묻고 있고 남자는 파란 노선을 가리키고 있다.
- get to ~에 도착하다
- terminal 터미널

① W: How can I get to the bus terminal?
  M: Take the Blue Line.
② W: Where is the subway station?
  M: It's near the supermarket.
③ W: Where can I buy a map?

① 여자: 버스 터미널에 어떻게 가나요?
  남자: 파란 노선을 타세요.
② 여자: 지하철역은 어디에 있나요?
  남자: 그것은 슈퍼마켓 근처에 있어요.
③ 여자: 어디에서 지도를 살 수 있나요?

정답	JUMP UP 받아쓰기(스크립트)	해석
• how much (가격이) 얼마	M: The bookstore is over there. ④ W: How much is a subway ticket? M: It's 2 dollars.	남자: 서점은 저쪽에 있습니다. ④ 여자: 지하철 승차권은 얼마인가요? 남자: 그것은 2달러입니다.
15 ① Do you ~?로 묻는 말에 긍정의 응답을 할 때는 Yes, I do.로 말한다. • get up 일어나다	① M: Do you like pizza? W: Yes, I am. ② M: Where are you? W: I'm in the supermarket. ③ M: When do you usually get up? W: At 7:40. ④ M: How do you get to school? W: I walk to school.	① 남자: 피자를 좋아하니? 여자: 응, 그래. ② 남자: 넌 어디에 있어? 여자: 난 슈퍼마켓에 있어. ③ 남자: 넌 주로 언제 일어나니? 여자: 7시 40분에. ④ 남자: 넌 학교에 어떻게 가? 여자: 난 학교에 걸어가.
16 ③ 빵집은 8시에 문을 닫고 두 사람은 8시 10분에 빵집 앞에 있다. 그래서 두 사람은 카페로 가기로 했다. • closed 문을 닫은 • sign 표지 • corner 모퉁이	W: Oh, the bakery is closed. M: Really? Look! There's a sign on the door. W: The bakery closes at 8. M: Right. It's 8:10 now. W: Then, let's go to a cafe. There's one on the corner. M: Okay. Let's go there.	여자: 어, 빵집이 문 닫았어. 남자: 정말? 봐! 문에 표지가 있어. 여자: 빵집은 8시에 문을 닫네. 남자: 맞아. 지금은 8시 10분이야. 여자: 그럼 카페로 가자. 모퉁이에 하나 있어. 남자: 좋아. 그리 가자.
17 ② 남자는 여자가 고장난 자전거를 가지고 가는 것을 도와주겠다고 했으므로 고마워하는 인사말이 와야 알맞다. • broken 고장난 • around ~ 주변에	M: Hey, Hana. What's wrong with your bike? W: It's broken. M: Oh, there's a bike shop near here. W: Really? Where is it? M: It's around the corner. I will help you carry your bike. W: _____	남자: 이봐, 하나야. 네 자전거 어떻게 된 거야? 여자: 고장 났어. 남자: 아, 이 근처에 자전거 가게가 있어. 여자: 정말? 그게 어디에 있는데? 남자: 그것은 모퉁이 주변에 있어. 네가 네 자전거를 가지고 가는 것을 내가 도와줄게. 여자: _____ ① 고마워. ② 잘됐다. ③ 넌 정말 친절하구나. ④ 너는 얼마나 친절한지!
18 ① 영어로 hello에 해당하는 스페인어를 묻고 있으므로 해당하는 스페인어 단어를 말해 준다. • in Spanish 스페인어로	W: What are you doing? M: I'm studying Spanish. W: Spanish? Are you going to Spain? M: No. I just want to speak Spanish. W: Oh, good! Then, how do you say "hello" in Spanish? M: _____	여자: 너는 뭐 하고 있어? 남자: 나는 스페인어를 공부하고 있어. 여자: 스페인어? 스페인에 갈 거야? 남자: 아니. 그냥 스페인어를 말하고 싶어서. 여자: 어, 좋구나! 그럼, 스페인어로 'hello(안녕하세요)'는 어떻게 말해? 남자: _____ ① 그것은 "Hola.(올라)"야. ② 나는 스페인어를 정말 좋아해. ③ 스페인어는 재미있어. ④ 사람들은 스페인어를 말해.
19 ② 누구와 영화를 봤는지 묻고 있다. • answer 전화를 받다, 응답하다 • That must be why. 그것이 이유임에 틀림없다.	W: Hi, Andy. M: Hello, Amy. I called you yesterday, but you didn't answer. W: Really? I didn't know that. M: Where were you at 6 p.m. yesterday? W: I was at the movies.	여자: 안녕, Andy. 남자: 안녕, Amy. 내가 어제 너에게 전화했는데, 너는 받지 않았어. 여자: 정말? 난 그것을 몰랐는데. 남자: 어제 오후 6시에 어디에 있었어? 여자: 난 영화 보는 중이었어.

정답	JUMP UP 받아쓰기(스크립트)	해석

M: That must be why. Who were you with?
W: _____

남자: 그게 이유였네. 넌 누구와 있었어?
여자: _____

① 8시쯤. ② 내 친구 Molly. ③ 약 두 시간. ④ 난 코미디 영화를 봤어.

20 ④ 여자는 남자가 여가 시간에 무엇을 하는지 묻고 있다.
· free time 여가 시간
· kind 종류
· by the way 그런데

M: What do you usually do in your free time?
W: I usually read books.
M: What kind of books do you read?
W: I like reading novels.
M: Oh, I like them, too.
W: By the way, what do you do in your free time?
M: _____

남자: 너는 주로 여가 시간에 뭐 하니?
여자: 난 주로 책을 읽어.
남자: 너는 어떤 종류의 책을 읽어?
여자: 난 소설을 읽는 것을 좋아해.
남자: 어, 나도 그것들을 좋아하는데.
여자: 그런데, 너는 여가 시간에 뭐 해?
남자: _____

① 난 걱정이야. ② 일주일에 두 번. ③ 나는 댄서가 되고 싶어. ④ 나는 주로 농구를 해.

LISTEN UP 실력 높여 보기

본문 126쪽

01 ① **02** ⑤ **03** ③ **04** ④ **05** ③

정답	스크립트	해석

01 ① 두 명이나 네 명의 선수가 탁자 위에서 경기를 하고 손보다 작고 물에 뜰 정도로 가벼운 공은 탁구공이다.
· side 쪽, 면
· light 가벼운
· float 뜨다

M: This is a ball for a sport. Two or four players play the sport with this ball. They play the sport on a table. They hit the ball to the other side with a racket. The ball is smaller than your hand. It's very light, and it can float on water.

남자: 이것은 스포츠를 위한 공이다. 두 명이나 네 명의 선수들이 이 공으로 스포츠를 한다. 그들은 탁자 위에서 그 스포츠를 한다. 그들은 라켓으로 다른 쪽으로 공을 친다. 그 공은 여러분의 손보다 더 작다. 그것은 매우 가벼워서 물에 뜰 수 있다.

02 ⑤ 남자아이는 길에서 휴대전화를 사용하고 있다가 뒤에서 차가 와서 깜짝 놀랐다.
· careful 조심하는
· behind ~ 뒤에서

G: Hey, Joshua. Be careful!
B: I'm sorry. What did you say?
G: Be careful! There's a car coming behind you.
B: Oh, my! I didn't see it.
G: You should not use your cellphone on the street.
B: Okay, I won't.

소녀: 이봐. Joshua. 조심해!
소년: 미안해. 뭐라고 말했어?
소녀: 조심하라고! 네 뒤에 오고 있는 차가 있어.
소년: 어, 이런! 난 그것을 못 봤어.
소녀: 너는 길에서 휴대전화를 사용해서는 안 돼.
소년: 알겠어, 하지 않을게.

03 ③ 여자아이의 학급 티셔츠의 가격은 언급되지 않았다.
· favorite 가장 좋아하는
· letter 철자, 글자
· design 디자인하다
· whole 전체의
· take part in ~에 참여하다

M: Is that your class T-shirt?
G: Yes. We're going to wear it on sports day.
M: That's cool! I love the color.
G: Me, too. Green is my favorite color.
M: By the way, what do the letters on the T-shirt mean?
G: MCBC? My class is the best class.
M: Oh, that's cool! Who designed it?

남자: 저게 너의 학급 티셔츠니?
소녀: 네. 우리는 운동회 날에 그것을 입을 예정이에요.
남자: 그거 멋지구나! 난 색이 아주 맘에 들어.
소녀: 저도요. 초록은 제가 제일 좋아하는 색이에요.
남자: 그런데 티셔츠에 있는 철자들은 무슨 뜻이니?
소녀: MCBC요? 나의 반은 최고의 반이다.
남자: 어, 그거 멋지구나! 누가 그것을 디자인했어?
소녀: 저의 반 전체가 그것을 디자인하는 데 참여했어요.

G: Our whole class took part in designing it.

04 ④ 여자는 지진이 난 튀르키예 사람들을 돕기 위하여 옷을 보낼 생각을 하고 있다.
- earthquake 지진
- terrible 끔직한
- agree 동의하다
- think of ~을 생각하다
- clothes 옷

M: Did you see the news?
W: What news?
M: There was an earthquake in Türkiye.
W: Oh, I saw that. It's so terrible.
M: Yeah, we should do something to help.
W: I agree. I'm thinking of sending them some clothes.
M: That's a good idea.

남자: 너 뉴스 봤어?
여자: 무슨 뉴스?
남자: 튀르키예에 지진이 났어.
여자: 어, 난 그거 봤어. 정말 끔찍해.
남자: 맞아. 우리는 도울 뭔가를 해야 해.
여자: 나도 동의해. 나는 그들에게 몇 벌의 옷을 보낼 생각이야.
남자: 그거 좋은 생각이다.
① 그녀는 튀르키예어를 배울 예정이다. ② 그녀는 튀르키예로 여행을 갈 예정이다. ③ 그녀는 몇 벌의 옷을 살 예정이다. ④ 그녀는 튀르키예 사람들을 도울 예정이다. ⑤ 그녀는 지진에 관해 쓸 예정이다.

05 ③ 요리 방송에서 요리사에게 무엇을 만들고 싶은지 묻고 있다.
- chef 요리사
- simple 간단한
- bake 굽다
- oven 오븐

M: Welcome to "Sam's Kitchen." This is today's chef, Linda Kim.
W: Hello. I'm Linda.
M: Thank you for being here.
W: I'm happy to be here.
M: What would you like to make today?
W: _____

남자: 'Sam의 부엌'에 오신 것을 환영합니다. 이분은 오늘의 요리사 Linda Kim입니다.
여자: 안녕하세요. 저는 Linda입니다.
남자: 여기 와 주셔서 감사합니다.
여자: 저도 여기 와서 행복합니다.
남자: 오늘 무엇을 만들고 싶으신가요?
여자: _____
① 그것은 매우 간단합니다. ② 저는 스테이크를 먹고 싶어요. ③ 저는 나초 피자를 만들 겁니다. ④ 당신은 오븐에 그것을 구울 수 있습니다. ⑤ 이 음식은 맛있고 건강에 좋아요.

FLY UP

본문 132~133쪽

01 A Can you set the table? / 네가 식탁을 차려 줄 수 있어? **02** A What did you do last summer? / 지난여름에 너는 무엇을 했니? **03** A How do you get to school? / 너는 학교에 어떻게 가니? **04** A What do you usually do in your free time? / 너는 여가 시간에 주로 무엇을 하니? **05** A What would you like to make today? / 당신은 오늘 무엇을 만들고 싶으신가요? **06** I was busy making a photo album for my dad. / 나는 나의 아빠를 위한 사진 앨범을 만드느라 바빴어. **07** I have a sore foot. / 나는 발이 아파. **08** I think you should see a doctor. / 내 생각에 너는 의사 진찰을 받아야 할 것 같아. **09** You should return them in two weeks. / 너는 2주 안에 그것들을 반납해야 해. **10** I'm really looking forward to it. / 나는 정말 그것을 기대하고 있어.

SPEAK UP

본문 134쪽

01 Do you know about Antarctica? **02** What do you want to eat for dinner? **03** It's between the post office and the bakery. **04** Can I check out these three books? **05** When do you usually go to bed? **06** How do you say "hello" in Chinese? **07** There's a car coming behind you.

Listen & Speak Up 10

WARM UP

본문 135쪽

A
01 full, 배부른   02 recycle, 재활용하다   03 save, 절약하다, 구하다   04 floor, 층
05 weigh, 무게가 ~이다   06 look like, ~처럼 보이다   07 by the way, 그런데   08 cloudy, 흐린
09 turn down, 줄이다   10 useful, 유용한

B
01 recycle   02 floor   03 cloudy   04 down   05 useful   06 full
07 save   08 weigh   09 like   10 way

LISTEN UP | JUMP UP

LISTEN UP   듣기평가 모의고사 10

본문 136~145쪽

| 01 ① | 02 ① | 03 ④ | 04 ④ | 05 ② | 06 ② | 07 ② | 08 ② | 09 ④ | 10 ② |
| 11 ③ | 12 ① | 13 ④ | 14 ② | 15 ④ | 16 ③ | 17 ① | 18 ④ | 19 ④ | 20 ② |

정답	JUMP UP 받아쓰기(스크립트)	해석
01 ① 남자가 먹은 것은 불고기와 식혜이다. • delicious 맛있는 • full 배부른 • sweet 달콤한	M: Oh, I had a wonderful dinner. The *bulgogi* was so delicious. W: I'm <u>glad</u> you liked it. Do you want some cake for <u>dessert</u>? M: No, thanks. I'm <u>full</u>. W: How about some *sikhye*? M: Okay. *[Pause]* Mmm. It's so <u>sweet</u> and cool. W: My grandmother made it herself. M: It's so good!	남자: 오, 난 멋진 저녁을 먹었어. 불고기가 아주 맛있었어. 여자: 난 네가 그것을 좋아해서 기뻐. 후식으로 케이크 먹을래? 남자: 고맙지만, 괜찮아. 난 배불러. 여자: 식혜는 어때? 남자: 그래. *[잠시 후]* 음. 이거 엄청 달콤하고 시원해. 여자: 나의 할머니가 그것을 직접 만드셨어. 남자: 그거 정말 좋네!
02 ① 단어 recycle의 뜻을 설명하면서 재활용을 할 것을 독려하고 있다. • recycle 재활용하다 • for example 예를 들어 • product 제품 • save 아끼다 • smart 똑똑한	M: Do you know the word *recycle*? *Recycle* means "to use things <u>again</u>." For example, we can <u>recycle</u> old newspapers. Then we can make new paper products. Also, we can <u>save</u> trees. So be <u>smart</u> and recycle!	남자: '재활용하다'라는 단어를 아시나요? '재활용하다'는 '물건을 다시 사용한다'를 의미합니다. 예를 들어, 우리는 낡은 신문지를 재활용할 수 있습니다. 그럼 우리는 새로운 종이 제품을 만들 수 있습니다. 또한, 우리는 나무를 아낄 수 있습니다. 그러므로 똑똑하게 재활용하세요!
03 ④ 여자는 내일 농구 시합을 보러 갈 예정이고 남자는 영화를 볼 예정이다. • because ~ 때문에 • fan 팬, 애호가	M: I'm so happy <u>because</u> it's Friday! W: Yeah, me too! M: What are you going to do this weekend? W: I'm going to <u>watch</u> a basketball game tomorrow. M: That's cool.	남자: 나는 오늘이 금요일이라서 너무 행복해! 여자: 응, 나도! 남자: 너는 이번 주말에 무엇을 할 예정이니? 여자: 나는 내일 농구 경기를 보러 갈 예정이야. 남자: 그거 멋지다. 여자: 너는 농구를 좋아하니? 나와 같이 가도 되는데.

정답	JUMP UP 받아쓰기(스크립트)	해석

W: Do you like basketball? You can go with me.
M: Sorry, I am not a basketball fan. I'm going to watch a movie at home.

남자: 미안, 나는 농구 팬이 아니야. 나는 집에서 영화를 볼 예정이야.

---

04 ④ 남자아이는 엄마가 차에 태워 줄 수 없어서 아빠에게 물어보려고 한다.
· give ~ a ride ~을 (차에) 태워 주다
· backyard 뒷마당

B: Yujin and I are going to the national museum this afternoon.
W: That sounds fun.
B: Can you give us a ride, Mom?
W: Oh, sorry. I have to visit your grandfather.
B: That's all right.
W: Maybe your dad can do it. Ask him.
B: Where is he?
W: He's exercising in the backyard.

소년: 유진이와 저는 오늘 오후에 국립 박물관을 갈 예정이에요.
여자: 그거 재밌겠다.
소년: 엄마, 저희를 데려다주실 수 있나요?
여자: 오, 미안. 나는 네 할아버지에게 들러야 해.
소년: 괜찮아요.
여자: 아마도 네 아빠는 그걸 해 주실 수 있을 거야. 그에게 물어봐.
소년: 아빠는 어디 계세요?
여자: 그는 뒷마당에서 운동하고 계셔.

---

05 ② 여자아이는 주민 센터에서 아이들에게 책을 읽어 주는 자원봉사 활동을 한다.
· community center 주민 센터
· volunteer work 자원봉사 활동

B: Samantha, where are you going?
G: I'm going to the community center.
B: Community center? What will you do there?
G: I do volunteer work there for young children.
B: What do you do for them?
G: I read books to them.

소년: Samantha, 너 어디 가니?
소녀: 나는 주민 센터로 가는 중이야.
소년: 주민 센터? 너는 거기서 뭘 할 거니?
소녀: 나는 거기에서 어린아이들을 위해서 자원봉사 활동을 해.
소년: 너는 그들을 위해 무엇을 하는데?
소녀: 난 그들에게 책을 읽어 줘.

---

06 ② 남자아이는 수학 시간에 필요한 컴퍼스를 가지고 오지 않아서 여자아이에게 빌리고 있다.
· compass 컴퍼스
· worry 걱정하다
· borrow 빌리다

B: We have math class now.
G: Did you bring a compass?
B: Oh, I forgot.
G: Don't worry. I have two compasses.
B: Oh, great! Can I borrow one?
G: Sure. No problem.

소년: 우리 이제 수학 시간이야.
소녀: 너 컴퍼스를 가져왔니?
소년: 오, 잊어버렸어.
소녀: 걱정하지 마. 내가 컴퍼스 두 개를 갖고 있거든.
소년: 오, 대단한데! 내가 하나 빌릴 수 있을까?
소녀: 물론이지. 문제없어.

---

07 ② 남자아이가 찾고 있는 접착식 메모지는 책의 첫 장에 붙어 있었다.
· sticky 끈적거리는
· note 쪽지, 메모지
· disappear 사라지다
· page 장, 페이지

G: What are you looking for?
B: A sticky note.
G: A sticky note?
B: Yeah, I just used one, but it disappeared.
G: Did you check in your book?
B: In my book? [Pause] Oh, it's on the first page of the book!

소녀: 너는 무엇을 찾고 있니?
소년: 접착식 메모지야.
소녀: 접착식 메모지?
소년: 응, 내가 한 장을 썼는데, 그게 사라졌어.
소녀: 네 책 안은 확인해 봤어?
소년: 내 책 안에? [잠시 후] 오, 책의 첫 장에 있었네!

---

08 ② 남자아이는 버스를 타고 공원에 가는 것이 시간을 아낄 수 있다고 했다.
· by bus 버스로
· far from ~에서 먼

B: Mom, I'm going out.
W: Okay. Where are you going?
B: I'm going to the animation park with my friends.
W: How will you get there?
B: I will take a bus. We can save time.
W: How long does it take by bus?
B: It takes about 5 minutes to get there.
W: It's not far from here.

소년: 엄마, 저 나가요.
여자: 그래. 어디 갈 거니?
소년: 제 친구들과 같이 애니메이션 공원에 가요.
여자: 너는 거기까지 어떻게 갈 거니?
소년: 버스를 탈 거예요. 우리는 시간을 아낄 수 있어요.
여자: 버스로 얼마나 걸리니?
소년: 거기까지 가는 데 대략 5분 걸려요.
여자: 여기서 멀지 않구나.

정답	JUMP UP 받아쓰기(스크립트)	해석

09 ④ 울고 있는 아이는 빨간 목도리를 하고 있었고 안고 있는 테디베어는 파란 목도리를 하고 있었다.
- in front of ~의 앞에서
- gate 문
- parents 부모(단수형은 아버지나 어머니 중 한 사람)

W: I saw a little child last Saturday. He was crying in front of the park gate. He was wearing a red scarf. He had a teddy bear in his arm. The bear was wearing a blue scarf. I thought the child lost his parents.

여자: 나는 지난 토요일에 한 어린아이를 봤어. 그는 공원 문 앞에서 울고 있었어. 그는 빨간 목도리를 하고 있었어. 그의 팔 안에 테디베어가 있었어. 그 곰은 파란 목도리를 하고 있었어. 나는 그 아이가 부모를 잃어버렸다고 생각했어.

---

10 ② 남자는 아침 7시 30분에 일어나서 토스트를 먹고 나왔으나 우산을 가져오지 않아서 25층에 다시 가야 했다.
- go back to ~로 돌아가다
- floor 층

M: Today I got up at 7:30. I ate toast for breakfast and went out at 8. It was raining outside. I didn't bring my umbrella. So I had to go back up to my house. It is on the 25th floor.

남자: 오늘 나는 7시 30분에 일어났다. 난 아침으로 토스트를 먹고 8시에 나갔다. 밖에는 비가 오고 있었다. 나는 내 우산을 가져오지 않았다. 그러므로 난 내 집까지 다시 돌아가야 했다. 그것은 25층에 있다.

---

11 ③ 여자아이가 오후 6시에 할 일은 개에게 먹이를 주는 것이다.
- to-do list 할 일 목록
- feed 먹이를 주다

B: What are you looking at?
G: I'm looking at my to-do list for today.
B: To-do list?
G: Yeah. It's a list of things. I need to do them today.
B: Can I see it?
G: Sure. Here it is.
B: Oh, you need to feed your dog at 6 p.m.
G: Yeah. My mom told me to do that.

소년: 넌 무엇을 보고 있니?
소녀: 나는 오늘의 나의 할 일 목록을 보고 있어.
소년: 할 일 목록?
소녀: 응. 일에 대한 목록이야. 나는 오늘 그것들을 해야 해.
소년: 내가 봐도 될까?
소녀: 물론이지. 여기 있어.
소년: 오, 너 오후 6시에 너의 개에게 먹이를 줘야 해.
소녀: 응. 엄마가 나에게 그것을 하라고 말씀하셨어.

---

12 ① 두 사람은 새로 나온 책에 관해 이야기하고 있다.
- come out 나오다
- mystery 미스터리
- be interested in ~에 관심이 있다

M: You know what? Gary Wick's new book will come out soon.
W: Great! I love his books.
M: You love mysteries, right?
W: Yes. I'm really interested in mystery novels.
M: I love Gary Wick's books, too. Let's go to buy his new book together.
W: Sounds good.

남자: 그거 알아? Gary Wick의 신간 책이 곧 나온대.
여자: 좋아! 난 그의 책을 좋아해.
남자: 너 미스터리를 좋아하잖아, 맞지?
여자: 맞아. 나는 미스터리 소설에 정말 관심이 있어.
남자: 나도 Gary Wick의 책을 좋아해. 같이 그의 새 책을 사러 가자.
여자: 좋아.

---

13 ④ 여자아이는 패션에 관심이 있는데 모델이 되고 싶은 것이 아니라 옷을 만드는 것에 관심이 있다.
- coding 코딩
- fashion 패션
- model 모델
- clothes 옷

G: What are you interested in?
B: I'm interested in computer coding.
G: A lot of students like coding.
B: Right. How about you?
G: I'm interested in fashion.
B: Oh, you're tall. Do you want to be a fashion model?
G: No, I'm interested in making cool clothes.

소녀: 넌 무엇에 관심이 있니?
소년: 난 컴퓨터 코딩에 관심이 있어.
소녀: 많은 학생들이 코딩을 좋아하지.
소년: 맞아. 너는 어때?
소녀: 난 패션에 관심이 있어.
소년: 오. 넌 키가 크잖아. 너 패션모델이 되고 싶니?
소녀: 아니, 난 멋진 옷들을 만드는 것에 관심이 있어.

---

14 ② Fred는 키가 155cm이고 Kevin은 150cm이므로 Fred는 Kevin보다 키가 더

① W: Jack is the tallest boy of the four.
② W: Fred is taller than Kevin.
③ W: Kevin is taller than Mike.

① 여자: Jack은 네 명 중에 가장 키가 큰 소년이다.
② 여자: Fred는 Kevin보다 키가 더 크다.
③ 여자: Kevin은 Mike보다 키가 더 크다.

정답	JUMP UP 받아쓰기(스크립트)	해석

크다.
* shortest 가장 작은

④ W: Mike is the shortest.

④ 여자: Mike는 키가 가장 작다.

15 ④ ④에서 제주도에 어떻게 갔는지 교통편을 묻고 있는데, 함께 간 사람을 말하고 있으므로 어색한 대화이다.
* spell 철자를 쓰다
* weigh 무게가 ~이다
* how tall 얼마나 키가 큰지 [높이가 얼마인지]

① M: How do you spell your family name?
　W: P-A-R-K.
② M: How much does your dog weigh?
　W: He weighs 5 kg.
③ M: How tall is the building?
　W: It's about 10 meters tall.
④ M: How did you get to Jeju Island?
　W: I went there with my family.

① 남자: 너의 성의 철자를 어떻게 쓰니?
　여자: P-A-R-K.
② 남자: 너의 개는 무게가 얼마나 나가니?
　여자: 그는 5kg이야.
③ 남자: 그 빌딩은 얼마나 높니?
　여자: 그건 대략 10미터 높이야.
④ 남자: 제주도를 어떻게 갔니?
　여자: 나는 나의 가족과 함께 그곳에 갔어.

16 ③ 여자가 티셔츠를 보여주고 있고 남자는 마음에 들어 하지 않는 모습이므로 다른 것을 보여 달라는 말이 자연스럽다.
* look for ~을 찾다
* another 또 하나, 다른 것
* off 할인인

① W: May I help you?
　M: Yes, I'm looking for a T-shirt.
② W: How much is it?
　M: It's 35 dollars.
③ W: How about this T-shirt?
　M: I don't like the color. Please show me another.
④ W: This T-shirt is 30% off.
　M: Really? I like it.

① 여자: 도와드릴까요?
　남자: 네, 저는 티셔츠를 찾고 있어요.
② 여자: 그것은 얼마인가요?
　남자: 35달러입니다.
③ 여자: 이 티셔츠는 어떠세요?
　남자: 전 그 색상이 마음에 들지 않아요. 다른 것을 제게 보여 주세요.
④ 여자: 이 티셔츠는 30% 할인하고 있어요.
　남자: 정말요? 마음에 드네요.

17 ① 강아지의 외모를 묻고 있다. 먹이를 말하는 것은 어울리지 않는다.
* look like ~처럼 생기다
* similar 비슷한

M: I heard you got a puppy.
W: Yes. My uncle gave it to me.
M: Oh, how old is it?
W: It's just two months old.
M: Oh, it's so young. What does it look like?
W: _____

남자: 네게 강아지가 생겼다고 들었어.
여자: 맞아. 내 삼촌이 내게 그것을 주셨어.
남자: 오, 그 강아지 몇 살이야?
여자: 겨우 두 달 됐어.
남자: 오, 굉장히 어리네. 어떻게 생겼어?
여자: _____
① 그것은 우유를 마셔. ② 그것의 꼬리는 짧아. ③ 그것은 갈색 털을 가지고 있어. ④ 그것은 아기 곰과 비슷하게 생겼어.

18 ④ 배가 아픈 아이를 진찰받아 보라고 하는 말에 대한 응답은 병원에 데리고 가겠다는 말이 알맞다.
* Speaking. 접니다.
* stomachache 복통

[Telephone rings.]
M: Hello, may I speak to Ms. Seo?
W: Speaking. Who's calling?
M: This is Michael Brown. I'm Kevin's teacher.
W: Hello, Mr. Brown. Is there something wrong with Kevin?
M: Yes. He has a stomachache. I think he should go see a doctor.
W: _____

[전화벨이 울린다.]
남자: 여보세요, Ms. Seo와 통화할 수 있을까요?
여자: 접니다. 누구세요?
남자: 저는 Michael Brown입니다. Kevin의 선생님이에요.
여자: 안녕하세요, Brown 선생님. Kevin에게 무슨 문제라도 있나요?
남자: 네. 그가 복통이 있어서요. 제 생각엔 그가 의사의 진찰을 받아야 할 것 같아요.
여자: _____
① 알겠어요. 제가 당신을 돌볼게요. ② 걱정 마세요. 제가 최선을 다할게요. ③ 문제없어요. 제가 당신을 위하여 그것을 할게요. ④ 아, 알겠어요. 제가 그를 의사에게 데려갈게요.

19 ④ 자리에 앉지 말라고 하였으므로 자리에 앉지 못하는

M: Oh, we walked a long time.
W: Right. We walked for about 3 hours.

남자: 오, 우리 오랜 시간 걸었어.
여자: 맞아. 우리 약 3시간 동안 걸었어.

정답	JUMP UP 받아쓰기(스크립트)	해석
이유의 말이 와야 알맞다. • seat 자리, 좌석	M: I'm tired, but this bus will <u>take</u> us home soon. W: Look! There are <u>seats</u>. Let's sit down. M: We <u>can't sit</u> there. W: Why not? M: _____	남자: 난 피곤하지만 이 버스가 곧 우리를 집에 데려다줄 거야. 여자: 봐! 저기 자리가 있어. 앉자. 남자: 우린 거기에 앉을 수 없어. 여자: 왜 안 돼? 남자: _____ ① 버스 타자. ② 자리에 앉아라. ③ 좌석 벨트를 매시오. ④ 그 좌석은 연로한 분들을 위한 것이야.
20 ② 비가 곧 올지 모른다는 말에는 동의를 하면서 우산을 가져가라는 말이 알맞다. • wake up 일어나다, 깨다 • o'clock 시 • ready 준비된 • hurry up 서두르다 • dark 어두운	W: Jack, <u>wake up</u>. It's 8 o'clock. B: 8 o'clock? Oh, my! I'm late. W: Breakfast is <u>ready</u>. Hurry up! B: Okay. By the way, why is it so <u>dark</u> outside? W: It's really <u>cloudy</u>. B: Oh, it may rain soon. W: _____	여자: Jack, 일어나. 8시야. 소년: 8시요? 오, 이런! 저 늦었어요. 여자: 아침은 준비됐어. 서둘러! 소년: 알겠어요. 그런데, 밖이 왜 이리 어두워요? 여자: 날씨가 많이 흐려서 그래. 소년: 아, 곧 비가 올지도 모르겠어요. 여자: _____ ① 난 거기 가고 싶어. ② 맞아. 우산을 가져가거라. ③ 하늘에는 구름이 없어. ④ 너는 또 학교에 지각했구나.

♪ LISTEN UP 실력 높여 보기

본문 140쪽

01 ①　**02** ③　**03** ④　**04** ①　**05** ⑤

정답	스크립트	해석
01 ① 남자아이는 매번 음악을 크게 틀고 말을 안 듣는 Colin에게 화가 나 있다. • upset 화난 • loud 큰, 시끄러운 • turn down 줄이다 • volume 음량, 소리	B: Mom, I'm really upset with Colin. W: What's the problem? B: He always plays loud music. W: Right. He likes to do that. B: But I can't do my homework. I tell him to turn it down, but he doesn't listen to me. W: I see. I will tell him to turn down the volume.	소년: 엄마, 저는 Colin에게 매우 화났어요. 여자: 문제가 뭐니? 소년: 그는 매번 음악을 크게 틀어요. 여자: 맞아. 그는 그렇게 하는 것을 좋아하지. 소년: 하지만 저는 제 숙제를 할 수 없어요. 제가 그에게 그것을 줄이라고 얘기하지만, 그는 제 말을 듣지 않아요. 여자: 알았어. 내가 그에게 소리를 줄이라고 얘기할게.
02 ③ 남자아이는 그냥 숙제를 시작해 보라고 충고하고 있다. • yet 아직 • actually 사실 • anywhere 아무 데나 • finish 끝내다	B: Oh, did you do your homework? G: Not yet. B: Why not? G: Actually, I don't know what to do first. B: Why don't you just start anywhere? If you don't start, you can't finish.	소년: 어, 너 숙제를 다 했니? 소녀: 아니 아직. 소년: 왜 안 했어? 소녀: 사실, 나는 뭘 먼저 해야 할지 모르겠어. 소년: 그냥 아무 데나 그냥 시작하는 게 어때? 만일 네가 시작하지 않는다면, 너는 끝낼 수 없어.
03 ④ 남자는 치즈버거, 여자는 햄버거를 먹고 둘 다 탄산수를 선택하며, 남자의 신용 카드로 16달러를 지불한다. • kiosk 키오스크	M: Here are the kiosks. W: Okay. What would you like to eat? M: I'd like a cheeseburger. How about you? W: I'll take a hamburger. Do you want a drink?	남자: 여기 키오스크가 있어. 여자: 그래. 너는 무엇을 먹고 싶니? 남자: 나는 치즈버거를 먹고 싶어. 너는 어때? 여자: 나는 햄버거를 고를래. 마실 것을 원하니? 남자: 물론이지. 나는 탄산수를 먹고 싶어.

정답	스크립트	해석
• soda 탄산수 • order 주문하다 • credit card 신용 카드 • cost (비용이) ~이다	M: Sure. I want a soda. W: Okay. I will order two sodas. M: Here's my credit card. How much does it cost? W: It's 16 dollars.	여자: 알겠어. 내가 탄산수 두 개를 주문할게. 남자: 여기 내 신용 카드야. 비용이 얼마니? 여자: 16달러야.
04 ① 남자아이는 멸종 위기에 처한 동물을 검색하는 숙제를 여자아이에게 도와달라고 부탁하고 있다. • ask ~ a favor ~에게 부탁하다 • help ~ with ... ~의 …을 도와주다 • search 검색하다 • endangered 멸종 위기에 처한	B: Lucy, can I ask you a favor? G: Sure. What is it? B: Can you help me with my homework? G: Sure. What's your homework? B: I have to search online for endangered animals. G: Oh, I know some useful websites for them. B: Great!	소년: Lucy, 부탁 하나 해도 될까? 소녀: 당연하지. 그게 뭔데? 소년: 내 숙제를 도와줄 수 있니? 소녀: 물론이지. 네 숙제가 뭔데? 소년: 멸종 위기에 처한 동물들을 온라인으로 검색해야 해. 소녀: 오, 나 그들에 대한 유용한 웹사이트를 알아. 소년: 잘됐다!
05 ⑤ 호텔 방을 예약하면서 호텔에서 몇 명이 머물지 묻고 있다. • book 예약하다 • stay 머무르다	[Telephone rings.] M: Hello. Star Hotel. How may I help you? W: Hi. I'd like to book a room for two nights. M: All right. When do you want to stay? W: On July 24th and 25th. M: Okay. How many people will be staying? W: _____	[전화벨이 울린다.] 남자: 여보세요. 스타 호텔입니다. 어떻게 도와드릴까요? 여자: 안녕하세요. 이틀 밤을 위한 방을 예약하려고 합니다. 남자: 알겠습니다. 언제 머물고 싶으신가요? 여자: 7월 24일과 25일이요. 남자: 네. 몇 명이 머물 건가요? 여자: _____ ① 이틀 동안이요. ② 트윈 베드로 주세요. ③ 저는 차로 그곳에 갈 거예요. ④ 저는 바다가 보고 싶어요. ⑤ 어른 두 명과 아이 한 명이요.

본문 146~147쪽

01 B No, thanks. I'm full. / 고맙지만, 괜찮아. 나는 배불러. **02** A Can you give us a ride? / 저희를 태워 주실 수 있나요? **03** A What are you interested in? / 너는 무엇에 관심이 있니? **04** A How tall is the building? / 그 건물은 높이가 얼마니? **05** A What does it look like? / 그것은 어떻게 생겼니? **06** I'm glad you liked it. / 네가 그것을 좋아했다니 기쁘다. **07** I do volunteer work there. / 나는 거기에서 봉사 활동을 해. **08** What are you looking at? / 너는 무엇을 보고 있어? **09** Please show me another. / 저에게 다른 것을 보여 주세요. **10** The T-shirt is 30% off. / 그 티셔츠는 30퍼센트 할인입니다.

본문 148쪽

01 I'm so happy because it's Saturday. **02** Jack is the oldest of the four. **03** Fred is younger than Kevin. **04** How much does your cat weigh? **05** Can you help me with my homework? **06** I'd like to book a room for two nights. **07** How many people will be staying?